国家出版基金项目
NATIONAL PUBLICATION FOUNDATION

欧亚历史文化文库

总策划 张余胜

兰州大学出版社

唐代土地制度研究

——以敦煌吐鲁番田制文书为中心

丛书主编 余太山

王永兴 著

图书在版编目（ＣＩＰ）数据

唐代土地制度研究：以敦煌吐鲁番田制文书为中心 /
王永兴著. -- 兰州 ：兰州大学出版社，2014.12
（欧亚历史文化文库 / 余太山主编）
ISBN 978-7-311-04652-1

Ⅰ．①唐… Ⅱ．①王… Ⅲ．①土地制度－经济史－研
究－中国－唐代 Ⅳ．①F329.042

中国版本图书馆CIP数据核字(2014)第299690号

策划编辑　施援平
责任编辑　高燕平　施援平
装帧设计　张友乾

书　　　名　唐代土地制度研究
　　　　　　——以敦煌吐鲁番田制文书为中心
丛书主编　余太山
作　　者　王永兴　著
出版发行　兰州大学出版社　（地址:兰州市天水南路222号　730000)
电　　话　0931-8912613(总编办公室)　0931-8617156(营销中心)
　　　　　　0931-8914298(读者服务部)
网　　址　http://www.onbook.com.cn
电子信箱　press@lzu.edu.cn
网上销售　http://lzup.taobao.com
印　　刷　兰州人民印刷厂
开　　本　700 mm×1000 mm　1/16
印　　张　22.25(插页2)
字　　数　299千
版　　次　2014年12月第1版
印　　次　2014年12月第1次印刷
书　　号　ISBN 978-7-311-04652-1
定　　价　70.00元

出版说明

　　随着 20 世纪以来联系地、整体地看待世界和事物的系统科学理念的深入人心，人文社会学科也出现了整合的趋势，熔东北亚、北亚、中亚和中、东欧历史文化研究于一炉的内陆欧亚学于是应运而生。时至今日，内陆欧亚学研究取得的成果已成为人类不可多得的宝贵财富。

　　当下，日益高涨的全球化和区域化呼声，既要求世界范围内的广泛合作，也强调区域内的协调发展。我国作为内陆欧亚的大国之一，加之 20 世纪末欧亚大陆桥再度开通，深入开展内陆欧亚历史文化的研究已是责无旁贷；而为改革开放的深入和中国特色社会主义建设创造有利周边环境的需要，亦使得内陆欧亚历史文化研究的现实意义更为突出和迫切。因此，将针对古代活动于内陆欧亚这一广泛区域的诸民族的历史文化研究成果呈现给广大的读者，不仅是实现当今该地区各国共赢的历史基础，也是这一地区各族人民共同进步与发展的需求。

　　甘肃作为古代西北丝绸之路的必经之地与重要组

成部分,历史上曾经是草原文明与农耕文明交汇的锋面,是多民族历史文化交融的历史舞台,世界几大文明(希腊—罗马文明、阿拉伯—波斯文明、印度文明和中华文明)在此交汇、碰撞,域内多民族文化在此融合。同时,甘肃也是现代欧亚大陆桥的必经之地与重要组成部分,是现代内陆欧亚商贸流通、文化交流的主要通道。

基于上述考虑,甘肃省新闻出版局将这套《欧亚历史文化文库》确定为2009—2012年重点出版项目,依此展开甘版图书的品牌建设,确实是既有眼光,亦有气魄的。

丛书主编余太山先生出于对自己耕耘了大半辈子的学科的热爱与执著,联络、组织这个领域国内外的知名专家和学者,把他们的研究成果呈现给了各位读者,其兢兢业业、如临如履的工作态度,令人感动。谨在此表示我们的谢意。

出版《欧亚历史文化文库》这样一套书,对于我们这样一个立足学术与教育出版的出版社来说,既是机遇,也是挑战。我们本着重点图书重点做的原则,严格于每一个环节和过程,力争不负作者、对得起读者。

我们更希望通过这套丛书的出版,使我们的学术出版在这个领域里与学界的发展相偕相伴,这是我们的理想,是我们的不懈追求。当然,我们最根本的目的,是向读者提交一份出色的答卷。

我们期待着读者的回声。

总　序

　　本文库所称"欧亚"(Eurasia)是指内陆欧亚,这是一个地理概念。其范围大致东起黑龙江、松花江流域,西抵多瑙河、伏尔加河流域,具体而言除中欧和东欧外,主要包括我国东三省、内蒙古自治区、新疆维吾尔自治区,以及蒙古高原、西伯利亚、哈萨克斯坦、乌兹别克斯坦、吉尔吉斯斯坦、土库曼斯坦、塔吉克斯坦、阿富汗斯坦、巴基斯坦和西北印度。其核心地带即所谓欧亚草原(Eurasian Steppes)。

　　内陆欧亚历史文化研究的对象主要是历史上活动于欧亚草原及其周邻地区(我国甘肃、宁夏、青海、西藏,以及小亚、伊朗、阿拉伯、印度、日本、朝鲜乃至西欧、北非等地)的诸民族本身,及其与世界其他地区在经济、政治、文化各方面的交流和交涉。由于内陆欧亚自然地理环境的特殊性,其历史文化呈现出鲜明的特色。

　　内陆欧亚历史文化研究是世界历史文化研究中不可或缺的组成部分,东亚、西亚、南亚以及欧洲、美洲历史文化上的许多疑难问题,都必须通过加强内陆欧亚历史文化的研究,特别是将内陆欧亚历史文化视做一个整体加以研究,才能获得确解。

中国作为内陆欧亚的大国,其历史进程从一开始就和内陆欧亚有千丝万缕的联系。我们只要注意到历代王朝的创建者中有一半以上有内陆欧亚渊源就不难理解这一点了。可以说,今后中国史研究要有大的突破,在很大程度上有待于内陆欧亚史研究的进展。

古代内陆欧亚对于古代中外关系史的发展具有不同寻常的意义。古代中国与位于它东北、西北和北方,乃至西北次大陆的国家和地区的关系,无疑是古代中外关系史最主要的篇章,而只有通过研究内陆欧亚史,才能真正把握之。

内陆欧亚历史文化研究既饶有学术趣味,也是加深睦邻关系,为改革开放和建设有中国特色的社会主义创造有利周边环境的需要,因而亦具有重要的现实政治意义。由此可见,我国深入开展内陆欧亚历史文化的研究责无旁贷。

为了联合全国内陆欧亚学的研究力量,更好地建设和发展内陆欧亚学这一新学科,繁荣社会主义文化,适应打造学术精品的战略要求,在深思熟虑和广泛征求意见后,我们决定编辑出版这套《欧亚历史文化文库》。

本文库所收大别为三类:一,研究专著;二,译著;三,知识性丛书。其中,研究专著旨在收辑有关诸课题的各种研究成果;译著旨在介绍国外学术界高质量的研究专著;知识性丛书收辑有关的通俗读物。不言而喻,这三类著作对于一个学科的发展都是不可或缺的。

构建和发展中国的内陆欧亚学,任重道远。衷心希望全国各族学者共同努力,一起推进内陆欧亚研究的发展。愿本文库有蓬勃的生命力,拥有越来越多的作者和读者。

最后,甘肃省新闻出版局支持这一文库编辑出版,确实需要眼光和魄力,特此致敬、致谢。

余太山

2010 年 6 月 30 日

目 录

前言/1

第一编　公廨田、职分田、驿封田、屯田

1　公廨田、职分田、驿封田/3

　　1.1　公廨田制和职分田制/3

　　1.2　驿封田制和驿封田顷亩估计/47

2　屯田/48

　　2.1　前期屯田(自武德元年至
　　　　天宝十四载)/48

　　2.2　后期屯田(自至德元载至
　　　　天祐三年)/76

第二编　唐代国家
　　　　对私田的管理制度——均田制

3　唐代贵族品官受永业田制及其渊源/101

　　3.1　唐代贵族品官受
　　　　永业田制及其性质作用/101

1

3.2　唐代贵族品官

受永业田制的渊源/111

3.3　贵族品官受永业田制与

中央集权政治制度/115

4　百亩之田——应受田已受田制/121

4.1　三次田令中的百亩之田
——应受田已受田制/124

4.2　论已受田、未受田、应受田、欠田、

退田、给田的性质/144

4.3　每年冬季收田(退田)授田(受田)的

过程和手续/170

4.4　百亩之田
——应受田已受田制的渊源/186

4.5　百亩之田
——应受田已受田制与儒家小农
经济思想的关系/193

5　唐后期的管理私田制度/200

　　5.1　唐后期小自耕农仍占全国总户数
　　　　的多数或大多数/200

　　5.2　唐后期控制私田争取自耕民以及
　　　　管理私有土地的措施/202

第三编　吐鲁番田制文书录文及校注

6　佃人文书/213

　　6.1　《周天授二年(691)西州高昌县诸堰头
　　　　申青苗亩数佃人牒》9件/213

　　6.2　《周天授二年(691)西州高昌县诸堰头
　　　　申青苗亩数佃人牒》21件/218

　　6.3　《周如意元年(692)西州高昌县诸堰头
　　　　申青苗亩数佃人牒》6件/227

7　欠田文书/233

8　退田文书/249

9　给田文书/294

参考文献/326

编后记/332

索引/335

前　言

唐代土地,大体分为两类,即官田与私田。官田有 5 种:(1)公廨田;(2)驿封田;(3)职分田;(4)屯田;(5)其他。私田主要有两种:(1)一般地主和农民的田地,寺观中僧尼、道士,女官给田亦属此种;(2)贵族品官的永业田,内庄宅使管理的皇帝、皇室土地亦属此种。寺院中的常住田,其性质也是地主土地。

本书就上列官田与私田,顺序论述;并根据唐代历史特点,按前后两期探讨土地制度的变化。

从秦汉开始,中国进入统一的中央集权国家。这个国家需要两方面的支柱:一方面是地主阶级,特别是它的上层在政治上的支柱,当然也有经济上、军事上的支持;另一方面是农民阶级(其中绝大多数是小自耕农),在客观上给予国家经济财政徭役和兵役上的支柱,当然也有政治上的支持,虽然在阶级关系上是对抗的。土地是社会中的主要生产资料,这两大阶级掌握土地的情况,直接关系到国家的稳定或动乱、强大或衰弱,甚至关系到国家的存亡。因此,国家不能不在两大阶级掌握土地这一重大问题上,施加行政权力的管理控制。在地主阶级内部,在农民阶级内部,也是如此。为此,就有一系列的关于土地的法令和章程。本书以上述意见为主导思想来研究均田制和公廨田制、职分田制、屯田制等等。

为了把问题说清楚,说明确,使论述符合实际,首先要从当时的实际情况出发。当时的实际存在于原始资料中,这些原始资料包括两部分:一部分是唐代有关土地的律、令、格、式,有关土地的唐人记述;另一部分是敦煌吐鲁番唐田制文书。后者更为重要。

其次,叙述和论证力求具体,避免空洞和浮泛。只有具体,才能叙述清楚,才能把问题说透。为了具体,书中使用了一些统计数字,这些

1

统计数字大多数是约略估计。根据现存史料,也只能如此。

本书第一编的内容是关于公廨田、职分田、驿封田、屯田的论述,我着重阐述两个论点:一为在官田上,租佃制普遍化,即租佃制是官田上的主要生产关系,特别是在公廨田、职分田上。二为官田上的主要劳动者是自耕农民,他们的社会身份并不是低贱的。这二者是唐代社会经济发展的重要标志。

本书第二编的内容是关于均田制的论述,我着重阐明以下论点:均田制不是中国古代中央集权国家分配土地的制度,而是管理私有土地的制度。管理主要表现在田令中的收田(退田)、授田(受田)上,也表现在限田和括田上。

唐代土地制度,特别是均田制,是过去几十年中我国史学研究者极为重视、积极探索研讨的研究课题,日本不少史学家也是如此,都取得了可喜的成果。但是,不可否认,有些重大的问题主要是关于均田制的问题还没有突破,还有待于进一步研究。这本书的撰写是我对解决这些问题进行的尝试。

本书第三编移录敦煌吐鲁番唐田制文书。这是不少读者难于见到的原始资料。移录这批文书的用意有两点:首先是便于读者检验我在本书中对这些文书的使用是否得当,得到的结论是否正确;其次,为不少研究者提供资料。对于这批文书,我做了必要的注释。

这本书的内容并不是全部的唐代土地制度。决定这本书的内容的原则是:关于唐代土地制度,我知道多的多说,知道少的少说,不知道的不说。这些年来,在教学和研究中,我注意均田制,掌握的史料和思考的问题较多,有一些不成熟的意见,因此,关于均田制的论述,所占的篇幅较多。其次,关于屯田制、公廨田制、职分田制和驿封田制,我多少知道一些,也就说一些自己的意见。关于寺田以及内庄宅使管辖下的土地,我有一些常识,说不出自己的意见,因此就不说。我在本书中,比较看重农业生产中租佃制的普遍实行,但也仅限于在官田方面。在私田上租佃制的实行情况如何? 这是很重要的问题。敦煌吐鲁番资料中,有不少私田上的租佃契约,有些研究者对这些租佃契约以及私田上的租佃制提出不少意见。对这些租佃契约,我也做过探讨,提不出更多的意见,因此,对私田上的租佃制,也只能不说了。

第一编　公廨田、职分田、驿封田、屯田

这一篇的内容为：论述四类官田。官田是属于官府的土地，也就是属于国家的土地。

公廨田制可能始于隋，职分田始于北魏（见《通典》卷一《食货一·田制上》），唐以前是否有驿封田制？不详，屯田制始于西汉。关于唐代这四种官田制的渊源，本书皆不详论。

本书所论的唐公廨田制、职分田制和驿封田制，主要是唐代前期的。因唐代后期的史料不足，只能附带论及。

1 公廨田、职分田、驿封田

这一章分为两部分,第一部分论述公廨田制和职分田制。有些史料把这两种田制一并记载,因此,本书也一并论述。第二部分论述驿封田制。

1.1 公廨田制和职分田制

1.1.1 公廨田制度和公廨田顷亩估计

《隋书》卷24《食货志》(《通典》卷2《食货二·田制下》同)载"隋田制"略云:

> 又给公廨田,以供公用。

唐公廨田制沿袭隋制,但又有不同。

《新唐书》卷55《食货志》云:

> 京师及州县皆有公廨田,供公私之费。

《册府元龟》卷525《邦计部·俸禄一》云:

> 京司及州县又各(给)公廨田,课其营种,以供公私之费。

唐制与隋制不同,公廨田的收获不只以供官府公用,也还为私费,应即是官吏个人的费用。我推测,主要还是"以供公用"。

《唐六典》卷7"工部屯田郎中员外郎"条云:

> 凡在京诸司有公廨田。司农寺二十六顷,殿中省二十五顷,少府监二十二顷,太常寺二十顷,京兆河南府各一十七顷,太府寺二十六顷,吏部户部各一十五顷,兵部及内侍省各一十四顷,中书省及将作监各一十三顷,刑部、大理寺各一十一顷,尚书都省、门下省、太子左春坊各一十顷,工部、光禄寺、太仆寺、秘书省各九顷,礼部、鸿胪寺、都水监、太子詹事府各八顷,御史堂、国子监、京县各七顷,左右卫、太子家令寺各六顷,卫尉寺、左右骁卫、左右武卫、左右威卫、左右领军卫、左右金吾卫、左右监门卫、太子右春坊各五顷,太子右卫率府、太史局各四顷,宗正寺、左右千牛卫、太子仆寺、左右司御率府、左右清道率府、左

·欧·亚·历·史·文·化·文·库·

右监门率府各三顷,内坊、左右内率府、率更寺各二顷,其有管署子府,各准官品人数均配。

《唐六典》卷3"户部郎中员外郎"条云:

> 凡天下诸州公廨田:大都督府四十顷,中都督府三十五顷,下都督都护[府]、上州各三十顷,中州二十顷,宫总监、下州各十五顷,上县十顷,中县八顷,中下县六顷,上牧监、上镇各五顷,下县及中牧、下牧、司竹监、中镇、诸军折冲府各四顷,诸冶监、诸食监、下镇、上关各三顷,互市监、诸屯监、上戍、中关及津各二顷,津隶都水则不给,下关一顷五十亩,中戍、下戍、岳、渎各一顷。

据上引,在京诸司公廨田共459顷,《唐六典》"凡在京诸司有公廨田"注文之末"其有管署子府,各准官品人数均配",无法计算。因此,这459顷只能是约略估计。

天下诸州公廨田,据《新唐书·地理志》载:"大都督府及大都护府为一五,中都督为二三,下都督都护府为一八,上州为一三〇,中州为一五,下州及宫总监为一三八,上县为六五四,中县为三七八,中下县为二二二,下县为三一九。"据《唐会要》卷72载:"天下折冲府为六三三。"诸仓监、冶监、镇、戍、关津等很难计算,暂缺。约略估计,地方官府的公廨田为19688顷,内外诸司公廨田约20147顷。

1.1.2 职分田制和职分田顷亩估计

《隋书》卷24《食货志》记载隋职分田制(《通典》卷2《食货二·田制下》同),其文云:

> 京官又给职分田,一品者给田五顷,每品以五十亩为差,至五品则为田三顷,六品二顷五十亩,其下每品以五十亩为差,至九品为一顷。外官亦各有职分田。

唐代沿袭隋制,内外官自一品至九品皆给职分田。职分田是按官职而给的,不居官则不给。给职分田者所享受的是田地上的收获物,而且政府随时可将职分田收回而代之以粟,如《资治通鉴》卷212"唐玄宗开元十年"条云:

> [正月]乙丑,收职田。贞观十一年,以职田侵渔百姓,诏给逃还贫户,视职田多少,每亩给粟二斗,谓之地租,寻以水旱复罢之。亩率给仓粟二斗。

即是一例。职田,实际上是百官俸禄的一部分。就土地本身而言,职田掌握在官府手中,其性质为官田。

唐代内外官职分田共占地多少？史无记载,也很难精确推算。兹就唐开元二十五年《田令》所说京官自一品至九品每一人应占有的顷亩数以及诸州及都护府亲王府官自二品至九品后一人应占有的顷亩数;同时就《唐六典》所记自一品至九品内外官人数;约略计算开元年间内外官职分田的总顷亩数。这只能是个约略数字。

《通典》卷2《食货二·田制》下:

> 大唐开元二十五年令:诸京官文武职事职分田:一品一十二顷,二品十顷,三品九顷,上品七顷,五品六顷,六品四顷,七品三顷五十亩,八品二顷五十亩,九品二顷。并去京城百里内给。其京兆河南府及京县官人职分田。亦准此。即百里外给者,亦听。诸州及都护府亲王府官人职分田:二品一十二顷,三品一十顷,四品八顷,五品七顷,六品五顷,京畿县亦准此。七品四顷,八品三顷,九品二顷五十亩。镇戍关津岳渎及在外监官,五品五顷,六品三顷五十亩,七品三顷,八品二顷,九品一顷五十亩。三卫中郎将、上府折冲都尉各六顷,中府五顷五十亩,下府及郎将各五顷,上府果毅都尉四顷,中府三顷五十亩,下府三顷,上府长史别将各三顷,中府下府各三顷五十亩。亲王府典军五顷五十亩,副典军四顷。千牛备身、左右太子千牛备身各三顷。亲王府文武官随府出蕃(兴按,蕃应作藩)者,于在所处给。诸军上折冲府兵曹二顷,中府下府各一顷五十亩。其外军校尉一顷二十亩,旅帅一顷,队正副各八十亩。皆于领侧州县界内给,其校尉以下在本县及去家百里内领者不给。

据《唐六典》,自一品至九品,内外官人数按品分别列表如下:

一品

太师1人,正一品;

太傅1人,正一品;

太保1人,正一品;

太尉1人,正一品;

司徒 1 人, 正一品;

司空 1 人, 正一品;

太子太师 1 人, 从一品;

太子太傅 1 人, 从一品;

太子太保 1 人, 从一品。

以上一品官 9 人。

按上引《田令》, 一品职分为 12 顷, 则 9 个一品官的职田为 108 顷。

二品

尚书左丞相 1 人, 从二品;

尚书右丞相 1 人, 从二品;

太子少师 1 人, 正二品;

太子少傅 1 人, 正二品;

太子少保 1 人, 正三品;

大都督府都督 9 人, 从二品;

大都护府都护 6 人, 从二品。

以上二品官共 20 人, 内官 5 人, 外官 15 人。据上引《田令》, 二品内官职分田 10 顷, 外官职分田 12 顷, 内官 5 人职分田共 50 顷, 外官 15 人职分田共 180 顷, 两项共计 230 顷。

三品

侍中 2 人, 正三品;

左散骑常侍 2 人, 从三品;

中书令 2 人, 正三品;

右散骑常侍 2 人, 从三品;

吏部尚书 1 人, 正三品;

户部尚书 1 人, 正三品;

礼部尚书 1 人, 正三品;

兵部尚书 1 人, 正三品;

刑部尚书 1 人, 正三品;

工部尚书 1 人, 正三品;

秘书省监1人,从三品;

殿中省监1人,从三品;

御史大夫1人,从三品;

太常卿1人,正三品;

光禄卿1人,从三品;

卫尉卿1人,从三品;

太仆卿1人,从三品;

大理卿1人,从三品;

鸿胪卿1人,从三品;

司农卿1人,从三品;

太府卿1人,从三品;

国子监祭酒1人,从三品;

少府监1人,从三品;

将作大匠1人,从三品;

左右卫大将军2人,正三品;

左右卫将军4人,从三品;

左右骁卫大将军2人,正三品;

左右骁卫将军4人,从三品;

左右武卫大将军2人,正三品;

左右武卫将军4人,从三品;

左右威卫大将军2人,正三品;

左右威卫将军4人,从三品;

左右领军卫大将军2人,正三品;

左右领军卫将军4人,从三品;

左右金吾卫大将军2人,正三品;

左右金吾卫将军4人,从三品;

左右监门卫大将军2人,正三品;

左右监门卫将军4人,从三品;

左右千牛卫大将军2人,正三品;

·欧·亚·历·史·文·化·文·库·

左右千牛卫将军 2 人,从三品;

左右羽林大将军 2 人,正三品;

左右羽林将军 4 人,从三品;

太子詹事 1 人,正三品;

京兆河南尹 2 人,从三品;

亲王傅 1 人,从三品;

太原尹 1 人,从三品;

大都督府长史 9 人,从三品;

中都督府都督 23 人,正三品;

下都督府都督、都护 18 人,从三品;

上州刺史 130 人,从三品。

以上三品官共 264 人。内官 82 人,外官 182 人。据上引《田令》,三品内官职分田 9 顷,外官职分田 10 顷,内官 82 人职分田共 738 顷,外官 182 人职分田共 1820 顷,两项共计 2558 顷。

四品

尚书省左丞 1 人,正四品上;

　　　　　右丞 1 人,正四品下;

吏部侍郎 2 人,正四品上;

户部侍郎 2 人,正四品下;

礼部侍郎 1 人,正四品下;

兵部侍郎 2 人,正四品下;

刑部侍郎 1 人,正四品下;

工部侍郎 1 人,正四品下;

黄门侍郎 2 人,正四品上;

中书侍郎 2 人,正四品上;

秘书省少监 2 人,从四品上;

殿中省少监 2 人,从四品上;

内侍 4 人,从四品上;

太常少卿 2 人,正四品上;

光禄少卿 2 人,从四品上;

卫尉少卿 2 人,从四品上;

宗正少卿 2 人,从四品上;

太仆少卿 2 人,从四品上;

大理少卿 2 人,从四品上;

鸿胪少卿 2 人,从四品下;

司农少卿 2 人,从四品上;

太府少卿 2 人,从四品上;

国子司业 2 人,从四品上;

少府少监 2 人,从四品下;

将作少匠 2 人,从四品下;

五府中郎将 5 人,正四品下;

翊府中郎将 2 人,正四品下;

翊府中郎将 2 人,正四品下;

翊府中郎将 2 人,正四品下;

翊府中郎将 2 人,正四品下;

翊府中郎将 2 人,正四品下;

中郎将 4 人,正四品下;

翊府中郎将 2 人,正四品下;

太子少詹事 1 人,正四品上;

太子左庶子 2 人,正四品上;

太子谕德 1 人,正四品下;

右子左庶子 2 人,正四品下;

太子谕德 1 人,正四品下;

太子家令 1 人,从四品上;

太子率史令 1 人,从四品上;

太子仆 1 人,从四品上;

太子左右率 2 人,正四品上;

　　　　副率 4 人,从四品上;

·欧·亚·历·史·文·化·文·库·

太子亲勋翊府中郎将 3 人,从四品上;

太子左右司御率 2 人,正四品上;

太子左右司副率 4 人,从四品上;

太子左右清道率府率 2 人,正四品上;

　　　　　　　副率 4 人,从四品下;

太子左右监门率 2 人,正四品上;

　　　　　　　副率 4 人,从四品上;

太子左右内率 2 人,正四品上;

　　　　　　　副率 4 人,从四品上;

亲王府长史 1 人,从四品上;

亲王府司马 1 人,从四品上;

三府少尹 6 人,从四品下;

大都督府司马 18 人,从四品下;

中都督府别驾 23 人,正四品下;

下都督府别驾 18 人,从四品下;

上州别驾 130 人,从四品下;

中州刺史 15 人,正四品上;

下州刺史 138 人,正四品下;

大都护府副都护 12 人,正四品下;

诸府折冲教尉上府 211 人,正四品上;

　　　　　　　中府 211 人,从四品上。

以上四品官共 896 人。内官 112 人,外官 362 人,诸府折冲都尉上、中府各 211 人。据上引《田令》,四品内官职分田 7 顷,外官职分田 8 顷,上府折冲都尉 6 顷,中府折冲都尉 5 顷半。内官 112 人职分田共 784 顷,外官 362 人职分田共 2896 顷,上府折冲都尉 211 人,职分田共 1266 顷,下府折冲都尉 1160 顷半。以上诸项共计 6106 顷半。

五品

尚书都省左右司郎中 2 人,从五品上;

吏部郎中 2 人,从五品上;

司封郎中1人，从五品上；

司勋郎中1人，从五品上；

考功郎中1人，从五品上；

户部郎中2人，从五品上；

度支郎中1人，从五品上；

金部郎中1人，从五品上；

仓部郎中2人，从五品上；

礼部郎中1人，从五品上；

祠部郎中1人，从五品上；

膳部郎中1人，从五品上；

主客郎中1人，从五品上；

兵部郎中2人，从五品上；

职方郎中1人，从五品上；

驾部郎中1人，从五品上；

库部郎中1人，从五品上；

刑部郎中2人，从五品上；

都官郎中1人，从五品上；

比部郎中1人，从五品上；

司门郎中1人，从五品上；

工部郎中1人，从五品上；

屯田郎中1人，从五品上；

虞部郎中1人，从五品上；

水部郎中1人，从五品上；

给事中4人，正五品上；

谏议大夫4人，正五品上；

中书舍人6人，正五品上；

秘书丞1人，从五品上；

著作郎2人，从五品上；

太史局令2人，从五品上；

殿中丞 2 人，从五品上；

尚食奉御 2 人，正五品上；

尚药奉御 2 人，正五品下；

尚衣奉御 2 人，从五品上；

尚舍奉御 2 人，从五品上；

尚乘奉御 4 人，从五品上；

尚辇奉御 2 人，从五品上；

内常侍 6 人，正五品下；

内给事 8 人，从五品下；

御史中丞 2 人，正五品上；

太常丞 2 人，从五品下；

献陵等署令 6 人，从五品上；

上牧监 6 人，从五品下；

大理正 2 人，从五品下；

国子博士 2 人，正五品上；

北都军器少监 1 人，正五品上；

都水监使者 2 人，正五品上；

奉印都尉 10 人，从五品下；

左右郎将 2 人，正五品上；

左右郎将 2 人，正五品上；

左右郎将 2 人，正五品上；

左右郎将 2 人，正五品上；

左右郎将 2 人，正五品上；

左右郎将 2 人，正五品上；

太子中允 2 人，正五品下；

太子左赞善大夫 5 人，正五品下；

司经局洗马 2 人，从五品下；

太子中舍人 2 人，正五品上；

太子右赞善大夫5人,正五品上;

太子内坊典内2人,从五品上;

太子左右郎将2人,正五品下;

亲王友1人,从五品下;

咨议参军事1人,正五品上;

亲事府典军2人,正五品上;

　　　　副典军2人,从五品上;

帐内府典军2人,正五品上;

　　　　副典军2人,从五品上;

中都督府长史23人,正五品上;

中都督府司马23人,正五品下;

下都督府长史18人,从五品上;

中都督府司马18人,从五品下;

上州长史130人,从五品上;

上州司马130人,从五品下;

中州别驾15人,正五品下;

下州别驾138人,从五品上;

　　　　　　4人,正五品上;

大都护府长史6人,正五品上;

大都护司马6人,正五品下;

下折冲府都尉414人,正五品下。

以上五品官共1078人。内官153人,外官925人。据上引《田令》,五品内官职分田6顷,五品外官职分田7顷,下折冲府都尉各5顷。内官153人职分田共918顷,外官511人职分田共3577顷,下折冲府都尉414人职分田共2070顷。以上3项共计6565顷。

六品

尚书都省左右司员外郎2人,从六品上;

吏部员外郎2人,从六品上;

司封员外郎1人,从六品上;

司勋员外郎 2 人,从六品上;

考功员外郎 1 人,从六品上;

户部员外郎 2 人,从六品上;

度支员外郎 1 人,从六品上;

金部员外郎 1 人,从六品上;

仓部员外郎 1 人,从六品上;

礼部员外郎 1 人,从六品上;

祠部员外郎 1 人,从六品上;

膳部员外郎 1 人,从六品上;

主客员外郎 1 人,从六品上;

兵部员外郎 2 人,从六品上;

职方员外郎 1 人,从六品上;

驾部员外郎 1 人,从六品上;

库部员外郎 1 人,从六品上;

刑部员外郎 2 人,从六品上;

都官员外郎 1 人,从六品上;

比部员外郎 1 人,从六品上;

司门员外郎 1 人,从六品上;

工部员外郎 1 人,从六品上;

屯田员外郎 1 人,从六品上;

虞部员外郎 1 人,从六品上;

水部员外郎 1 人,从六品上;

城门郎 4 人,从六品上;

符宝郎 4 人,从六品上;

起居舍人 2 人,从六品上;

通事舍人 16 人,从六品上;

秘书郎 4 人,从六品上;

著作佐郎 4 人,从六品上;

侍御医 4 人,从六品上;

内谒者监 6 人, 正六品下;

侍御史 4 人, 从六品下;

光禄寺丞 2 人, 从六品上;

冲尉寺丞 2 人, 从六品上;

武库令二人, 从六品下;

宗正寺丞 1 人, 从六品上;

太仆寺丞 4 人, 从六品上;

上牧副监 32 人, 正六品下;

中牧监 16 人, 正六品下;

中牧副监 16 人, 从六品下;

沙苑监 1 人, 从六品下;

大理丞 6 人, 从六品上;

司直 6 人, 从六品上;

鸿胪寺丞 2 人, 从六品上;

司农寺丞 2 人, 从六品上;

京都苑副监 1 人, 从六品下;

九成宫副监 1 人, 从六品下;

太府寺丞 4 人, 从六品下;

两京诸寺丞令 4 人, 从六品上;

右藏署令 2 人, 正六品上;

国子监丞 1 人, 从六品下;

太子博士 3 人, 正六品上;

少府监丞 4 人, 从六品下;

中尚署令 1 人, 从六品上;

诸互市监 10 人, 从六品下;

将作监丞 4 人, 从六品下;

左右卫长史 2 人, 从六品上;

司阶 4 人, 正六品上;

左右骁卫长史, 从六品上;

司阶 4 人，正六品上；

左右武卫长史，从六品上；

司阶 4 人，正六品上；

左右威卫长史 2 人，从六品上；

司阶 4 人，正六品上；

左右领军卫长史 2 人，从六品上；

司阶 6 人，正六品上；

左右金吾卫长史，从六品上；

司阶 4 人，正六品上；

左右监门卫长史 2 人，从六品上；

左右千牛卫长史 2 人，从六品上；

左右羽林军卫长史 2 人，从六品上；

司阶 4 人，正六品上；

太子詹事府丞 2 人，正六品上；

太子司议郎 4 人，正六品上；

太子文学 3 人，正六品下；

太子典膳郎 2 人，正六品上；

太子药藏郎 2 人，正六品上；

太子内直郎 2 人，从六品下；

太子宫门郎 2 人，从六品下；

太子左右卫率府司阶 2 人，从六品上；

太子司御率府司阶 2 人，从六品上；

太子清道率府司阶 2 人，从六品上；

亲王文学 2 人，从六品上；

亲王掾 1 人，正六品上；

亲王属 1 人，正六品上；

亲王主簿 1 人，从六品上；

亲王记室参军事 2 人，从六品上；

亲王录事参军事 1 人，从六品上；

中州长史 15 人,正六品上;

中州司马 15 人,正六品下;

下州司马 138 人,从六品上;

京兆河南太原诸县令 47 人,正六品上;

上县令 654 人,从六品上;

上镇将 20 人,正六品下;

中下府果毅、左右都尉 844 人。

以上六品官共 1741 人。内官 277 人,外官 897 人,中下府果毅、左右都尉 844 人。据上引《田令》,六品内官职分田各 4 顷,六品外官职分田各 5 顷,中下府果毅、左右都尉职分田各 3 顷。六品内官 277 人职分田共 1108 顷,六品外官 897 人职分田共 4485 顷,中下果毅、左右都尉 844 人职分田共 2532 顷。以上 3 项共计 8125 顷。

七品

尚书都事 6 人,从七品上;

左补阙 2 人,从七品上;

右补阙 2 人,从七品上;

殿中省尚食直长 5 人,正七品上;

殿中省尚药直长 4 人,正七品上;

殿中省尚衣直长 4 人,正七品下;

殿中省尚舍直长 6 人,正七品下;

殿中省尚乘直长 10 人,正七品下;

殿中省尚辇直长 4 人,正七品下;

掖廷令 2 人,从七品下;

宫闱令 2 人,从七品下;

御史台主簿 1 人,从七品下;

殿中省簿御史 6 人,从七品上;

太常寺主簿 2 人,从七品上;

太常博士 4 人,从七品上;

两京郊社署令 2 人,从七品下;

·欧·亚·历·史·文·化·文·库·

献陵等六陵丞6人，从七品下；

太乐署令1人，从七品下；

鼓吹署令1人，从七品下；

太医署令2人，从七品下；

光禄寺主簿2人，从七品上；

太官署令2人，从七品下；

卫尉寺主簿2人，从七品上；

宗正寺主簿2人，从七品上；

太仆寺主簿2人，从七品上；

乘黄署令1人，从七品下；

下牧副监16人，正七品下；

典厩署令2人，从七品下；

沙苑副监1人，正七品下；

大理寺主簿2人，从七品上；

鸿胪寺主簿1人，从七品上；

典客署令1人，从七品下；

司农寺主簿2人，从七品上；

上林署令2人，从七品下；

太仓署令3人，从七品下；

太原等三仓监3人，正七品下；

司竹监1人，正七品下；

温泉汤监1人，正七品下；

京都苑总监丞2人，从七品下；

京都苑四面监副监4人，从七品下；

九成宫丞1人，从七品下；

太府寺主簿2人，从七品上；

平准署令2人，从七品下；

左藏署令3人，从七品下；

常平署令1人，从七品下；

国子监主簿 1 人,从七品下;

太子助教 3 人,从七品上;

四门博士 3 人,正七品上;

少府监主簿 2 人,从七品下;

左尚署令 1 人,正七品下;

右尚署令 1 人,正七品下;

诸冶监各 1 人,正七品下;

北都军器监丞 2 人,正七品下;

将作监主簿 2 人,从七品下;

甄官署副监 1 人,从七品下;

都永监丞 2 人,从七品上;

左右卫中候 6 人,正七品下;

左右骁卫中候 6 人,正七品下;

左右武卫中候 6 人,正七品下;

左右威卫中候 6 人,正七品下;

左右领军卫中候 6 人,正七品下;

左右金吾卫中候 6 人,正七品下;

左右羽林军卫中候 6 人,正七品下;

太子詹事府主簿 1 人,从七品上;

太子司直 2 人,正七品上;

太子通事舍人 8 人,正七品下;

太子内坊丞 2 人,从七品下;

太子家令寺丞 2 人,从七品上;

太子率更寺丞 2 人,从七品上;

太子仆寺丞 1 人,从七品上;

左右卫率府长史 2 人,正七品上;

左右卫率府中候 4 人,从七品下;

左右卫司御率府长史 2 人,正七品上;

左右卫司御率府中候 4 人,从七品下;

左右卫清道率府长史2人,正七品上;

左右卫清道率府中候4人,从七品下;

左右卫监门率府长史2人,正七品上;

左右卫内率府长史2人,从七品上;

亲王府东西阁祭酒2人,从七品上;

亲王府功曹参军事1人,正七品上;

亲王府户曹参军事2人,正七品上;

亲王府兵曹参军事1人,正七品上;

亲王府骑曹参军事1人,正七品上;

亲王府法曹参军事1人,正七品上;

亲王府士曹参军事1人,正七品上;

亲王国令1人,从七品下;

公主邑司令1人,从七品下;

三府司录事参军事6人,正七品上;

三府功曹参军事6人,正七品下;

三府仓曹参军事6人,正七品下;

三府户曹参军事6人,正七品下;

三府兵曹参军事6人,正七品下;

三府法曹参军事6人,正七品下;

三府士曹参军事6人,正七品下;

大都督府录事参军18人,正七品上;

功曹参军9人,正七品下;

仓曹参军18人,正七品下;

户曹参军18人,正七品下;

兵曹参军18人,正七品下;

法曹参军18人,正七品下;

士曹参军9人,正七品下;

中都督府录事参军事23人,正七品下;

户曹参军事23人,从七品上;

功曹参军事 23 人，从七品上；

兵曹参军事 46 人，从七品上；

法曹参军事 23 人，从七品上；

士曹参军事 23 人，从七品上；

下都督府录事参军事 18 人，从七品上；

功曹参军事 18 人，从七品上；

仓曹参军事 18 人，从七品上；

户曹参军事 18 人，从七品上；

兵曹参军事 18 人，从七品上；

法曹参军事 18 人，从七品上；

上州录事参军事 130 人，从七品上；

司功 130 人，从七品下；

司仓 130 人，从七品下；

司户 130 人，从七品下；

司兵 130 人，从七品下；

司法 130 人，从七品下；

司士 130 人，从七品下；

万年七县丞 14 人，从七品上；

诸州中县令 378 人，从正七品上；

诸州中下县令 222 人，从七品上；

大都护府录事参军事 6 人，正七品上；

功曹参军事 6 人，正七品下；

仓曹参军事 6 人，正七品下；

户曹参军事 6 人，正七品下；

兵曹参军事 6 人，正七品下；

法曹参军事 6 人，正七品下；

折冲府副将 633 人；

折冲府长史 633 人。

以上七品官共 3494 人。内官 232 人，外官 1996 人，折冲府副将、

·欧·亚·历·史·文·化·文·库·

长史共 1266 人。据上引《田令》,七品内官职分田各 3 顷 50 亩,外官职分田各 4 顷,折冲府副将、长史各 3 顷。七品内官 232 人职分田共 812 顷,七品外官 1996 人职分田共 7984 顷,折冲府副将、长史 1266 人职分田共 3798 顷。以上 3 项共计 12594 顷。

八品

吏部主事 4 人,从八品下;

兵部主事 4 人,从八品下;

门下主事 4 人,从八品下;

左拾遗 2 人,从八品下;

中书省主事 4 人,从八品下;

右拾遗 2 人,从八品上;

秘书省保章正 1 人,从八品上;

灵台郎 2 人,正八品下;

殿中省司医 4 人,正八品下;

内侍省内谒者 12 人,从八品下;

     掖庭局丞 3 人,从八品下;

     宫闱局丞 3 人,从八品下;

     奚官局令 2 人,正八品下;

     内仆局令 2 人,正八品下;

     内府局令 2 人,正八品下;

监察御史 10 人,正八品上;

太常寺协律郎 2 人,正八品上;

两京郊社署丞 2 人,从八品上;

永康、兴宁二陵署丞 2 人,从八品下;

隐太子等七陵署令 7 人,从八品下;

诸太子庙令 7 人,从八品上;

太乐署丞 1 人,从八品下;

鼓吹署丞 1 人,从八品下;

太医署丞 2 人,从八品下;

医监 4 人,从八品下;

针博士 1 人,从八品上;

太卜署令 1 人,从八品下;

廪牺署令 1 人,从八品下;

汾祠署丞 1 人,从八品上;

两京齐太公庙丞 1 人,从八品上;

光禄寺太官署丞 4 人,从八品上;

珍馐署令 1 人,正八品下;

良酝署令 2 人,正八品下;

掌醢署令 1 人,正八品下;

卫尉寺武库丞 2 人,从八品下;

　　武器署令 1 人,正八品下;

守宫署令 1 人,正八品下;

崇玄署令 1 人,正八品下;

太仆寺乘黄署丞 1 人,从八品下;

　　典厩署丞 2 人,从八品下;

　　典牧署令 3 人,正八品上;

　　车府署令 1 人,正八品下;

　　上牧丞 20 人,正八品上;

　　中牧丞 20 人,从八品上;

大理评事 12 人,从八品下;

鸿胪典客署丞 2 人,从八品下;

　　司仪署令 1 人,正八品下;

司农寺上林署丞 4 人,从八品下;

　　太仓署丞 6 人,从八品下;

　　钩盾署令 2 人,正八品上;

　　道官署令 2 人,正八品上;

　　太原等三仓丞 6 人,从八品上;

　　司竹副监 1 人,正八品下;

·欧·亚·历·史·文·化·文·库·

司竹丞 2 人,从八品上;

温泉汤丞 2 人,从八品上;

京都苑四面监丞 8 人,正八品下;

诸屯丞 1984 人,从八品下;

太府寺两京诸寺丞 8 人,正八品上;

平准署丞 4 人,从八品下;

左藏丞 5 人,从八品下;

常平署丞 2 人,从八品下;

国子监四门助教 3 人,从八品上;

律学博士 1 人,从八品下;

少府寺中尚署丞 4 人,从八品下;

左尚署丞 5 人,从八品下;

右尚署丞 4 人,从八品下;

织染署令 1 人,正八品上;

掌冶署令 1 人,正八品上;

诸冶监丞 20 人,从八品上;

北都军器监主簿 1 人,正八品上;

甲坊署令 1 人,正八品下;

弩坊署令 1 人,正八品下;

诸互市监丞 10 人,正八品下;

将作监左校署令 2 人,从八品下;

右校署令 2 人,从八品下;

中校署令 1 人,从八品下;

甄官署令 1 人,从八品下;

百工等六监丞 6 人,正八品上;

都水主簿 1 人,从八品下;

舟楫署令 1 人,正八品下;

左右卫录事参军事 2 人,正八品正;

仓曹参军事 4 人,正八品下;

兵曹参军事 4 人,正八品下;

骑曹参军事 2 人,正八品下;

胄曹参军事 2 人,正八品下;

司戈参军事 10 人,正八品下;

左右骁卫录事参军事 2 人,正八品上;

仓曹参军事 4 人,正八品下;

兵曹参军事 4 人,正八品下;

骑曹参军事 2 人,正八品下;

胄曹参军事 2 人,正八品下;

司戈参军事 10 人,正八品下;

左右武卫录事参军事 2 人,正八品上;

仓曹参军事 4 人,正八品上;

兵曹参军事 4 人,正八品上;

骑曹参军事 2 人,正八品下;

胄曹参军事 2 人,正八品下;

司戈参军事 10 人,正八品下;

左右威卫录事参军事 2 人,正八品下;

仓曹参军事 4 人,正八品下;

兵曹参军事 4 人,正八品下;

骑曹参军事 2 人,正八品下;

司戈参军事 10 人,正八品下;

左右领军卫录事参军事 2 人,正八品上;

仓曹参军事 4 人,正八品下;

兵曹参军事 4 人,正八品下;

骑曹参军事 2 人,正八品下;

胄曹参军事 2 人,正八品下;

司戈参军事 10 人,正八品下;

左右金吾卫录事参军事 2 人,正八品上;

仓曹参军事 4 人,正八品下;

兵曹参军事 4 人,正八品下;

骑曹参军事 2 人,正八品下;

胄曹参军事 2 人,正八品下;

司戈参军事 10 人,正八品下;

左右监门卫录事参军事 2 人,正八品上;

兵曹参军事 2 人,正八品下;

胄曹参军事 2 人,正八品下;

左右千牛卫录事参军事 2 人,正八品上;

兵曹参军事 2 人,正八品下;

胄曹参军事 2 人,正八品下;

左右羽林卫录事参军事 2 人,正八品上;

兵曹参军事 2 人,正八品下;

仓曹参军事 2 人,正八品下;

胄曹参军事 2 人,正八品下;

司戈参军事 10 人,正八品下;

太子左春坊录事 2 人,从八品下;

典膳局丞 2 人,正八品上;

药藏局丞 2 人,正八品上;

内直局丞 2 人,正八品下;

宫门局丞 2 人,正八品下;

太子家令寺食官署令 1 人,从八品下;

典仓署令 1 人,从八品下;

司藏署令 1 人,从八品下;

太子仆寺厩牧署令 1 人,从八品下;

太子左右卫率府录事参军事 2 人,从八品上;

仓曹参军事 2 人,从八品下;

兵曹参军事 2 人,从八品下;

胄曹参军事 2 人,从八品下;

司戈参军事 4 人,从八品下;

太子左右司御率府录事参军事 2 人，从八品下；

　　　仓曹参军事 2 人，从八品下；

　　　兵曹参军事 2 人，从八品下；

　　　胄曹参军事 2 人，从八品下；

　　　司戈参军事 4 人，从八品下；

太子左右清道率府录事参军事 2 人，从八品上；

　　　仓曹参军事 2 人，从八品下；

　　　兵曹参军事 2 人，从八品下；

　　　胄曹参军事 2 人，从八品下；

　　　司戈参军事 4 人，从八品下；

亲王府参军事 2 人，正八品下；

　　　行参军 4 人，从八品下；

　　　典签 2 人，从八品下；

亲事府执仗亲事 16 人，正八品上；

　　　执乘亲事 16 人，正八品上；

亲王国大农 2 人，从八品下；

公主邑丞 1 人，从八品下；

京兆河南太原府参军事 18 人，正八品下；

大都督府参军事 45 人，正八品下；

　　　经学博士 9 人，正八品下；

　　　医学博士 9 人正八品下；

中都督府参军事 92 人，从八品上；

　　　经学博士 23 人，从八品下；

下都督府参军事 54 人，从八品下；

上州经学博士 130 人，从八品下；

中州录事参军 15 人，从入品下；

中州司功参军事 15 人，正八品下；

　　　司仓参军事 15 人，正八品下；

　　　司户参军事 15 人，正八品下；

·欧·亚·历·史·文·化·文·库·

司兵参军事 15 人，正八品下；

司法参军事 15 人，正八品上；

下州录事参军事 138 人，从八品上；

司仓参军事 138 人，从八品下；

司户参军事 138 人，从八品下；

司法参军事 138 人，从八品下；

万年七县主簿 14 人，从八品上；

万年七县尉 42 人，从八品下；

京兆河南太原诸县丞 45 人，正八品下；

大都护府参军事 18 人，从八品上；

上镇仓曹参军事 20 人，从八品下；

兵曹参军事 20 人，从八品下；

上戍主 40 人，从八品下；

中戍主 40 人，从八品下；

上关令 10 人，从八品下；

折冲上府兵曹参军事 633 人，从八品下。

以上八品官共 4423 人，内官 2477 人，外官 1313 人，折冲上府兵曹参军事 633 人。据上引《田令》，八品内官职分田各 2 顷 50 亩，外官职分田各 2 顷，折冲上府兵曹参军事职分田各 2 顷。八品内官 2477 人职分田共 6192 顷 50 亩，外官 1313 人职分田共 3939 顷，折冲上府兵曹参军事 633 人职分田共 1266 顷，3 项共计 11397 顷。

九品

尚书都省主事 6 人，从九品上；

吏部司封主事 2 人，从九品上；

司勋主事 2 人，从九品上；

考功主事 3 人，从九品上；

户部主事 4 人，从九品上；

度支主事 2 人，从九品上；

金部主事 3 人，从九品上；

28

仓部主事3人,从九品上;

礼部主事2人,从九品上;

祠部主事2人,从九品上;

膳部主事2人,从九品上;

主客主事2人,从九品上;

兵部主事2人,从九品上;

职方主事2人,从九品上;

驾部主事3人,从九品上;

库部主事2人,从九品上;

刑部主事4人,从九品上;

都官主事2人,从九品上;

比部主事4人,从九品上;

司门主事2人,从九品上;

工部主事3人,从九品上;

屯田主事2人,从九品上;

虞部主事2人,从九品上;

功部主事2人,从九品上;

门下典仪2人,从九品下;

秘书省校书郎8人,正九品上;

　　　　正字4人,正九品下;

　　　　主事1人,从九品上;

著作局校书郎2人,正九品上;

　　　　正字2人,正九品下;

太史局司辰19人,正九品下;

殿中省主事2人,从九品上;

尚食局食医8人,正九品下;

尚药局医佐8人,正九品下;

尚药局奉乘18人,正九品下;

　　　　司库1人,正九品下;

·欧·亚·历·史·文·化·文·库·

司廪 2 人，正九品下；

尚辇局掌辇 2 人，正九品下；

内侍省主事 2 人，从九品下；

掖庭局宫教博士 2 人，从九品下；

监作 4 人，从九品下；

奚官局丞 2 人，正九品下；

内仆局丞 2 人，正九品下；

内府局丞 2 人，正九品下；

御史台录事 2 人，从九品下；

太常寺太祝 3 人，正九品上；

奉礼郎 2 人，从九品上；

隐七太子陵署丞 7 人，从九品下；

诸太子庙丞 7 人，正九品下；

太乐署乐正 8 人，从九品下；

鼓吹署乐正 4 人，从九品下；

太医署医正 8 人，从九品下；

针助教 1 人，从九品下；

按摩博士 1 人，从九品下；

咒禁博士 1 人，从九品下；

太卜署丞 2 人，正九品下；

卜正 2 人，正九品下；

卜博士 2 人，从九品下；

廪牺署正 1 人，正九品上；

光禄寺太官署监膳 10 人，从九品下；

珍馐署丞 2 人，正九品下；

良酝署丞 2 人，正九品下；

掌醢署丞 2 人，正九品下；

卫尉寺录事 1 人，从九品上；

武库监事 2 人，正九品上；

武器署丞 2 人，正九品下；

　　监事 1 人，从九品下；

守宫署丞 2 人，正九品下；

　　监事二 2 人，从九品下；

宗正寺录事 1 人，从九品上；

　　崇玄署丞 1 人，正九品下；

太仆寺录事 2 人，从九品上；

　　典厩署主乘 6 人，正九品下；

　　典牧署丞 4 人，正九品上；

　　　　监事 8 人，从九品下；

　　车府署丞 1 人，正九品下；

　　上牧主簿 16 人，正九品下；

　　中牧主簿 16 人，从九品上；

　　下牧丞 16 人，正九品上；

　　下牧主簿 16 人，从九品下；

　　沙苑监丞 1 人，正九品上；

　　沙苑主簿 1 人，从九品下；

大理寺录事 2 人，从九品上；

　　狱丞 4 人，从九品下；

鸿胪寺录事 2 人，从九品上；

　　典客署掌客 15 人，正九品上；

　　司仪丞 1 人，正九品下；

司农寺录事 2 人，从九品上；

　　上林署监事 10 人，从九品下；

　　太仓署监事 10 人，从九品下；

　　钩盾署丞 4 人，正九品上；

　　监事 10 人，从九品下；

　　导官署丞 4 人，正九品下；

　　监事 10 人，从九品下；

·欧·亚·历·史·文·化·文·库·

京都苑总监主簿 1 人，从九品上；

九成宫总监主簿 1 人，从九品下；

太府寺录事 2 人，从九品上；

平准署监事 6 人，从九品下；

左藏署监事 8 人，从九品下；

右藏署监事 4 人，从九品下；

常平署监事 5 人，从九品下；

国子监录事 1 人，从九品下；

律学助教 1 人，从九品上；

书学博士 2 人，从九品下；

算学博士 2 人，从九品下；

少府监录事 2 人，从九品上；

中尚署监作 4 人，从九品下；

左尚署监作 6 人，从九品下；

右尚署监作 6 人，从九品下；

织染署监作 6 人，从九品下；

掌冶署丞 2 人，正九品下；

监作 2 人，从九品下；

诸冶监监作 4 人，从九品下；

北都军器监录事 1 人，正九品下；

甲坊署丞 1 人，正九品下；

监作 2 人，从九品下；

弩坊署丞 1 人，正九品下；

监作 2 人，从九品下；

将作监录事 2 人，从九品上；

左校署丞 4 人，正九品下；

左校署监作 10 人，从九品下；

右校署丞 3 人，正九品下；

监作 10 人，从九品下；

中校署丞 3 人, 正九品下;

监事 4 人, 从九品下;

甄官署丞 2 人, 正九品下;

监作 4 人, 从九品下;

百工就谷库谷太阴伊阳监作 24 人, 从九品下;

舟楫署丞 2 人, 正九品下;

河渠署丞 1 人, 正九品下;

诸津令 20 人, 正九品上;

诸津丞 20 人, 从九品下;

左右卫执戟 10 人, 正九品下;

王府兵曹参军事 2 人, 正九品上;

左右骁卫执戟 10 人, 正九品下;

翊府兵曹参军事 2 人, 正九品下;

左右武卫执戟 10 人, 正九品下;

翊府兵曹参军事 2 人, 正九品上;

左右威卫执戟 10 人, 正九品下;

左右领军卫执戟 10 人, 正九品下;

左右金吾卫执戟 10 人, 正九品下;

左右羽林军卫执戟 10 人, 正九品下;

太子詹事府录事, 正九品下;

太子左春坊主事 2 人, 从九品下;

崇文馆校书 2 人, 从九品下;

司经局校书 4 人, 正九品下;

正字 2 人, 从九品下;

太子内坊典直 4 人, 正九品下;

太子家令寺主簿 1 人, 正九品下;

食官署丞 2 人, 从九品下;

典仓署丞 2 人, 从九品下;

司藏丞 2 人, 从九品下;

太子率更寺主簿 1 人,从九品下;

太子仆寺主簿 1 人,正九品下;

　　　厩牧署丞 2 人,从九品下;

太子左右卫率府执戟 6 人,从九品下;

太子左右司御率府执戟 6 人,从九品下;

太子左右清道率府 6 人,从九品下;

太子左右监门率府录事参军事 2 人,正九品上;

　　　兵曹参军事 2 人,正九品下;

　　　胄曹参军事 2 人,正九品下;

太子左右内率府录事参军事 2 人,正九品上;

　　　兵曹参军事 2 人,正九品下;

　　　胄曹参军事 2 人,正九品下;

亲王国大农尉 2 人,正九品下;

公主邑司录事 1 人,从九品下;

京兆三府录事 12 人,从九品上;

大都府录事 18 人,从九品上;

　　　市令 9 人,从九品上;

中都府市令 23 人,从九品上;

　　　医学博士 23 人,正九品下;

下都督府市令 18 人,从九品上;

上州录事 260 人,从九品上;

　　　参军事 520 人,从九品上;

　　　市令 130 人,从九品上;

　　　医学博士 130 人,正九品下;

中州录事 15 人,正九品下;

　　　参军事 45 人,正九品下;

　　　经学博士 15 人,正九品下;

　　　医学博士 15 人,正九品下;

下州录事 138 人,从九品下;

参军事 276 人,从九品下;

经学博士 138 人,正九品下;

医学博士 138 人,从九品下;

万年七县录事 14 人,从九品下;

京兆河南太原诸主簿 45 人,正九品上;

诸尉 90 人,正九品下;

诸州上县主簿 654 人,正九品下;

尉 1308 人,从九品下;

诸州中县丞 378 人,正九品上;

主簿 378 人,从九品上;

尉 378 人,从九品下;

诸州中下县丞 222 人,正九品上;

主簿 222 人,从九品上;

尉 222 人,从九品下;

诸州下县丞 319 人,正九品下;

主簿 319 人,从九品上;

尉 319 人,从九品下;

大都护府录事 12 人,从九品上;

中镇兵曹参军事 20 人,正九品下;

下镇兵曹参军事 20 人,从九品下;

五狱四渎令 9 人,正九品上;

上关丞 20 人,从九品上;

中关令 20 人,正九品下;

丞 20 人,从九品下;

下关令 20 人,从九品下;

折冲府中下府兵曹参军 422 人,正九品上;

从九品下。

以上九品官共 7921 人,内官 534 人,外官 6965 人,折冲府中下府兵曹参军 422 人。据上引《田令》,九品内官职分田各 2 顷,外官职分田

·欧·亚·历·史·文·化·文·库·

各 2 顷 50 亩,折冲府中下府兵曹参军职分田各 1 顷 50 亩。九品内官 534 人职分田共 1068 顷,外官 6965 人职分田共 16612 顷 50 亩,折冲府 中下府兵曹参军事 422 人职分田共 633 顷。3 项共计 18313 顷 50 亩。

综合上述计算,一品官职分田共计 732 顷,二品官职分田共计 230 顷,三品官职分田共计 2558 顷,四品官职分田共计 6106 顷 50 亩,五品 官职分田共计 6565 顷,六品官职分田共计 8125 顷,七品官职分田共计 12594 顷,八品官职分田共计 11397 顷,九品官职分田共计 18313 顷 50 亩。以上职分田总计 6621 顷。

1.1.3 白簿与黄籍

唐政府管理职田公廨田,置有白簿与黄籍,白簿、黄籍的性质和作 用如何?兹据有关史料分析讨论。

《新唐书》卷 55《食货志》云:

> 先是,州县职田公廨田,每岁六月以白簿上尚书省复实。至十 月输送,则有黄籍。岁一易之,后不复簿上。唯授租清望要官,而 职卑者稽留不付,黄籍亦不复更矣。德宗即位,诏黄籍与白簿皆上 有司。

《唐会要》卷 92"内外官职田门"云:

> [开元]十九年四月敕,天下诸州县并府镇戍官等职田顷亩籍 帐,仍依允(元)租价对定,无过六斗,地不毛者,亩给二斗。
>
> [大历]十四年八月敕,内外文武官职田及公廨田,准式,州县 每年六月三十日勘造白簿申省,与诸司文解勘会,至十月三十日 征收,给付本官。近来不守常规,多不申报。给付之际,先付清望 要官。其间慢卑官,即被延引不付。自今以后,准式各令送付本 官。又准式,职田黄籍,每三年一造,自天宝九载以后,更不造簿。 宜各委州县,每年差专知官巡覆,仍造簿依限申交所司,不得隐漏 及妄破蒿荒。如有违犯,专知官及本典,准法科罚。

《册府元龟》卷 506《邦计部·俸禄二》云:

> [开元]十九年四月敕,天下诸州县并镇戍官等职田四至顷 亩,造帐申省,仍依元租价对定。六斗以下者,依旧定;以上者,不

得过六斗。

[贞元]十一年八月,屯田奏:诸州府送纳内外文武官职田及公廨田四至白簿等。前件簿书,准天宝十四年八月十二日敕,每年六月十三日勘造送者,如建(违)本别官牒吏部先用关,本典依法科处者。优以地段佃户并无改移,随年造簿,实有劳费。今请令诸州府及畿内县,三年一送,违限者准敕科处。敕旨,每年造簿,事乃近烦,三年一申,又为太简。如外官并须勘造,切虑因此扰人,宜令应管京官职田等州府所造文簿,二年一送,余依。

根据以上史料,关于白簿黄籍的内容,性质和作用,提出以下意见:

(1)白簿的内容:内外文武官的职田和公廨田的地段顷亩、四至和佃户。

(2)白簿的制造者是州县,每年勘造一次,每年六月三十日(或作十三日)申省。但自贞元十一年起,每两年一造申省。

(3)白簿的内容决定了它的性质:白簿是品官职田和官府公廨田实际状况的记录,申省的目的为了让尚书省工部的屯田部门复查其内容是否符合实际。

敦煌文书中也有关于白簿的资料。

池田温著《中国古代籍帐研究》录文[1]载《周圣历二年(699)三月敦煌县检校营田人等牒》(龙图　大谷 2836 号背):

[1]平康乡
[2]司马地一段十四亩城北三里宋渠　西渠　南渠　北张住
[3]　右件地土、平康乡人宋怀道种麦。
[4]主簿地一段十亩城北五里西支渠　　　　东道　　西渠
　　　　南张立　北张怀操
[5]　右件地神沙乡人索怀亮种麦。
[6]牒件通当乡关职官人地见种麦,具状如前。自
[7]余者,并总见空,无人佃种。今依状上,谨牒。

---

〔1〕池田温《中国古代籍帐研究》,日本东京大学东译文化研究所 1979 年版,第 336 页。

[8]　　圣历二年三月廿日,里正氾素牒。

[9]　　　　检校营田人　　　氾孝才

[10]　　　　检校营田人　　　张慈员

[11]　　　　检校营田人　　　左彻(?)

[12]　　　　检校营田人　　　雷善仁

[13]　　　　检校营田人　　　索　　复

[14]　　　　都检校前帅　　　索　　爽(?)

[15]　　　连(?)□白(?)。　　　□□日(?)

(后　缺)

据上引,牒文的内容包括:(1)州职事官阙职官的职田,即"司马地"、"主簿地"等。(2)地段,即"一段……城北三里案渠"、"一段……城北五里西支渠"等。(3)顷亩,即"十四亩"、"十亩"等。(4)四至,即"东渠……"、"东道……"等。(5)佃人,即"宋怀道"、"索怀亮"等。这和上文所说职田白簿的内容完全一致,这是里正给县司的牒文,我推测这样的牒文是县司制造白簿的依据。

关于黄籍的内容,以上引文中没有确说,但黄籍是为了州县输送内外官的职田田租使用的。《新志》说:"至十月输送,则有黄籍。"根据黄籍的性质、作用,可推知黄籍的内容应有:某些职官的姓名,所在的官府及其官衔、官品,所居地址及其所得田租的种类数量等等。租佃职田的佃户在官府押送之下依据黄籍输送田租。

其次,黄籍3年一造。

1.1.4　公廨田、职田上的租佃关系

根据以上全部分析和所引材料,可提出两点意见:

(1)公廨田、职田都是官田,由官府管理经营。文献材料和文书材料都说明了它们的性质。

(2)官府经营公廨田、职田的办法就是租佃制。以官府、官吏为地主一方,以佃户为农民一方,构成了公廨田、职田上的租佃关系。

职田上的租佃关系,除表现在白簿、黄籍之外,还表现在"开元二十五年田令"中。《通典》卷35《职官十七》"公廨田、职田"条在记述外

官职田之末说:

> 其田亦借民佃植,至秋冬受数而已。

唐代的一般文献也记载公廨田、职田的租佃关系,兹引4条史料如下:

《唐会要》卷92"内外官职田"条:

> 天宝元年六月敕:如闻河东河北官人职田,既纳地租,仍收桑课,田树兼税,民仍以堪。自今以后,官人及公廨职田有桑,一切不得更征丝课。

> 十二载十月敕,两京百官职田,承前佃民自送。道路或远,劳费颇多。自今已后,其职田去城五十里内者,依旧令佃民自送入城。自余限十四日内便于所受州县并脚价五十里外,每斗各征二文,一百里外不过三文,并令百官差本司请受。

> 上元元年十月敕,京官职田,准式并令佃民输送至京。

> 会昌六年十月,京兆府奏:请县征纳京百司官秩职田斛斗等,伏请从今已后,却准会昌元年,已前旧例,上司官斛斗,勒民户使自送纳。

根据上引,自天宝初至会昌年中,职田上存在租佃关系。占有职田的各级官吏,向佃种职田的农民剥削地租,其中有实物,也有少量货币。会昌六年以后直至唐末,也可能如此。

在敦煌文书、吐鲁番文书中,也有关于职田公廨田上的租佃关系的数据。兹引录如下:

《敦煌掇琐》上辑载开元年间白话五言诗(伯3418号)云:

> 作官职,人中第一好……䴢(职)田佃人送……

池田温著《中国古代籍帐研究》录文[1]载《周天授二年(691)西州高昌县诸堰头等申青苗亩数佃人牒》9件(龙图 大谷文书),兹引录两件中有关数行如下:

> ③[1]匡□堰头康毲子

---

[1]池田温《中国古代籍帐研究》,日本东京大学东洋文化研究所1979年版,第322-325页。

39

·欧·亚·历·史·文·化·文·库·

（大）

[2]　张贞子捌亩半州公廨地　公廨 陆 亩

（西）

[3]佃人张习礼（下略）

（大）

[4]　……司马拾贰亩佃人范僧护

化

⑥[5]　……仓曹职官七亩

[6] 佃 人朱贞行

[7]［一十九亩］半八十步 七亩官 一十二亩半八十步百姓

同池田氏书录文[1]载《周天授二年（691）西州高昌县诸堰头等申青苗数佃人牒》21件（龙图　大谷文书），兹转录两件中有关数行如下：

（前　缺）

①[1]　□渠第一堰（头脱）康阿战

（都督）　　　　　　　　昌

[2]　□□职田捌亩半佃人焦智通种粟

（西）

[3]　都督职田拾壹亩半佃人宋居仁种粟

（西）

[8]　县公廨柒亩壹伯步佃人唐智宗种粟

⑬[1]　匡渠堰头氾嘉祚

西

[2]　县公廨柒亩佃人氾嘉祚　更参亩佃人氾嘉祚

[3]　牛参军陆亩佃人索定刚

周藤吉之著《佃人文书之研究——唐代前期佃人制》[2]引大谷5834号

---

〔1〕池田温《中国古代籍帐研究》，第325－331页。
〔2〕周藤吉之《佃人文书之研究——唐代前期佃人制》，载《西域文化研究》（二），京都：法藏馆，1959年。

文书：

  [1] 周祝子纳廿九年别驾 ☐

  [2] 围草肆☐ 廿九日

同上引大谷5385号文书：

  [1] 周祝子纳别驾职田地 ☐

  [2] 天宝元年 月十九日

根据上引,自武则天统治时期到开元天宝年间,沙州西州地区的公廨田职田是由农民佃种的。

  归纳以上全部引文和分析,提出以下意见:

  (1)唐代的公廨田职田上存在租佃关系,各级官吏剥削租种职田公廨田的农民,掠取地租。

  (2)地租分为两部分:一部分是实物,包括粟、麦、草、丝等,这是主要的,一部分是货币,这是次要的。

  农民佃种公廨田职田是被强制的,不是自愿的。《通典》卷2《食货二·田制下》在记述职田佃种"准租分法"之后说:"后取情愿,不得抑配。"类似的话在唐代官文书中多次重述,兹略引如下:

  池田温著《中国古代籍帐研究》录文[1]载《唐开元十九年(731)正月至三月西州天山县到来符帖目》(龙图 大谷文书),兹转抄其中登录有关职公廨职田租佃的3行如下:

  [64] 仓曹符,为宴设及公廨田萄,不高价抑百姓佃食讫申

     事。 ☐

  [97] 戍官见任职田,不得抑令百姓佃食,处分讫申事。

  [109] 镇戍见任官职田,非抑百姓租,并迟由同上事。

这样一而再,再而三地重复"不得抑配"、"不高价抑百姓佃食"、"不得抑令百姓佃食"、"非抑百姓租",恰恰表明公廨田职田是强制租佃给百姓的。公廨田职田的租种由官府强行分配,农民不会自愿租种。

  《元稹集》卷38"同州奏均田状"云:

---

  [1]池田温《中国古代籍帐研究》,第359－361页。

·欧·亚·历·史·文·化·文·库·

[职田地租]比量正税,近于四倍加征,既缘差税至重,州县遂逐年抑配百姓租佃,或有隔越村乡,被配一亩二亩者,或有身居市井,亦令虚头出税者。

这段记载说明职田租佃的强制性。

《册府元龟》卷9《帝王部·赦宥九》长庆元年七月册尊号大赦制:"其百司职田在京畿诸县者,访闻本地多被所由侵隐,抑令贫户佃食蒿荒。百姓流亡,半在于此。"这也说明百司职田是强制贫苦农民租种的。

关于公廨田职分田上的地租量,论述如下:开元二十五年《田令》规定,职田地租是每亩六斗或六斗以下,不得超过六斗(《通典》卷2《食货二·田制下》,《通典》卷35《职官十七》"职田公廨田"条)。开元十九年的诏令也说:"天下诸州县并镇戍官等职田顷亩籍帐,仍依元租价对定,无过六斗,地不毛者,亩给二斗。"(《唐会要》卷92《内外官职田门》)兹再引唐代文书中关于官田租价的记载,并加以分析。

池田温著《中国古代籍帐研究》录文[1]载《周年次未详(698—704)西州柳中(?)县官田租谷簿》(柳中县之印?)(龙图 大谷1305号):

(前 缺)

[1]□　　　□ □　　　　　　　　　豆三斗七升

"承"

[2] 一段三亩半 佃人康□子康亩别二斗五升

"明"　　　　　　　　"道明"

[3]一段三亩 佃人曹隆悦亩别三斗七升五合 一段四亩 佃人田德□ 康□子亩别豆二斗五升

"明"

[4]一段二亩 佃人裴文过亩别二斗五升 一四亩 佃人孙玄进亩别二斗五升

---

[1]池田温《中国古代籍帐研究》,第340页。

　　　　　　　　　"承"　　　　　　　　　　"明"

［5］一段四亩_{佃人孙弘爽亩别豆二斗五升}　一段五亩_{佃人高贞素亩别二斗}
_{五升}

　　　　　　　　　"承"　　　　　　　　　　　　"佰?"

［6］一段五亩_{佃人高苟子亩别豆二斗五升}　一段四亩_{佃人宋立□亩别豆二}
_{斗五升}

　　　　　　　　　"承"

［7］一段十亩_{佃高苟子"承"亩别二斗五升}

　　　　　　　"亩"

［8］六十□_{粟出租}

　　　　　　　　　　　　"明"

［9］一段半亩五十步_{佃人张隆贞计粟二斗六升}　一段三亩_{佃人□□□}
"明"
计 粟一石五斗

　　　　　　　　"明"　　　　　　　　　　　　　"道"

［10］一段三亩_{佃人杨具一石五斗}　一段一亩　_{佃人焦?□□计粟五斗}

　　　　　　　　　　"明"

［11］一段一亩_{佃人孙玄真粟□□（五斗）}　一段六亩半卅步_{佃人□□子}
计粟三□斗四升

　　　　　　　"道"　　　　　　　　　　"明"

［12］一段十亩_{佃人僧慈恭计粟二石五斗}　一段一亩_{佃人田达子计粟□}

　　　　　　　　　"道"　　　　　　　　　　　"□佰?"

［13］四段十二亩_{佃人赵海才计粟六石见佃人□□□}　一段四亩卅步_佃
人宋□□_{计粟二石九斗}

　　　　　　　　　　　"明"

［14］一段一亩七〇步_{佃人□□□计粟六斗四升五合}一段一亩卅步_佃
人高 苟^{"承"}
_{□□斗八升"子"}

　　　　　　　　"承"　　　　　　　　　　"承"

［15］一段三亩_{佃人孙才达计（粟一石）五□}　一段六亩_{佃人万寿□计□}

43

·欧·亚·历·史·文·化·文·库·

　　　　　　　　"明"

[16] 一段十亩佃人王志仁计□

[17] 廿七亩半□

[18] 　四 亩上□

　　　　　　　（后　缺）

这一文书1～7行记述种豆土地的地租额,除一段土地每亩地租豆三斗七升,另一段土地每亩地租三斗七升五合之外,九段土地每亩地租都是豆二斗五升。9～18行记述种粟土地的地租额,分别计算如下:

[1]　一段半亩五〇步　（每亩粟五斗）

[2]　一段三亩　（每亩粟五斗）

[3]　一段一〇亩　（每亩粟二斗五升）

[4]　一段一二亩　（每亩粟五斗稍多）

[5]　一段四亩卅步　（每亩粟六斗八升）

[6]　一段一亩□□　步　（每亩粟六斗左右）

把豆地粟地合并计算,最高地租额为每亩粟六斗八升,最低地租额为每亩豆二斗五升。就多数地段租额来计算,高额为每亩粟五斗至六斗,低额为每亩豆二斗五升。一般情况,种豆地是瘠田,种粟地则较肥。从这一官田租谷簿可以推知,租佃官田的地租额是:较肥或一般的地每亩五至六斗,较差的地每亩二斗五升。公廨田和职田都是官田,租佃公廨田和职田的地租量应该也是如此。这和上文所说"开元二十五年田令"中以及《唐会要》所记述的职田的地租额基本一致。

　　以上仅就地租中粮食一项计算,职田地租中还有草和脚价钱,把这3项加在一起,一般的地的地租为五至六斗粟加若干束草加若干文钱。唐代北方的亩产量为一石,职田地租约为亩产量的70%～80%,租率很高。

　　唐代后期也有公廨田和职分田制,由于史料缺乏,公廨田、职分田顷亩多少无从估计,但这两类田地上的地租率和前期可能大致相同。

　　《元稹集》卷38《同州均田状》(《册府元龟》卷495《邦计部·田制门》同)云:

宪宗元和四年十二月，监察御史里行元稹牒同州奏均田状（此句据《册府元龟》），……当州京官及州县官职田公廨田并州使官田驿等。右臣当州百姓田地，每亩只税粟九升五合、草四分、地头榷酒钱共出二十一文已下。其诸色职田每亩约税粟三斛（应作斗）、草三束、脚钱一百二十文。若是京官上司职田，又顷（须）百姓变米雇脚搬运，比量正税，近于四倍加征。

元和年间同州地区的粮价如何？没有记载可查，约略估计，三斗租粟加120文脚钱，再加草3束，可能要占产量的70%～80%，和开元天宝年间职田地租率大致相同。

1.1.5 租种职田、公廨田的是自耕农民

上引大谷5834、5835号文书"周祝子佃种别驾职田"，在其他文书中也有关于周祝子的记载。兹略引如下：

池田温著《中国古代籍帐研究》录文[1]载《唐天宝五载（746）四月西州籍库典麴福牒》（龙图 橘文书1111号），兹移录8行：

[1] 籍库

[2]   户周祝子一段贰亩_{常田城北新兴}　东渠　西道　南泽

北渠

[3]   右依检件人天宝三载籍下新兴分

[4]   常田，具亩数四至如前，又检周祝子所共

[5]   魏立竞地，有一至同，三至不同。其祝子牒，

[6]   渠名与籍不同，事须付□□□逐。

[7] 牒 件 检 如 前 谨 牒。

[8]   天宝五载四月　日，典麴牒福

同池田氏书录文[2]载《唐开元二九年前后（741）西州高昌县欠田簿》29件（龙图 大谷文书），兹转录第5件1行：

[3] 周祝子_{三丁欠常田二亩部田六亩}

---

〔1〕池田温《中国古代籍帐研究》，第467页。
〔2〕池田温《中国古代籍帐研究》，第391－398页。

同池田氏书录文[1]载《唐至德二载（757）一二月交河郡高昌县周祝子纳税抄》（大谷 5811 号）：

      [1]   戎周祝子纳至德参载第壹限税钱壹

      [2]   伯伍拾壹文。贰载十二月廿七日，典"张

      [3]   为（？）抄"

根据上引 3 件史料，周祝子是均田制下的自耕农民，他受田不足，欠常田 2 亩，部田 6 亩；他有自己的一小块土地，常田 2 亩；他向国家纳户税，这说明他有自己的独立财产。这些加在一起，说明周祝子是一个有自己的细小的独立经济的自耕农民。他佃种职田。在吐鲁番文书中还有一些和周祝子情况相同的职田公廨田的佃人。

上文论述职田公廨田的租佃关系一段，曾引吐鲁番佃人文书，职田公廨田的出租都是分散的、细碎的，大多数佃人都是佃种 3 亩或 2 亩，这也反映了佃人分散的细小的经济能力，正是小自耕农的情况。

记述职田公廨田的租佃关系的文献材料，记述佃户纳粟纳草纳丝，输送职田地租或纳脚价钱，总之是遭受经济剥削，看不到佃户的低下身份或忍受更为苛刻的待遇。

总括上述种种，我推断，佃种职田公廨田的是自耕农民。

如果我们就全部内外官府的公廨田和内外官的职田的租佃情况而论，我们可以看到租佃关系在整个社会经济的重要意义。

《通典》卷 19《职官一》"官数"条曰：

      大唐一万八千八百五员。内官二千六百二十一，外郡县官一万六千一百八十五。

这是天宝时的官数。这样多的官吏加上内外官府占有职田公廨田的数量很多，分为成千上万细小的地段，由成千上万的自耕农户分别佃种，形成了成千上万个细小的独立的经济单位。我认为这是以独立的自耕农户独立的小农经济为主体的唐代前期（实行均田制时期）社会的一个侧面。

---

[1]池田温《中国古代籍帐研究》，第 441 页。

1.2　驿封田制和驿封田顷亩估计

《通典》卷2《食货二·田制下》(《册府元龟》卷495《邦计部·田制门》同)略云:

> 大唐开元二十五年令:诸驿封田,皆随近给。每马一匹,给地四十亩。若驿侧有牧马之处,匹各减五亩。其传送(《册府元龟》作递,是)马,每匹给田二十亩。

《唐六典》卷5"兵部驾部郎中员外郎"条略云:

> 凡三十里一驿。天下凡一千六百三十有九所(《旧唐书》卷43《职官志》,《新唐书》卷46《百官志》同)。

> 二百六十所水驿,一千二百九十七所陆驿,八十六所水陆相兼。量驿之闲要,以定其马数。都亭七十五匹,诸道之第一等减都亭之十五,第二第三皆以十五为差,第四减十二,第五减六,第六减四。其马官给。有山阪险峻之处及江南岭南暑湿不宜大马处,兼置蜀马。

据上引,将驿的等级及其所有马下列表如下:

等级	都亭	一	二	三	四	五	六
马匹	75	70	45	30	18	12	8

在1297所陆驿中,7个等级各占的数量无从考知,今姑且皆按第三等驿计算,一所驿有马30匹,则1297所驿共有马38410匹;驿马一匹给地40亩,传递马一匹给地20亩,今皆按每匹马给地30亩计,共给地1152300亩,即11523顷。水陆兼驿86所,按43所三等陆驿计算,共给地387顷,两项合计,驿封田为11903顷。

2　屯田

　　屯田是官府经营土地。屯田制下的土地是属于国家的。唐代的屯田制分为前期和后期,以"安史之乱"为分界线。实际上,自天宝十四载十月安禄山起兵反乱至广德初年约 10 年间,边境军州屯田系统已被破坏,元载创建的营田务制还未建立,是屯田制的混乱阶段。以"安史之乱"为唐屯田制前期和后期的分界,只是据政治史前期后期的分界约略言之而已。

2.1　前期屯田(自武德元年至天宝十四载)

2.1.1　前期屯田制的两个系统

　　《唐六典》卷 7《工部》、卷 19《司农寺》,《通典》卷 2《食货二·田制门》、卷 10《食货十·盐铁门》、卷 23《职官五·尚书省工部》,卷 26《职官八·司农寺》,《旧唐书》卷 43《职官志·尚书省工部》、卷 44《职官志·司农寺》,《新唐书》卷 46《百官志·尚书省工部》,卷 48《百官志·司农寺》,《新唐书》卷 53《食货志》都记载了前期屯田制。

2.1.1.1　有关两个系统的屯田官制

《唐六典》卷 7"工部屯田郎中员外郎"条云:

　　屯田郎中一人,从五品上。

　　员外郎一人,从六品上。

　　主事二人同,从九品上。(兴按:《旧唐志》此下还记载:令史七人、书令史十二人、计史一人、掌固四人。)

　　屯田制郎中员外郎掌天下屯田之政令。凡军州边防镇守转运不给,则设屯田以益军储。其水陆腴瘠,播植(《旧唐志》作种)地宜,功庸烦省,收率等级,咸取决焉。

屯田郎中员外郎遵照制度,贯彻执行有关屯田的政令,并不直接管理有关屯田的具体事务。管理具体事务的有两个系统的官吏,一为军州系统,一为司农寺系统。兹分别论述如下:

《新唐书》卷49下《百官志》略云:

> 节度使副大使知节度事。兼支度营田招讨经略使,则有副使判官各一人。

《唐六典》卷5"兵部郎中员外郎"条(《旧唐书·职官志》"兵部郎中员外郎"条同)云:

> 诸军各置使一人,万人(《旧唐志》作一万人)已上,置营副使一人。

《新唐书》卷130《宋庆礼传》略云:

> [武后时],以习识边事,拜河东河北营田使。稍迁贝州刺史,复为河北支度营田使。

《旧唐书》卷185下《良吏》下《宋庆礼传》略云:

> 开元中,累迁贝州刺史,仍为河北支度营田使。

《旧唐书》卷187下《忠义下·张介然传》略云:

> 及天宝中,王忠嗣、皇甫惟明、哥舒翰相次为将,并以营田支度等使。

《唐会要》卷78"节度使"条略云:

> 朔方节度使,至[开元]十四年七月,除王晙带关内支度屯田使。
>
> 陇右节度使,至[开元]十五年十二月,除张志亮,又兼经略支度营田等使。已后为定额。
>
> 河南[西]节度使,至开元二年四月,除阳(杨)执一,又兼赤水九姓本道支度营田等使。
>
> 范阳节度使,至开元十五年十二月,除李尚隐,又带河北支度营田使。天宝元年十月,除裴宽为范阳节度使经略河北支度营田河北海运使,已后遂为定额。
>
> 平卢节度使,[开元]八年四月,除许钦琰,又带管内诸军诸蕃

及支度营田等使。

据上引史料,管理军州屯田的最高长官是支度营田使,或称营田支度使,或称营田使。支度营田使等经常由节度使兼带。上引史料中的朔方、陇右、河西、范阳、平卢五道都是这种情况。据此推论,其他诸道,凡是营田的也都是节度使兼带支度营田使。《新唐书·百官志》所说的:"节度使副大使知节度事,兼支度营田招讨经略使,则有副使判官各一人",文字简略,文义不够明确。大意是:节度使或副节度使知节度事兼带支度营田使的(招讨经略使不论),则设支度营田副使或副营田使一人,营田判官一人。

营田使也有不由他官兼带的,如上引《新唐书·宋庆礼传》,宋庆礼专任河东河北营田使。这可能是早期的情况,开元以后,应大多是节度使兼带支度营田使,即或有专任的,可能也只是极少数或个别例外。

节度使一级支度营田使之下,又有军(万人以上的)级的支度营田使,《唐六典》"兵部郎中员外郎"所说的,《唐会要》"节度使"条河西节度使又兼赤水军等支度营田使,同书平卢节度使又带管内诸军支度营田使,都是这种情况。军一级的支度营田使也由节度使兼带,其下又设副使。节度使下有军,制度如此,史实也如此。如《旧唐书》卷104《哥舒翰传》载:"后[河西]节度使王忠嗣以[翰]为大斗军副使",即是一例。同书同卷《封常青传》说他为四镇支度营田副使,也是军一级的营田长官。

节镇支度营田使的设置,也为敦煌吐鲁番文书所证实。

如《唐开元十年(722)伊吾军牒(伊吾军之印)》载:[1]

[1]□□□□□□□□□□田水纵有者,去烽卅廿

[2]□□土。每烽烽子;只有三人两人,人属警固,近烽不敢

[3]不营。里数既遥,营种不济,状上者。曹判:近烽者,即

[4]勒营种,去地远者,不可施功,当牒上支度使讫。至

[5]开十闰五月廿四日,被支度营田使留后司五月十八

---

〔1〕新疆维吾尔自治区博物馆编《新疆出土文物》,文物出版社1975年版,第60页,图版92。

□（日）

[6]牒，称伊吾军牒报□　　　　□多无田水□

[7]有□　　　　　　　　　□人力不□

[8]□　　　　　　　　　　□遂非□

（后　缺）

按伊吾军在伊州西北 300 里折罗漫山北甘露川（见《元和郡县图志》卷 40《陇右道》下"伊州"条），属北庭节度使，上引文书中的支度营田使当是北庭节镇的，支度使是支度营田使的简略，值得注意的是支度营田使留后司。"留后"，一般是本使不在处所设的机构。文书中的留后司应不在北庭，而在伊吾军。这是我的推测。伊吾军只有兵 3000 人，不能设置支度营田使和副使，故有北庭支度营田使设在伊吾军的留后司。

《唐六典》卷 7"工部屯田郎中员外郎"条云：

> 凡屯皆有屯官屯副。屯官取前资官常选人文武散官等强干善农事有书判堪理务者充，屯副取品子及勋官充。六考满加一阶听选，得三上考者又加一等。

《通典》卷 2《食货二·田制门·屯田》略云：

> 唐开元二十五年令：其屯官取勋官五品以上及武散官并前资边州县府镇戍八品以上文武官内简堪者充。

《通典》没有说到屯副，可能是对令文有所简略。开元七年《田令》和开元二十五年《田令》对充当屯官的条件记述不同，当另考〔1〕。

据两次田令，屯官屯副应是军州系统的基层官吏。

---

〔1〕上文所引《唐六典》关于充当屯官屯副的条件，分别言之之，是：第一，充当屯官者有下列两种人：①前资官常选人。②文武散官。第二，充当屯副者有下列两种人：①品子；②勋官。这是"开元七年田令"的规定。

上文引《通典》之文，只说充当屯官的 3 种人：①五品以上勋官；②武散官；③边境州县镇戍八品以上前资文武官。这是"开元二十五年田令"的规定。

《通典》的记载可能是把屯官屯副合并而言（这当然不是《田令》原文，而是杜佑对《田令》原文的省略），则《通典》所说的"五品以上勋官"应是充当屯副者，与《唐六典》的记载相同，《唐六典》可能省略"五品以上"4 字。此其一。《通典》所说的武散官，有可能脱漏"文"字，即文武散官，与《唐六典》所记者相同，此其二。《唐六典》所记前资常选人，可能是《通典》所说的"边州县府镇戍八品以上（疑应作下）文武官"的简述，我认为，二者也是相同的。此其三。据此，只有"品子"是《唐六典》所记充当屯副的一种人，而《通典》没有记载。这是"开元七年田令"和"开元二十五年田令"关于充当屯副的记载唯一的不同。这也可能是由于《通典》失载。

·欧·亚·历·史·文·化·文·库·

总括以上全部史料和论述,军州系统的营田官吏关系如图 1-1 所示:

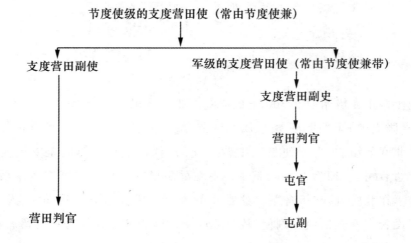

图 1-1 唐代军州系统营田官吏

关于司农寺系统的营田官吏,《通典》卷 26《职官八》"司农卿"条略云:

> 诸屯监,隋置诸屯监及监副。大唐因之,置监及丞,掌营种屯田,勾当功课畜产等事。

《新唐书》卷 48《百官志》"司农寺"条云:

> 诸监屯一人从七品下,丞一人从八品下。掌营种屯田,勾会功课及畜产帐簿;以水旱蝗螟定课。屯主劝率营农,都敛地课<small>有录事一人,府一人,史二人,典事二人,掌固四人。每屯主一人、屯副一人、录事一人,府三人,史五人。</small>

《新唐书》卷 53《食货志》云:

> [屯田]隶司农者,岁三月,卿、少卿循行,治不法者。

上述史料,司农寺系统的营田官吏如下:司农寺卿——少卿——屯监——屯丞——屯主——屯副。

2.1.1.2 有关两个系统屯田的一般制度

(1)属于司农寺的屯田,每 30 顷以下 20 顷以上为一屯。属于州镇诸军的屯田,每 50 顷为一屯(据《通典》卷 2《食货二·屯田门》)。但《唐六典》卷 7"工部屯田郎中员外郎"条(《旧唐书》卷 43《职官志》"工部屯田郎中员外郎"条同)云:"大者五十顷,小者二十顷。"这是就司农

寺屯田和军州屯田二者合并而笼统简略言之,与《通典》的记述并无不同。《新唐书》卷53《食货志》云:

> 司农寺每屯三顷,州镇诸军每屯五十顷。

"三"下脱"十"字,即司农寺每屯30顷。《新志》也是笼统简略言之。

(2)关于屯田上所用的人力牛力的制度,《唐六典》和《通典》分别有记述。《唐六典》卷7"工部屯田郎中员外郎"条云:

> 诸屯分田役力,各有程数。凡营稻一顷,科单功九百四十八日,禾二百八十三日,大豆一百九十二日,小豆一百九十六日,乌麻一百九十一日,麻田百八十九日,床黍二百八十日,麦一百七十七日,荞麦一百六十日,蒜七百二十日,葱一千一百五十六日,瓜八百一十八日,蔓菁七百一十八日,苜蓿二百二十八日。

以上为屯田上所用的人力制度,因农作物品种不同,所用人工有多有少,最多者为葱,要用1156日(单工),最少者为荞麦,只用160日(单工)。

《通典》卷2《食货二·田制下·屯田门》"大唐"条云:

> 诸屯田应用牛之处,山原川泽,土有硬软,至于耕垦,用力不同。土软处,每一顷五十亩配牛一头;强硬处,一顷二十亩,配牛一头。即当屯之内,有硬有软,亦准此法。其稻田,每八十亩配牛一头。

《新唐书》卷53《食货志》云:"上地五十亩,瘠地二十亩,稻田八十亩,则给牛一。"除稻田80亩给牛一头外,其他给牛制,《通典》与《新志》所记不同,今姑两存之。至于其中是否有错误,俟再说考。[1]

(3)屯田按收获定等级制和屯官的功优等级制。

《唐六典》卷7"工部屯田郎中员外郎"条(《旧唐书·职官志》"工部屯田郎中员外郎"条同):

> 凡当屯之中,地有良薄,岁有丰俭,各定为三等。

---

〔1〕我怀疑,《新志》所记"上地五十亩,瘠地二十亩……给牛一"是错误的,因这一记述与《通典》所载开元二十五年《田令》关于给牛的规定相差太多。

·欧·亚·历·史·文·化·文·库·

《通典》卷2《食货二·田制二·屯田门》"大唐"条云：

> 其屯官取勋官五品以上及武散官并前资边州县府镇戍品以上文武官内简堪者充。据所收斛斗等级为功优。

> 诸营田，若五十顷外，更有地剩配丁牛者，所收斛斗，皆准顷亩折除。其大麦、荞麦、干萝卜等准粟计折斛斗，以定等级。

《新唐书》卷53《食货志》略云：

> 诸屯以地良薄与岁之丰凶为三等。

> 开元二十五年诏：屯官叙功，以岁丰凶为上下。

每亩或每顷收获多少，是和地之良薄，岁之丰俭分不开的。上引《唐六典》和《新唐志》所说的，屯田按收获多少分为三等。《新唐志》又说，屯官叙功分为上下，即二等。"叙功"的"功"当然指的是屯官所管屯田上的收获。《通典》只说诸营田按收获多少定等级，只说屯官"据所收斛斗等级为功优"，但都未说分成几等。但《通典》卷10《食货·盐铁门》"大唐"条略云：

> 又屯田格：幽州盐屯，每屯配丁五十人，一年收率满二千八百石以上，准营田第二等；二千四百石以上，准第三等；二千石以上，准第四等。大同横野军屯配兵五十人，每屯一年收率千五百石以上，准第二等；千二百石以上，准第三等；九百石，准第四等。

据此，营田以收获多少分为四个等级。屯田格虽然无营田第一等，但既然有营田等二等、第三等、第四等，当然有营田第一等。这是不说自明的。我推测，屯官叙功也分为四级。因屯官是"据所收斛斗等级为功优"，这样，《通典》的记述和《唐六典》、《新志》的记述不同，后二书记载营田都是三等，随营田而来的屯官叙功也应是三等（《新志》说分为上下二等恐不确）。这种差异是否由于《唐六典》和《新志》所记述的是"开元七年田令"，《通典》所记述的是"开元二十五年田令"？姑两说并存，留待详考。

关于营田等级，还可举出吐鲁番文书参证。罗振玉编《贞松堂藏西陲秘籍丛残影》印唐开元年间北庭都护府流外官考课文书：

（前　缺）

[1]　北庭都护府功曹府流外肆品云骑尉营田第一等赏绯鱼
袋　王孝☐☐☐☐

[2]　　经考十　西州　高昌县　顺义乡　顺义里　身
为户

[3]　北庭都护府仓曹府流外肆品上柱国赏绯鱼袋康处忠年
卅一

[4]　　西州　交河县　安乐乡　高泉里　身为户

[5]　北庭都护府录事史流外伍品骑都尉营田第一等赏绯鱼
袋曹怀巖年卅六

[6]　　西州　高昌县　崇化乡　净泰里　身为户

[7]　北庭都护府户曹史流外五品武骑尉营田第一等赏绯鱼
袋张虔礼年卅八

（后　缺）

文书记载 3 人为营田第一等,可补证上文引《通典》只记载营田第
二、三、四等之不备。

又按《通典》卷 40《职官二十二·秩品五》"大唐"条略云:

大唐官品开元二十五年制定

流外

四品

诸都护府（府）（兴按:下文诸都护府史为五品,此处疑缺
"府",以意补之）都水官苑总监史

五品

诸都护府史

据此,府为流外四品,文书所记与开元二十五年官品令符合,但《通典》
脱此"诸都护府"下的"府",文书可补史之不足。史为流外五品,文书
所记与开元廿五年官品令完全符合。

2.1.2 前期屯田顷亩约略估计、年收获量约略估计,屯田收粮在国家经济中的作用

2.1.2.1 屯数考释

《唐六典》卷7"工部屯田郎中员外郎"条云:

> 凡天下诸军州管屯总九百九十有二(《旧唐书》卷43《职官志》"工部屯田郎中员外郎"条同,《新唐书》卷53《食货志》略同),河东道:大周军四十屯、横野军四十二屯、云州三十七屯、朔州三屯、蔚州三屯、岚州一屯、蒲州五屯。关内道:北使[1]二屯、盐州监

---

[1]此处的北使以及下文的南使、西使一并考之。

《唐六典》卷17"太仆寺诸监牧"条云:

> 诸群牧,另立南使、北使、西使、东使以分统之。

《张说之文集》卷12《大唐开元十三年陇右监牧颂德碑》云:

> 于是明威将军行右卫郎将南使梁守忠、忠武将军行左羽林中郎将西使马嘉泰、右千牛长使北使张知古、左骁卫中郎将兼盐州刺史监牧使张景遵、陇右别驾修武县男东官监牧[使]韦衡、都使判官果毅齐粱、总监韦续及五使长户三万一千人。

《新唐书》卷50《兵志》略云:

> 自贞观至麟德四十年间,马七十万六千,置八坊岐、幽、泾、宁间,地广千里。后以太仆少卿鲜于匡俗检校陇右牧监。仪凤中,以太仆少卿李思文检校陇右诸牧监使。监牧有使自此始。后又有群牧都使,有闲廊使,使皆置副,有别官。又立四使:南使十五、西使十六、北使七、东使九。诸坊若泾川、亭川、阚水、洛、赤城,南使统之。清泉、温泉,西使统之。木硖、万福,东使统之。

根据上引史料可知:第一,《唐六典》所载屯田地区表中的北使、南使、西使乃是陇右诸牧监使之下3个群牧使(或监牧使)。南使统泾川、亭川、阚水、洛、赤城等马坊,西使统清泉、温泉等马坊。第二,按《元和郡县图志》卷3"关内道原州"条云:

> 监牧,贞观中,自京师东赤岸泽移马牧于秦、渭二州之北,会州之南,兰州狄道县之西,置监牧使以掌其事。仍以原州刺史为都监牧使,以管四使。南使在原州西南一百八十里,西使在临洮军西二百二十里,北使寄理原州城内,东官使寄理原州城内。天宝中,诸使共有五十监。

> 南使管十八监、西使管十六监、北使管七监、东使管九监。监牧地,东西约六百里,南北约四百里。天宝十二年,诸监见在马总三十一万九千三百八十七匹,内一十三万二千五百九十八匹课马。

据此,四使所管者是监(牧),与《新唐志》所说四使下统马坊不同。恐李吉甫所记述者为是。

其次,北使寄理原州,城内,它所管辖的监牧应在原州境内,或离原州不远。

南使及其所统监牧可能在泾州境内,因南使在原州西南180里,而泾州西北至原州平凉县150里,北至原州城330里(见《元和郡县图志》卷3"关内道泾州"条)。

西使及其所统监牧可能在鄯州境内,因西使在临洮军西220里,而临洮军在鄯州城内(见《通鉴》卷25"唐玄宗天宝元年"条胡注)。

据上述,北使、南使、西使所统屯田属于太仆寺诸牧监使或牧监都使,既不属于节镇,亦不属于司农寺。

牧四屯、太原[1]一屯、长春[2]一十屯、单于三十一屯、定远四十屯、东城四十五屯、西域二十五屯、胜州一十四屯、会州五屯、盐池十屯、原州四屯、夏州二屯、丰安二十屯、中城四十一屯。河南道：陈州二十三屯、许州二十二屯、豫州三十五屯、寿州二十七屯。河西道：赤水三十六屯、甘州一十九屯、大斗一十六屯、建康一十五屯、肃州七屯、玉门五屯、安西二十屯、疏勒七屯、焉耆七屯、北庭二十屯、伊吾一屯、天山一屯。陇右道：渭州四屯、秦州四屯、成州三屯、武州一屯、岷州二屯、军器[3]四屯、莫门军六屯、临洮军三十屯、河原[4]二十八屯、安人一十一屯、白水十屯、积石一十二屯、富平九屯、平夷八屯、绥和三屯、平戎一屯、河州六屯、鄯州一屯、廓州四屯、兰州四屯、南使六屯、西使一十屯。河北道：幽州五十五屯、清夷一十五屯、北郡六屯、威武一十五屯、静塞二十屯、平川三十四屯、平卢三十五屯、安东一十二屯、长阳[5]使六屯、渝关一十屯。剑南道：嶲州八屯、松州一屯。开元二十二年，河南道陈许豫寿又置百余屯。二十五年敕，以为不便，并长春宫田三百四十余顷，并

---

〔1〕太原非州名。按《元和郡县图志》卷6"河南道二"条略云：

陕县　太原仓，在县西南四里。隋开皇二年置，以其北临焦水，西俯大河，地势高平，故谓之太原。今仓实中，周回六里。

《新唐书》卷38《地理志》"河南道陕州"条略云：

陕　有太原仓。

陕县属河南道陕州，在关内道与河南道交界处，我推测，"太原一屯"当指属于太原仓的屯田。这可能是司农寺系统的屯田。

〔2〕长春：指长春宫。按《唐会要》卷59"工部屯田郎中员外郎"条云：

开元九年十二月十七日敕：同、蒲、绛、河东、西并沙苑内，无问新旧注田、蒲萑，并宜收入长春宫，仍令长春宫使检校。

廿九年十一月十七日敕：新丰朝邑屯田，令长春宫使检校。

长春宫在同州，长春宫使可由同州刺史兼任。《唐会要》卷59"长春宫使"条云：

开元八年六月，同州刺史姜师度兼营田长春宫使。二十年三月，左卫郎将皇甫惟明摄侍御史充长春宫使。天宝六载三月，御史中丞王铁兼长春宫使。

长春宫使下的营田，似乎不属于司农寺，当然也不属于军州系统。

〔3〕军器：似指军器监，但史籍无载陇右道设置军器监，留待再考。

〔4〕"河原"的"原"字误，应作"源"，即河源军。据《元和郡县图志》卷39《陇右道》下云：

鄯州

河源军 州西一百二十里。

〔5〕长阳使不详。

令分给贫人。

　　　　大者五十顷,小者二十顷。

据上引史料,共 1041 屯,但其中北使、西使、南使、盐州监牧使、盐池、军器、长春、长阳使共 49 屯,不属于军州。1041 屯减去 49 屯,则属于军州者为 992 屯,与《唐六典》及《新志》所记符合。

　　2.1.2.2　屯田顷亩约略估计,屯田收粮在国家经济中的作用

　　据《通典》载开元二十五年田令"[屯田]隶州镇诸军者,每五十顷为一屯",则 992 屯共为田 49600 顷。其他 49 屯,姑均作司农寺以下的顷数计。据上述《田令》,"每三十顷以下二十顷以上为一屯",暂均作为每屯 25 顷,则为田 1225 顷,两项合计,为田 50825 顷。这当然是约略估计。

　　屯田 50825 顷,与唐代前期全国垦田总顷亩数的比例如何? 这是衡量屯田在国家经济中的意义的一个标志。

　　《通典》卷 6《食货六·赋税下》"大唐"条略云:"按天宝中天下计帐,其地税均得千二百四十余万石。"唐代前期的地税是每亩二升,则 1240 余万石应是 620 余万顷的总税额。这也就是说天宝中全国私有田地(公廨、职分田是官田,不纳地税)为 620 余万顷,这是全国垦田的绝大部分。以屯田 50825 顷与 620 余万顷相比,屯田顷亩数为全国垦田绝大部分顷亩数的一百三十分之一至一百四十分之一。

　　最能显示屯田对国家重要意义的是,屯田收粮在解决军粮问题上的重要作用,为此,首先要对天宝中的军粮问题做一全面的分析。

　　《通典》卷 6《食货六·赋税下》略云:

　　　　天宝中天下计帐,其度支岁计粟则二千五百余万石。一千万诸道节度军粮及贮备当州仓。布绢绵则二千七百余万端屯匹四千三百万诸道兵赐及和籴钱则二百余万贯六十余万添充诸军州和籴军粮。自开元中及于天宝开拓边境,多立功勋,每岁军用日增。其费:籴米粟则三百六十万匹段。朔方、河西各八十万,陇右百万,伊西北庭八万,安西十二万,河东节度及群牧使各四十万。馈军食则百九十万石河东五十万,幽州剑南各七十万。

根据上引史料,给军粮有 3 项:一为一千万石的一部分,这部分是多少

石,下文再考;二为籴米粟 360 万匹段;三为馈军食 190 万石。

首先论第二项,360 万疋段能籴得多少米粟呢?按《天宝四载河西豆卢军和籴会计文书》(伯 3348 号背)略云:

> 合当军天宝四载和籴,准 旨支贰万段出 武
>
> 威郡,准估折请得绝绢练绵等,总壹万
>
> 肆阡陆佰柒拾捌屯匹参丈伍尺肆寸壹拾铢。
>
> 以前匹段,准估都计当钱参阡贰伯陆
>
> 拾陆贯柒伯伍拾玖文,计籴得斛斗
>
> 壹万壹伯壹拾伍硕陆斗玖胜壹合。

据此,二万段籴得 10115 硕(零数可不计),则天宝计帐中的 360 万疋段,按比例推算可籴得军粮约 1820700 石。

《通典》卷 2《食货二·田制下》"屯田大唐"条略云:"天宝八年,天下屯收者百九十一万三千九百六十石。"按军粮的来源有 3 个:一为中央政府拨给,上引《通典》天宝计帐中的"一千万石诸道节度军及贮备当州仓"和"馈军食则百九十万石"都属于这一来源。二为和籴所得。三为屯田收粮。第二、第三来源的军粮数目已知,第一来源中馈军食的数目已知,只有第一来源中一千万石中诸道节度军粮是多少?尚不知。如能算出天宝中全国军粮总需要(或总支出)数目,在此总需要军粮数目中减去第二、三来源的军粮数目及馈军食数,即可得出第一来源中一千万石中诸道节度军粮的数目。兹计算论述如下:

《通鉴》卷 215"唐玄宗天宝元年"记节镇兵马之数(《旧唐书》卷 38《地理志》卷首同)略云:

> 是时,置十节度经略使以备边。凡镇兵四十九万人。(《考异》曰:此兵数,《唐历》所载也。《旧纪》:"是岁天下健儿,团结、彍骑等,总五十七万四千七百三十三。"此尽止言边兵,彼并京畿诸州彍骑数之耳。)马八万余匹。开元之前,每岁供边兵衣粮,费不过二百万;天宝之后,边将奏益兵浸多,每岁用衣千二十万匹,粮百九十万斛(兴按:此只指中央馈边兵军食,不是全部军粮,观天宝计帐可知),公私劳费,民始困苦矣。

这 49 万兵、8 万多匹马,一年要吃多少粮呢?

《唐六典》"刑部都官郎中员外郎"条略云:

> 诸户留长上者,丁口日给三升五合,中男给三升。

《吐鲁番出土文书》第六册[1]载给粮文书 10 件,兹转录其中两件数行如下:

唐苏海愿等家口给粮三月帐(67TAM91:28.b,27.b,30.b,29.b)

> 一人丁男,一日粟三升三合三勺

> □人丁男,一日粟三升三合三勺

唐张赤头等家口给粮三月帐(67TAM91:19.b)

> 一人丁男一日粟三升三合三勺

文献与文书记载丁男一日给粮数量基本一致。今姑以一人一日给粟三升五合计之,一月给粟十斗五升,一年给粟十二石六斗。49 万边镇兵一年需粮 6174000 石。

关于军马食粮的数量,吐鲁番文书亦有记载,兹抄录如下:

《天宝十三或十四载(754 或 755)交河郡郡坊草料帐》(TAM506 墓出土)(转录自《新疆出土文物》,全文未发表,只转录两部分中的第一部分)

[1]十六日,郡坊怗马三匹,食麦一斗八升,付健儿丁光。

[2]同日,郡坊怗马两匹,天山馆送使封大夫女婿杨郎到,食麦一斗,付天山马子赵□

[3]十七日,郡坊怗天山马三匹,送米升干判官王进朝到,食麦一斗五升,付天山馆王兴。

[4]十九日郡坊怗马银山五匹收回,食麦二斗五升,付马子杨景秘。

[5]廿一日,郡坊马十四匹,□ □怗银山磇石,迎黎大夫,食麦□ □健儿□ □。

---

〔1〕国家文物局古文献研究室、新疆维吾尔自治区博物馆、武汉大学历史系编《吐鲁番出土文书》第六册,文物出版社 1985 年版。

［6］廿二日，郡坊马十四□□　　□马送黎大夫到，便腾到天山，食麦卅石，付杨景秘。

［7］廿三日，郡坊怗银□　　　　□迎杨大夫，食麦五斗，付马子杨景秘。

［8］同日，郡坊怗马□□，内两匹细金料，银山礌石迎杨大夫，食麦六斗八升，付健儿丁光。

［9］廿四日，郡坊怗马十匹，内两匹细金料，共食料六斗八升，付健儿丁光。

［10］廿五日，郡坊怗马十匹，食麦六斗八升，付健儿丁光。

［11］同日，郡坊马卅□匹，怗银山迎封大夫，食麦一石五斗，付健儿张俊。

［12］同日，郡坊卅一匹马，怗礌石迎封大夫，食麦两石五斗六升，付赵璀、吕祖。

［13］廿六日，怗马卅二匹，食麦两石五斗六升，付马子赵璀、吕祖。

［14］廿七日，怗马卅二匹，食麦两石五斗六升，付马子赵璀、吕祖。

［15］同日，郡坊马三匹卅匹，银山送使张自诠到，食麦二斗五升，赵璀烦

［16］廿八日怗马卅七匹，内五匹送张自诠到，赵璀留怗，共食麦两石九斗六升，付赵璀。

［17］同日，郡坊怗马银山廿二匹，送旌节使到，并全料，食麦一石七斗六升，付杨秘。

［18］廿九日，怗□□□匹，食麦两石八斗，付马子赵璀。

［19］同日，郡坊怗马银山四匹，送李中郎到，食麦二斗，付马子陈瑶真。

［20］卅日，怗马卅五匹，当日便送封大夫向天山，食麦两石八斗，付马子赵璀。

［21］同日，郡坊怗银山马六匹，送内使王进朝到，食麦四斗八

升,付赵瓘。

[22]同日,郡坊怗马五十匹,从银山送封大夫到,食麦四石,付健儿张俊。

[23]同日,怗银山馆马十五匹,食麦七斗五升,付杨景秘。

[24]九月一日,郡坊怗马□五匹,迎李大夫,食麦一石二斗,付赵瓘。

[25]二日,郡坊怗银山马五匹,送谈判官到,便腾过,食麦五斗,付马子杨秘。

上列文书中,能计算出一马给料数量的有四类:

(1)一马五升:第2、3、4、19、23、24、25计7行;

(2)一马六升或六升多,不及七升:第1、8、9、10计4行;

(3)一马八升:第12、13、14、16、17、21、22计7行;

(4)一马二石一斗四升:有5行。

第2行、第3行都是从天山馆到交河郡。我推测天山馆应在天山县,据《元和郡县图志》卷40"陇右道西州"条略云:

　　天山县,上。东至州一百五十里

150里应是马行一日的路程,我推测,一般情况,一马一日给粮五升。如果以上推测不误,则一马一月给粮一石五斗,一马一年给粮18石。边镇诸军共有马8万余匹,今姑以8万匹计之,则一年给粮144万石。上文已算出边镇兵49万一年需粮6174000石,则兵马共需粮7614000石。已知和籴得粟1820700石,屯田得粟1913960石,中央馈军食190万石,三项合计共为粮5634660石,此边镇军兵、马总需要尚少1979340石。此1979340石即是天宝计帐中"一千万诸道节度军粮及贮备当州仓"的给诸道节度军粮部分。总括上述,可推知唐开元末至天宝中,边镇军(实际上是全国军队的绝大部分)每年军粮3个来源的数量如下:

中央政府直接拨给者,1979340石加馈军食的190万石,共3879340石。

和籴1820700石。

屯田收粮1913960石。

屯田收粮居第二。这说明在解决边镇军粮这一重大问题上,屯田起了重要作用。也就是说,维持并加强庞大的边防军,经济意义和军事意义,同样具有重要的政治意义。

陈寅恪先生在《唐代政治史述论稿》下篇指出:

> 玄宗之世,华夏、吐番、大食三大民族皆称盛强,中国欲保其腹心之关陇,不能不固守四镇。欲固守四镇,又不能不扼据小勃律,以制吐番,而断绝其与大食通援之道。当时国际之大势如此,则唐代之所以开拓西北,远征葱岭,实亦有其不容已之故,未可专咎时主之黩武开边也。

开拓西北,远征葱岭,必须有为数众多的强大善战的军队,必须维持这样庞大军队生存的足够的军粮,据此而论,这是关系到唐帝国能否强大,甚至于能否存在的重大政治问题。开天之际,在边境军州大兴屯田,是具有重要政治意义的。

2.1.3　前期屯田上的劳动者

2.1.3.1　镇兵

镇兵是唐代前期屯田上的劳动者之一,兹举出下列文书数据并简要论述。

《唐开元年间伊州伊吾军屯田文书(伊吾军之印)》(据黄文弼著《吐鲁番考古记》移录):[1]

第一部分:

(前　缺)

[1]　　　　□远　　[军]　　界

[2]　　　　□五十亩种豆,一十二[亩]　　□检校健儿焦思顺。

[3]　　　　□三亩种豆,廿亩种麦,检校健儿成公洪福。

[4]　　　　□用□水浇溉

─────────────

〔1〕黄文弼《吐鲁番考古记》,科学出版社1954年版。

```
          囗   军   界
[5]      囗亩。苜蓿烽地伍亩,近屯。
[6]      囗都罗两烽,共五亩。
[7]      囗烽铺近屯,即侵屯。
```

(后　缺)

第二部分：

(前　缺)

[1]朝请大夫使持节伊州诸军事守伊州刺史兼伊吾军

[2]　　　　　"囗月廿四囗"

(后　缺)

《唐西州都督府营田牒》(73TAM《新疆出土文物》)载：

[1]西州都督府

[2]合当州诸镇戍营田总营拾囗顷陆拾囗

[3]　　赤亭镇兵肆拾贰人营囗囗顷　　维磨戍囗

[4]　　柳谷镇兵肆拾囗囗囗囗贰顷　　酸枣戍囗

[5]　　白水镇兵参拾囗囗营田陆顷　曷畔戍兵囗

[6]　　银山戍兵囗囗囗囗营田 染 拾伍囗

[7]　　　右被囗度营田使牒　当州囗

[8]　　　戍囗囗囗囗营田

[9]　　　方亭戍囗　　囗　狼　囗

[10]　　　　右　囗

[11]牒　被　牒称囗

[12]格令囗

[13]者囗

[14]存囗

(后　缺)

上列第二件文书明确记载镇兵戍兵营田。文书中的赤亭镇应在伊州纳职县,《新唐书》卷40《地理志》"陇右道伊州纳职县"条云："又西南经达匪草堆百九十里,至赤亭守捉。"赤亭守捉应即是设于赤亭镇的

64

守捉。

文书中的柳谷镇可能在西州交河县。《新唐书》卷 40《地理志》"陇右道西州交河县"条云:"又北入谷百三十里经柳谷渡金沙岭。"但《元和郡县图志》卷 40"陇右道伊州柔远县"条云:"柳谷水,有东西二源。"柳谷守捉之名也可能和柳谷水有关。

文书中的银山戍当在西州境内。《新唐书》卷 40《地理志》"陇右道西州"条云:"百二十里至天山西南入谷经碛石碛二百二十里。至银山碛。"银山戍应设置于银山碛。

文书中的白水镇可能在鄯州城,《新唐书》卷 40《地理志》"陇右道鄯州鄯城"条云:"又西四十里有白水军。"白水军之名可能与白水镇有关。

文书中的方亭戍不详。

上列第一件文书记载军镇营田种豆种麦,又说检校健儿某某。我推测也可能是镇兵营田。

文书中的都罗两烽不详。

史籍中记载前期营田的事例甚多,但明确为兵士耕种屯田者则甚少。屯兵之地营田,可能由兵士耕种,也可能不是。旧史中记载营田,大多不确指营田上的劳动者的身份。

《新唐书》卷 108《娄师德传》云:

> 天授初,为左金吾将军,检校丰州都督,衣皮袴,率士屯田,积谷数百万石。

率士即率领兵士。很显然,丰州屯田上的劳动者是边境戍兵,当然,也可能有其他身份的劳动者。"积谷数百万石",恐不确。

根据上引文书和史籍资料,边境镇兵是唐代前期屯田中的劳动者之一。

2.1.3.2　屯丁

《唐大诏令集》卷 68《天宝十载南郊赦》条云:

> 且京兆府及三辅郡,百役殷繁,自今以后,应差防丁屯丁,宜令所由支出别郡。

屯丁应是屯田上的劳动者。就诏令所说的,京兆府应差的屯丁可能人数过多,否则,就不必皇帝下令支出别郡了。京兆府差屯丁,其他郡也可能差屯了。

敦煌所出《开元水部式》(伯 2507 号)云:

> 沧、瀛、贝、莫、登、莱、海、泗、魏、德等十州,共差水手五千四百人,三千四百人海运,二千人平河。宜二年与替,不烦更给勋赐,仍折免将役年及正役年课役,兼准屯丁例,每夫一年各由帖一丁,取免杂徭人家道稍殷有者,人出二千五百文资助。

这条史料涉及屯丁可注意者有两点:一为屯丁不是完全无偿服役,服役一年,可得到 2500 文的资助;二为屯丁服役场所可能离他们的家乡很远,可能是边境军州屯田,因此,一个人资助 2500 文。从这一点也可推知屯丁不是少数,如果是少数,也就用不着特别制帖助夫役制。

《唐开元年间西州诸曹抄目(Maspero, Documents Chinois, pp. 93 - 95)》略云:

> 兵曹符,为差输丁廿人助天山屯事。

输丁助屯,其身份也类似屯丁。

2.1.3.3 租佃农

周藤吉之著《佃人文书之研究——唐代前期佃人制》[1]引大谷 4915 号文书:

> [1]浑孝仙纳天宝元年屯田地子青麦贰硕,又
>
> [2]纳吕才艺屯田地子青麦壹硕贰斗。又纳浑定
>
> [3]仙贷种子青麦壹硕贰斗。又纳浑孝仙贷种
>
> [4]□□□□□□天宝元年七月十三日,□史王虔

文书明确记载浑孝仙、吕才艺租佃屯田,因而分别纳地子(即粟,实际即地租)青麦二石和青麦一石二斗。浑孝仙又纳贷种子粮若干,可见同样纳种子青麦一硕二斗的浑定仙,也是屯田的租佃者。这些租种军

---

〔1〕周藤吉之《佃人文书之研究——唐代前期佃人制》,载《西域文化研究》(二),京都:法藏馆,1959 年。

州屯田的小农,在下种时缺乏种子,只能向军州官府借贷,7月青麦已收获,故既纳地租又还纳借贷种子。

《新唐书》卷53《食货志》略云:

> 唐开军府以扞要冲,因隙地置营田。诸屯以地良薄与岁之丰凶为三等。其民田,岁获多少,取中熟为率,有警则以兵若夫千人助收。

以上引文是《新志》记述唐代屯田制一长段中的几句,这几句虽未标明年月,但就全文及这几句的上下文义来推断,是唐代前期的制度。"其民田"云云一句显然是说军州屯田上的民田,也就是民营屯田。我认为,这就是把屯田租佃给农民耕种,农民向军州官府缴纳地租。"有警则以兵若夫千人助收",这也说明"民田"的耕种者为租佃农民。如果耕种者是士兵,则何必说有警以兵助收?这类农民和上引大谷文书中的浑孝仙等是一样的。"岁获多少,取中熟为率",意为官府向租佃者征收地租,按照上文所说的岁之丰凶为上中下三等中的中等定地租数额。小农租佃屯田已形成制度,可见屯田上的租佃是相当普遍的现象。这和唐代前期农田上租佃制普遍化的发展趋势也是一致的。

据以上论述,租佃农民是唐代前期屯田上的劳动者之一,甚至是主要劳动者。

2.1.3.4 流放刑徒

首先应当肯定,唐代前期,边境军州有相当多的流放刑徒。按《唐律疏义》卷3《名例律》略云:

> 诸犯流应配者,三流俱役一年。本条称加役流者,流三千里,役三年。役满及会赦免役者,即于配处从户口例。
>
> [疏]议曰:犯流,若非官当、收赎、老疾之色,即是应配之人。三流远近虽别,俱役一年为例。加役流者,本法既重,与常流理别,故流三千里,居役三年。
>
> 注:役满及会赦免役者,即于配处从户口例。
>
> [疏]议曰:役满一年及三年,或未满会赦,即于配处从户口例,课役同百姓。应选者,须满六年,故令云:"流人至配所,六载

以后听仕。"反逆缘坐流及因反逆免死配流,不在此例。即本犯不应流而特配流者,三载以后亦听仕。

妻妾从之。

父祖子孙欲随者,听之。

[疏]议曰:曾、高以下,及玄孙以上,欲随流人去者,听之。

这条律文及疏,应注意者有两点:

(1)三流俱役一年,加役流者役三年。据《唐律疏议》卷1《名例律》略云:

流刑三:二千里。二千五百里。三千里。

据《元和郡县图志》卷4《关内道》略云:

灵州 东南至上都一千二百五十里。东南至东都二千二百七十里。

新宥州 东南取夏州路至上都一千三百里。东南到东都二千一百里。

中受降城 城南至上都一千八里六十里。城东南至东都取单于路二千一百二十里。

西受降城 城南至上都一千八百八十里。东南至东都取单于路二千二百五十里。

《元和郡县图志》卷39《陇右道上》略云:

鄯州 东南至上都一千九百六十里。东南至东都二千七百六十里。

廓州 东南上都二千四百十里。东至东都三千九百六十里。

岷州 东北至上都一千三百三十六里。东北至东都二千一百八十六里。

洮州 东北至上都一千五百里。东北至东都二千三百六十里。

叠州 东至上都一千七百里。东至东都二千五百六十里。

芳州 东至上都一千八百四十里。东北至东都二千七百里。

宕州 东北至上都一千四百七十里。东北至东都二千三百三十里。

　　　　临州　　东南至上都一千四百八十里。东南至东都二千二百
四十里。

《元和郡县图志》卷40《陇右道下》略云：

　　　　凉州　　东北至上都取秦州路二千里，取皋兰路一千六百里。
东南至东都二千八百六十里。

　　　　甘州　　东南至上都二千五百里，东南至东都三千三百六十里。

　　　　肃州　　东南至上都二千九百里。东南至东都三千七百六
十里。

　　　　沙州　　东南至上都三千七百里。东南至东都四千五百六
十里。

　　　　瓜州　　东南至上都三千四百里。东南至东都四千二百六
十里。

　　　　伊州　　东南至上都四千四百三十里。东南至东都五千一百
六十里。

　　　　西州　　东南至上都五千三十里。东南至东都五千里。

　　　　庭州　　东南至上都五千二百七十里。东南至东都六千一百
三十里。

上述西北和西边境诸州，就其至长安和洛阳的距离而论，正是三流刑
徒流放之地，也大多是有屯田的边境军州。

　　（2）这大批流放刑徒在他们流放所在是带有家口的，包括妻妾父
祖子孙。

《旧唐书》卷3《太宗纪》云：

　　　　［贞观］十六年春正月辛未诏：在京及诸州死罪囚徒，配西州
为户。流人未达前所者，徙防西州。

《资治通鉴》卷196"唐太宗贞观十六年"条云：

　　　　［正月］辛未，徙死罪者实西州，其犯流徒则充戍，各以罪轻重
为年限。

　　　　［九月］癸酉，以凉州都督郭孝恪行安西都护，西州刺史。高

　　昌旧民与镇兵及谪徙者杂居西州,(镇兵谓镇守之兵。谪徙,谓死罪流徙谪徙者。)孝恪推诚抚御,咸得其欢心。

据此,灭高昌设置西州后,即有相当多的流放刑徒,以后以及全部唐代前期,都应是同样情况。其他边境诸州,也应有同样情况。按照上引律条,这大批流放刑徒役 1 年或役 3 年。我推测,在屯田上营种是他们服役的一种形式。也就是说,边境军州屯田上的劳动者中有大批流放刑徒。吐鲁番出土的贞观末期给粮帐,可以作为这一论点的有力参证。《吐鲁番出土文书》第六册载有《给粮三月帐》6 件,《给粮一月帐》4 件。兹移录《给粮三月帐》2 件,《给粮一月帐》1 件,并加以分析。

《唐苏海愿等家口给粮三月帐》(67 TAM 91:28. b,30. b,29. b),原编者说明:本件正面为《唐贞观十七年何射门陀案卷为来丰患病致死事》。本件当记于上举案卷后。下同。

(前　缺)

[1]　　　　　右计□□升

[2]　□主苏海愿家□□□

[3]　　　　二人丁男,□□妻,一日粟二升五合。

[4]　　　　二人中小,一□□一日粟一升

[5]　　　　　右计当□□九斗。

[6]　□主卫观峻家□六人,三石一斗。

[7]　　　　一人丁男,一日粟三升三合三勺。四人中小,一日粟二升五合。[1]

[8]　　　　一人小男,一日粟一升。

[9]　　　　　　右计当三月粟九石三斗。

[10]　□□□思奴家口五人,三石一斗。

[11]　　　一人丁男,一日粟三升三合三勺。一人丁妻,一

---

[1]二升五合:"二"字疑为"一"字之讹。——原编者注

日 粟

[12] 　　　　　小一日粟一升五合。

（中　缺）

[13] 　　　□人丁

[14] 　　　五人中小

[15] 　　　　右计

[16] 户主刘济伯家口

[17] 　　　二人丁[1]男，一日粟三升三合三勺。二人丁妻，一日粟二升五合。

[18] 　　　一人中小，一日粟一升五合，

[19] 　　　　右计当三月粟一十石八斗五升。

[20] □□冯阿怀家口四人，三石。

[21] 　　　□人丁男，一日粟三升三合三勺。二人丁[2]妻妾，一日

[22] 　　　　　　　粟一升五合。

（中　缺）

[23] 　　　右计当　　　一斗。

[24] □主苏尾多家口　　　五斗。

[25] 　　　一丁男，一日粟三升三合　　　人丁妻，一日粟□□五合

[26] 　　　　三人中小，一日粟一升五　　　小男，一日粟一升

[27] 　　　　　　右计当三月□□□石二斗。

——————

〔1〕丁：原文由“中”字改写。——原编者注
〔2〕丁：原文由“中”字改写。——原编著注

[28]户主鱼白师家口四人

············贊[1]············

[29]　　二人丁男,一日粟三升□□□勺。二人中小,一日粟一升五合。

[30]　　　　右计当三月□八石七斗。

[31]□主张大柱家四口人,□□□斗。

[32]　　一人丁男,一日粟三升□□□□　一人丁妻,一日粟二升五合。

[33]　　一人中小,一日粟一升五合。□□小男,一日粟一升。

[34]　　　　右计□□□七石五斗。

[35]□□祖傭□□

[36]　　□□丁男□

[37]　　　右计□

（后　缺）

《唐憙伯等家口给粮一月帐》(67 TAM 91:26.b,24.b),原编者说明:"本件诸家口给粮合计数均为朱书。"

[1]　□憙伯□□

[2]　　二人中小

[3]　　　　九斗

[4]　王贯五人

[5]　　一人丁男　二人中□　□人小男

[6]李辰相三人

[7]　　一人丁男　一人□　□一人中小

[8]　　　　　　二石□斗□

[9]宁□□家口□□

---

[11]　　　　　　二□□□升

[12]□□　　六　　□□□

（后　　缺）

从内容上看，《三月给粮帐》以户为单位，每户都有户主姓名，家口数，每月给粮数字，家口中的丁、中、老、小给粮标准数一季的给粮总数。《一月给粮帐》也是以户为单位，包括户主姓名，家口中丁、中、老、小数和一个月给粮数。《三月给粮帐》比《一月给粮帐》更详细准确。

从文书的格式上看，《三月给粮帐》6件一致，都是以户主开头，而结尾为右计当三月粮若干。书写格式统一规范，无脱漏。《一月给粮帐》书写不规范，脱漏多。总之，《三月给粮帐》应是正式账，而《一月给粮帐》可能是底账，是制造三月账的准备材料。

关于这10件文书，应该研究的项目颇多，我只论述与本节本段主旨有关者两点。其他概不涉及，以免枝蔓。一为全家给粮，二为日给粟：丁男为三升三合三勺，丁妻为二升五合，中小为一升五合，小男为一升。兹综合论述如后。

《唐六典》卷3"户部仓部郎中员外郎"条略云：

> 凡在京诸司官人及诸色人应给仓食者，皆给贮米，流外长上者，外别给两口粮。诸牧尉给五口粮，牧长给四口粮，两口准丁余准中男。诸牧监兽医上番日及卫士防人已上征行若在镇及番远，并在外诸监关津番官上番日给土人任者若尉史并给身粮。诸官奴婢皆给公粮。其官户上番充役者亦如之。

《唐六典》上"刑部都官郎中员外郎"条略云：

> 凡配官曹，长输其作，番户杂户，则分为番。男子入于蔬圃，女子入厨膳，乃甄为三等之差，以给其衣粮也。四岁已上为小，十一已上为中，二十已上为丁。其粮则季一给。官户长上者准此。其粮丁口日给二升，中口一升五合，小口六合，诸户留长上者，丁口日给三升五合，中男给一本作二升。

根据上引史料，除官奴婢官户外，其他诸种人都是给身粮，牧尉给五口

·欧·亚·历·史·文·化·文·库·

粮,是奖慰其职务特别辛劳,并非按家口给粮。只有官奴婢官户是按家口,也就是按户给粮,并且是季给。这一点与《三月给粮帐》相同,此其一。官户留长上者日给粮三升五合,中男给二升,这和《三月给粮帐》所记丁男日给粟三升三合五勺,中男日给粟一升五合也极接近,或基本相同。根据这两点,《三月给粮帐》上的食粮户,其身份近于官户官奴婢,推断这些食官粮者为流放刑徒,是合理的。

宋白引史臣之言说,[1]唐代后期营田上有刑徒(此点本书论唐后期屯田时当详说),则前期营田上有刑徒亦是当然之事。

总括以上全部论述,唐代前期屯田上的劳动者有4种人:

(1)镇兵;

(2)屯丁;

(3)租佃农民;

(4)流放刑徒。

至于哪种人数较多,或者哪种人为主要劳动者,则因时因地各种条件的不同而不同,不可能详确计数。

2.1.3.5 附: 唐代前期营田纪事

唐自武德年间起即有边境营田,开天之时,边境军州营田普遍发展。兹按时间顺序,据史籍所载,制营田纪事年表,便于研究者稽考史实,使用数据。

表2-1 唐代营田纪事年表

时 间	有关营田史实或言论	出 处
武德二年	下邽置监屯	《新唐书》卷37《地理志》"关内道华州"
武德三年	屯田于松州	《新唐书》卷95《窦轨传》 《册府元龟》卷503《邦计部·屯田门》
武德四年	荆州置屯田	《新唐书》卷78《宗室列传·赵郡王孝恭传》 《旧唐书》卷60《宗室列传·赵郡王孝恭传》

[1]见《通鉴》卷248胡注。

74

续表 2－1

时 间	有关营田史实或言论	出 处
武德四年	玉山屯监	《旧唐书》卷75《苏世长传》 《新唐书》卷103《苏世长传》
武德初年	太原置屯田	《旧唐书》卷61《窦静传》 《新唐书》卷95《窦静传》 《册府元龟》卷503《邦计部·屯田门》
武德初年	山南道开屯田	《新唐书》卷197《循吏传·薛大鼎传》
武德六年	秦王请益屯田于并州界	《册府元龟》卷503《邦计部·屯田门》
贞观元年	代州置屯田	《旧唐书》卷68《张公瑾传》 《新唐书》卷85《张公瑾传》 《册府元龟》卷503《邦计部·屯田门》
贞观初	朔州屯田	《旧唐书》卷83《张俭传》 《册府元龟》卷503《邦计部·屯田门》
贞观四年	置醴泉监,兼置屯五所,隶司农寺	《元和郡县图志》卷3"关内道三邠州永寿县"
贞观中	瀚海都护府开置屯田	《旧唐书》卷185上《良吏传·李素立传》 《新唐书》卷197《循吏传·李素立传》
显庆中	东部营田	《旧唐书》卷185上《良吏传·韦弘机传》 《新唐书》卷100《韦弘机传》
调露二年	河源营田	《旧唐书》卷109《黑齿常之传》 《新唐书》卷110《诸夷番将·黑齿常之传》
垂拱初	陈子昂上书论河西屯田	《新唐书》卷107《陈子昂传》
天授初	河源屯田和丰州屯田	《旧唐书》卷93《娄师德传》 《新唐书》卷108《娄师德传》 《册府元龟》卷503《邦计部·屯田门》
长寿中	河西营田	《旧唐书》卷93《娄师德传》 《新唐书》卷108《娄师德传》 《册府元龟》卷503《邦计部·屯田门》

·欧·亚·历·史·文·化·文·库·

续表 2 - 1

时　间	有关营田史实或言论	出　处
大足元年	甘州屯田	《旧唐书》卷 97《郭元振传》 《新唐书》卷 122《郭元振传》
景龙末	桂州屯田	《旧唐书》卷 93《王晙传》 《新唐书》卷 111《王晙传》 《册府元龟》卷 503《邦计部·屯田门》
开元五年	营州屯田	《旧唐书》卷 185 下《良吏传·宋庆礼传》 《新唐书》卷 130《宋庆礼传》
开元初	同州屯田	《旧唐书》卷 185 下《良吏传·宋庆礼传》 《新唐书》卷 100《娄师德传》
开元十四年	李元纮论内地置屯	《旧唐书》卷 98《李元纮传》 《新唐书》卷 126《李元纮传》
开元二十五年	陈许豫寿四州开稻田	《旧唐书》卷 9《玄宗纪》
开元二十二年	河南置水屯开元 二十五年废	《旧唐书》卷 99《张九龄传》 《新唐书》卷 126《张九龄传》
天宝八载	赤岭屯田	《新唐书》卷 135《哥舒翰传》
天宝十二载	轮台伊吾屯田	《新唐书》卷 216 下《吐蕃传》

2.2　后期屯田(自至德元载至天祐三年)

自"安史之乱"起,西边和西北边境军队撤离,吐蕃贵族侵占了河西陇右大片地方,边境军州屯田完全被破坏了。同时,关内道、河北道、河南道也战乱频繁,这些地区为数不多的屯田也停止了。直至广德初,逐渐出现中央直接管理的屯田,即营田务和地方管理的屯田。兹分别论述如后。

2.2.1　中央直接管理的屯田——营田务

较详确记述营田务的有两条史料,兹先引录如下,并加以分析。

《资治通鉴》卷 248"唐宣宗大中三年"条略云:

[八月己丑]，诏"募百姓垦辟三州、七关土田，五年不租税；自今京城罪人应配流者皆配十处；四道将吏能于镇戍之地营田者，官给牛及种粮。"（宋白曰：史官曰：营田之名，盖缘边多隙地，番兵镇戍，课其播殖以助军需，谓之屯田。其后中原兵兴，民户减耗，野多闲田，而治财赋者如沿边例开置，名曰营田。行之岁久，不以兵，乃招致农民强户，谓之营田户。复有主务败阙犯法之家，没纳田宅，亦系于此，自此诸道皆有营田务。）

《资治通鉴》卷291"后周太祖广顺三年"条云：

前世屯田皆在边地，使戍兵佃之。唐末，中原宿兵，所在皆置营田以耕旷土；其后又募高赀户使输课佃之，户部别置官司总领，不隶州县，或丁多无役，或容庇奸盗，州县不能诘。帝素知其弊，会阁门使、知青州张凝上便宜，请罢营田务，以其民隶州县，其田、庐、牛、农器，并赐见佃者为永业。

根据上引资料，提出下列意见：

（1）《通鉴》"广顺三年"所记，唐营田务制始于末年，《通鉴》"大中三年"胡注记宋白引史官之言，唐营田务制始于"其后中原兵兴"，即安史乱后。何者为是，当于下文详考。

（2）据《通鉴》"广顺三年"所记，后周的营田务由户部总领，实际上，就是中央管辖。据此推知，唐代后期的营田务亦是如此。

（3）两条史料都记载，唐代后期营田采用租佃办法，租给高赀户（或强户），称之为营田户。

（4）据第一条史料，营田户中也有流放刑徒。

就上列4点，依次探讨如下。

2.2.1.1　唐代后期的营田务制始于何时

《唐文粹》卷21《李翰苏州嘉兴屯田纪绩碑颂》云：

禹平九土，沟洫之功大。弃粒蒸人，稼穑之务重。自古有国家，未尝不率由斯道，底慎其业。故登平足以厚生殖，祸难足以定凶灾。未有易此而能理者。自羯戎乱常，天步多艰，兵连不解，十有四年。因之以饥馑，重之天札，死者曝露，亡者惰游。编版之户，三耗其二。归耕之人,百无其一。将多于官吏,卒众于农人。古者八家为邻。一家从军,七家从之。犹曰兴师十万,内外骚动,不得操农桑者七十万家。今乃以一夫家食一伍,一余子衣一卒,师将不立,人将不堪。此圣上所以旰食宵兴,求古今令典,可以济斯难者,莫出乎屯田。广德初,乃命相国元公昌其谟,分命诸道节度观察都团练使统其事,择封内闲田荒壤人所不耕者为其屯。求天下良才善政以食为首者掌其务。屯有都知,群士为之,都知有治,即邑为之官府。官府即建,史胥备设。田有官,官有徒,野有夫,夫有任。上下相维如郡县,吉凶相恤如乡党。有诛赏之政驭其众,有教令之法颁于时,此其所以为屯也。虽天子命之,股肱赞之,至于宣上命,齐下力,经地域,制地事,辨土宜,均土法,简稼器,修稼政,陈三壤之种而敬其始,考九农之要而成其终,则都知之职专达其事焉,距可以非其人哉。浙西观察都团练使御史中丞兼吴郡守赞皇公,王国大贤,忧公如家,慎择厥官,以对明命。浙西有三屯,嘉禾为之大,乃以大理评事朱自勉主之。且扬州在九州之地最广,全吴在扬州之域最大,嘉禾在全吴之壤最腴。故嘉禾一穰,江淮为之康,嘉禾一歉,江淮为之俭。公首选于众,独当其任,有宽简惠和之德,知艰难勤俭之事。政达乎本,智通乎时;仁爱足以结下,机权足以成务。嘉禾大田二十七屯,广输曲折千有余里。公画为封疆属于海,浚其畎达于川。求遂氏治野之法,修稻人稼泽之政。芟以殄草,剔以除木,风以布种,土以附根,颁其法也。冬耕,春种,夏耘,秋获;朝巡夕课,日考旬会,趋其时也。下稽功事达之于上,上制禄食复之于下,叙其劳也。至若义感于内,诚动于中,殉国忘家,恤人犹已,野次露宿,箪食壶浆,尽四体之勤,趋一时之役。大寒栗烈而犹执藜鼓,盛暑赫曦而不传车盖。如登高去梯,与之死生,投醪均味,忘其饥渴。然后知仁义之政必见于耕获,井田之法可施于甲兵。夫如是,人将竭其力,地将尽其利,天将与其时。自赞皇为郡无凶年,自朱公为屯无下岁。元年冬收入若干斛,数与浙西六州租税埒。朝嘉厥庸,授廷尉详。公又稽气授时,如前代法。有白雀集于高丰屯廪,盖大穰之征也。屯官某乙等聚而称曰:初公为屯,人有二惧焉。邑人惧其暴,屯人惧其扰。今沟封犬牙而不相侵,疆场日履而人不知。方舟而上,以馈师旅,此功及于国也。登量而入,以宽征税,此德加于人也。古者智效一官,政修一乡,犹歌之,咏之,手之,足之。况朱公之绩如此其大者乎。遂相与斸琬琰,表阡陌。南阳太守,岂专刻石之功;桐乡啬夫,终践大农之位。其辞曰:

　　茫茫九区,阳九躔灾。天荒札瘥,田卒污莱。天步未移,连师满野,不耕不获,仰食于下,嗷嗷遗人,糊口馈军。帝曰予忧,爰立其屯,且战且耕,古之善经。辟师肃祗,王命是听。嘉禾之田,际海茫茫,取被榛荒,画为封疆。朱公莅之,展器授方。田事既饬,黎人则康。我屯之稼。如云漠漠。夫位棋布,沟封绮错。朱公履之,劝耨趋获。稂莠不生,螟螣不作,岁登亿计,征宽税薄。息我蒸人,遂其耕凿。我屯之庾,如京如坻,嘉量是登,方舟是维。赞皇献之,达于京师,饱我六军,肃将天威。畎距于沟,沟达于川,故道既堙,变将为田。朱公浚之,执用以先,浩浩其流,乃与湖连,上则有涂,中亦有舩,旱则溉之,水则泄焉。曰雨曰霁,以沟为天,俾我公私,永无饥年。公田翼翼,私田巍巍,不侵其畔,不犯其稽,我仓既盈,尔廪维亿。屯人熙熙,邑人怡怡,不扰其务,不干其时,我无尔暴,尔无我欺。我有官属,朱公训之,我有徒位,朱公恤之,我有众役,朱公卒之,我有征功,朱公序之。起于田中,印绶累累,何以况之,福禄如茨,何以久之,刻篆于碑。

根据上引李翰的记述:"广德初,乃命相国元公昌其谟,分命诸道节度观察都团练使统其事",可知,唐代后期的营田务制始于代宗广德初年,是由元载倡导的。按《旧唐书》卷118《元载传》云:

　　肃宗晏驾代宗即位,[李]辅国势愈重,称载于上前。载能伺上意,颇承恩遇,迁中书侍郎同中书门下平章事,加集贤殿大学士,修国史,又加银青光禄大夫,封许昌县子。载以度支转运使职务繁碎,且重虑伤名阻大位,素与刘晏相友善,乃悉以钱谷之务委之,荐晏自代。载自加营田使。

《旧唐书》卷 145《于颀传》云：

> 元载为诸道营田使,又署为郎官,令于东都、汝州间置屯田。

据此,李翰《纪绩碑颂》中的相国元公为元载,可无疑问。"昌其谟"正是指载自加营田使。宰相自加营田使,这几乎是前所未有的,其重要意义乃是为天下倡导,重视营田,因而,"分布诸道节度观察都团练使统事(营田)"。我认为宋白引史臣曰:"其后中原兵兴,民户减耗,野多闲田,而治财赋者如沿边例开置,名曰营田。"正是指元载倡导营田务。当时,元载以宰相身份兼度支转运使,正是治财赋者。

总结上述,唐代后期的营田务制始于代宗广德初年,并不是始于唐末。李翰的《纪绩碑》所记述的正是营田务制实行的具体情况。

(1)嘉禾屯田虽在浙西观察都团练使所辖苏州嘉兴县境,但从上至下,设官置吏,组织居民劳作以及政令刑赏,都有它自己独立的系统,与县、乡、坊、里分离。如《纪绩碑颂》所说的:

> 屯有都知,群(《玉海》作郡)士为之,都知有治,即邑之官府。官府既建,史(《玉海》作吏)胥备设。田有官,官有徒,野有夫,夫有任(《玉海》作伍)。上下相维如郡县,吉凶相恤如乡党。有诛赏之政驭其众,有教令之法颁于时,此其所以为屯也。

这就是自上而下与郡县相并立的营田系统。嘉禾屯的都知是大理评事(从八品下)朱自勉,李翰称颂他的功绩说:"屯官某乙等聚而称曰:初公为屯,人有二惧焉。邑人惧其暴,屯人惧其扰。"邑人、屯人,这正是州县系统与营田系统并立的表现,而这个营田系统是直达于中央的,这就是《纪绩碑颂》中所说的有关嘉禾屯田的政令等等是"天子命之,股肱赞之",而都知之职是"宣上(皇帝、中央)命,齐下力",等等。

(2)我推测,嘉禾营田采用租佃的办法,屯田上的劳动者是贫困的小自耕农,李翰的文中一再说"登量而入,以宽征税","岁登亿计,征宽税薄","公田翼翼,私田蕰蕰"。公田指屯田官府所属的土地,屯人耕种屯田官府的土地而纳税,这实际上是农民租种屯田而纳地租。李翰文中没有说到《通鉴》"唐大中三年"条及"后周广顺三年"条的强户和高赀户为营田户。我推测嘉禾屯田上的租佃者大多数是贫困的小自耕农,但也不排除租佃者中有强户或高赀户的存在。实际上,这些强户(或高赀户)是二地主,他们包佃的土地,还是要转租给贫困的小自耕农。实际耕种屯田的劳动者还是众多的贫苦农民。

(3)嘉禾屯田规模很大,营田收获,对封建国家经济起了相当重要的作用。李翰的文中说"浙西有三屯,嘉禾为之大","嘉禾大田二十七屯,广输曲折千有余里","嘉禾在全吴之壤最腴,故嘉禾一穰,江淮为之康,嘉禾一歉,江淮为之俭。""[广德]元年冬,收入若干斛,数与浙西六州租税埒(《玉海》作埒)。"按《元和郡县图志》卷 25《江南道一》略云:

浙西观察使

管州六:润州、常州、杭州、湖州、睦州。

县三十七。都管户三十一万三千七百七十二。

垦田五万七千九百三十二顷。

据《唐会要》卷 84"户口数"条载:"广德二年,计户二百九十三万三千一百二十五。""元和户,二百四十七万三千九百六十三。"广德二年浙西六州户口多少不知,可能比元和时要少一些。元和时,浙西六州户口数为全国户口数的 1/8 ~ 1/9。广德二年浙西六州有可能占全国户口数的 1/10。此其一。天宝中,全国垦田大约 700 万顷,元和时,全国垦田顷亩数不知,但肯定比天宝中要少很多,而广德二年全国垦田数也肯定要比天宝中少很多,而广德二年浙西六州垦田数应与元和时相差不多,此其二。从广德二年户口数及垦田数的约略推测估计,广德时浙西六州的产粮多少对国家经济有相当重要的作用。产粮数量和浙西六州相等的嘉禾屯田,对国家经济也应具有相当重要的作用。

特别值得注意的是:嘉禾二十七屯收获的大批粮食送到中央,李翰的文中说:"我屯之庾,如京如坻,嘉量是登,方舟是维。赞皇献之,达于京师,饱我六军,肃将天威。"这一点说明嘉禾屯田是统辖于唐中央的。

总之,从以上 3 点来看,嘉禾屯田和《通鉴》"唐大中三年"条和"后周广顺三年"条所说的营田务,基本相同。据此,我认为唐代后期的营田务制始于广德初,是由于元载倡导而建立的。

按《金石萃编》卷100《王履清碑》云:

[上阙]中齿宁三道营田等务。致使后来难继,前政知惭。

从上下文义看,《王履清碑》所说的是唐代宗大历中事,距广德初元载倡导屯田为时不久,我认为"营田务"一名称就是从"营田等务"简化而来的。

2.2.1.2 楚州营田

《旧唐书》卷185下《良吏下·薛珏传》(《新唐书》卷143《薛珏传》略同)云:

迁楚州刺史(约在大历中)本州营田使。先是州营田,宰相遥领使,刺史得专达。俸钱及其他给百余万,田官数百员,奉厮役者三千户。以优授官者复十余人,珏皆条去之,十留一二,而租入有赢。

据上引,楚州营田的特点和嘉禾营田一样,"宰相遥领使,刺史得专达"。这表明由中央管辖,"奉厮役者三千户",这3000户应是租佃农民,故下文说到租入。楚州营田也采用租佃制。以上特点至少薛珏任刺史前是如此。

2.2.1.3 振武屯田、灵武邠宁屯田

《新唐书》卷53《食货志》云:

元和中,振武军饥,宰相李绛请开营田,可省度支漕运及绝和籴欺隐。宪宗称善,乃以韩重华为振武京西营田和籴水运使,起代北,垦田三百顷,出职罪吏九百余人,给以耒耜耕牛,假种粮,使偿所负粟。二岁大熟。因募人为十五屯,每屯百三十人,人耕百亩。就高为堡,东起振武,西逾云州,极于中受降城,凡六百余里,列栅二十。垦田三千八百余里(顷),岁收粟二十万石,省度支钱二千余万缗。重华入朝奏请,益开田五千顷,法用人七千,可以尽给五城。会李绛已罢,后宰相持其议而止。

按《韩昌黎集》卷4《送水陆运使韩侍郎归所治序》,亦详言韩重华

82

振武营田事,可能是上引《新志》的史料依据之一,但与《新志》亦有不同。兹略引其文如下:

> [元和]六年冬,振武军吏走驿马诣阙告饥,公卿廷议以转运使不得其人,宜选才干之士往换之。吾族子重华,适当其任。至则出赃罪吏九百余人,给未耜与牛,使耕其旁便近地,以偿所负,释其粟之在吏者四十万斛不征。连二岁大熟,吏得尽偿其所亡失四十万斛者,而私有其盈余,得以苏息,军不复饥。君曰:此未足为天子言,请益募人为十五屯,屯置百卌人而种百顷。秋果倍收,岁省度支钱千三百万。八年,诏拜殿中侍御史,其冬来朝,奏曰:得益开田四(五)千顷,则尽可以给塞下五城矣。田五千顷,法当用人七千。大臣方持其议。吾以为边军皆不知耕作,开口望哺,有司常儳人以车船往输。今君所请田,皆故秦汉时郡县地,其课绩又已验白,若从其言,其利未可遽以一二数也。

根据上引两条史料,韩重华在振武屯田起于宰相李绛的倡议,两年后,韩重华奏请再扩大屯田 5000 顷,因李绛罢相,后宰相不同意而止。这些都说明振武屯田是由中央计划设置的,韩重华为营田使,不同于一般节度观察使照例带营田使,而是由中央特别选择任命的。

其次,我认为,振武营田有可能采用租佃制,营田上的劳动者是租佃农民,“募人为十五屯”,每屯百三十人,人耕百亩,“秋果倍收,省度支钱千三百万”或“岁收粟二十万石,省度支钱二千余万缗”,“钱千三百万”或“钱二千余万缗”是指振武漕运粮以及和籴用费,但“募人”亦可解释为招募。这一问题有待进一步研究。

关于振武屯田,《通鉴》亦有记载,与韩愈及欧阳修所记述略有不同,移录于下。

《通鉴》卷 239 “唐宪宗元和七年” 条云:

> 李绛奏振武天德左右良田可万顷,请择能吏开置营田,以省费足食。上从之。上命度支使卢坦经度用度,四年之间,开田四千八百顷,收谷四千余万斛,岁省度支钱二十余万缗,边防赖之。

这更可证明韩重华在振武屯田,是由中央计划设置的,是属于中央直接管理系统的,虽然"营田务"之后,其性质与营田务相同。

关于灵武邠宁营田,移录下列 4 条史料分析研究。

《旧唐书》卷 164《王起传》(《新唐书》卷 167《王起传》略同)略云:

> [太和]四年,迁户部尚书判度支,以西北备边,岁有和市以给军,劳人馈挽。奏于灵武、邠宁起营田。

《旧唐书》卷 17 下《文宗纪》云:

> [太和六年二月]庚辰,户部尚书判度支王起请于邠宁灵武置营田务,从之。

《册府元龟》卷 503《邦计部屯田门》云:

> 太和六年二月,户部尚书判度支王起奏:灵武邠宁田土宽广,又复肥浓,悉堪种蓻,承前但逐年旋支钱收籴,悉无贮积,与本道计会立营田,从之。

《新唐书》卷 53《食货志》云:

> 太和末,王起奏立营田。后党项大扰河西,邠宁节度使毕诚亦募士开营田,岁收三十万斛,省度支钱数百万缗。

据上引,王起奏请设置的屯田名为营田务,这可能是在有关唐代史籍中最早见到的,因此,灵武邠宁屯田属于中央计划管理系统,可无疑问。灵武邠宁营田上的劳动者,是租佃农民还是雇佣农民,还有疑问。

以上论述的嘉禾营田、楚州营田、灵武邠宁营田都属于中央管理系统,其性质都是营田务。这一系统的营田不只这四处,但这四处规模较大,有代表性,故举出以说明唐代后期屯田的特点。

2.2.2 属于各地方节度观察使的屯田

"安史之乱"以后,大唐帝国分为两部分,一部分为中央政府统治的方镇州县,另一部分是以河北三镇为代表的独立和半独立的地方割据势力。在这两部分地区内,都大批养兵,兵成为脱离农业生产的职业常备部队。因此,军粮问题就成为急待解决的严重问题。上文论述的中央管理系统屯田,即营田务制的产生,其原因在此,这一段要论述的属于地方官府的屯田遍及全国,其原因也在此。

《旧唐书》卷 152《刘昌传》(《新唐书》卷 170《刘昌传》略同)略云:

贞元三年,玄佐朝京师,因以宣武士众八千委昌北出五原。寻以本官授京西北行营节度使。岁余,授泾州刺史,四镇北庭行营兼泾原节度支度营田等使。昌躬率士众,力耕三年,军食丰羡。

《新唐书》卷170《高承简传》云:

蔡平,诏析上蔡、郾城、遂平、西平四县为溵州,拜承简刺史,治郾城,始开屯田,列防庸,濒溵绵地二百里,无复水败,皆为腴田。

《旧唐书》卷112《李复传》(《新唐书》卷78《李复传》略同)云:

贞元十年,郑滑节度使李融卒,军中溃乱,以复检校兵部尚书兼滑州刺史义成军节度郑滑观察营田等使兼御史大夫。复到任,置营田数百顷,以资军食,不率于民。

《新唐书》卷211《藩镇列传·李惟诚传》(《旧唐书》卷142《李惟诚传》同)云:

其妹妻李纳,故宝臣请惟诚复故姓而仕诸郓,为纳营田副使,四为州刺史。

《旧唐书》卷143《刘怦传》略云:

刘怦,幽州昌平人也,怦即朱滔姑之子,积军功为雄武军使,广屯田节用,以办理称。

贞元二年,滔卒,三军推怦权抚军府事。朝廷因授怦幽州大都督府长史兼御史大夫,幽州卢龙节度副大使知节度事,管内营田观察押奚契丹经略卢龙军使。

据以上5件史料可以说明,唐代后期,在大唐帝国两部分内,地方官府大多有营田的设置,一般节度观察使都带有营田使衔,就是标志之一,举以上5例足以说明,不必备述。《新唐书》卷53《食货志》所说的:"宪宗末,天下营田,皆雇民或借庸以耕,又以瘠地易上地,民间苦之。穆宗即位,诏还所易地而耕以官兵,耕官地者给三分之一以终身。"都表明地方营田在全国普遍存在。

2.2.3 唐代后期屯田上的劳动者

2.2.3.1 租佃农民

上文论述嘉禾屯田时,已说明广输千里屯田上的劳动者为租佃农民。其他营田务,大多也采用租佃制的经营方法。前文引录的《通鉴》"唐大中三年"及"后周广顺三年"两条史料可资证明。《新唐书·食货志》所说的唐宪宗末年"天下营田,皆雇民或借庸以耕",我认为"借庸"就是农民耕种官府地而向官府纳租,也就是租佃。我推测,租佃农民是唐代后期屯田上的主要劳动者,中央系统的屯田及地方系统的屯田都是如此。这大批租佃农民绝大多数应是小自耕农,强户或高赀户可能只是少数。

2.2.3.2 雇佣农民

《新唐书·食货志》所说的"天下营田,皆雇民以耕"就明确指出,全国范围内屯田上的劳动者中雇佣农民为数很多,具体事例,可举出严郢所说的内容加以分析。

《唐会要》卷89"疏凿利人"条(《新唐书》卷145《严郢传》略同,《册府元龟》卷497《邦计部·河渠二》"德宗建中元年"条同)云:

> 建中元年四月,宰相杨炎不习边事,请于丰州置屯田,发关辅民开陵阳渠,人颇苦之。京兆尹严郢尝从事朔方,晓其利害,乃奏五城旧屯及兵募仓储等数,奏曰:按旧屯沃饶之地,今十不耕。若力可耕辟,不俟浚渠。其诸屯水利,可种之田其广,盖功力不及,因致荒废。今发两京关辅民,于丰州浚泉营田,徒扰兆庶,必无其利。臣不敢远引他事,请以内园植稻明之。其奏地膏腴,田称第一,其内园丁皆京兆人,于当处营田,月一替,其易可见。然每人月给钱八千(十),[1]粮食在外,内园丁犹僦募不占,奏令府司集事,计一丁岁当钱九百六十,米七斛二斗。计所僦丁三百,每岁合给钱二万

---

[1] "每人自给钱八千",不可能这样多。下文有"计一丁当岁当钱九百六十"则一丁一月当钱80。

八千八百贯(二百八十八贯),[1]米二千一百六十斛。不知岁终收获几何。臣计所得,不补所废。况二千余里发人出屯田,一岁方替。其粮谷从太原转饷漕运,价值至多,又每人须给钱六百三十,米七斛二斗。私出资费,数又倍之,据其所收,必不登本,而关辅之民,不免流散,是虚扰畿甸,而无益军储,与天宝以前屯田事殊。臣至愚,不敢不熟计,惟当省察。疏奏不报。郢又上奏曰:伏以五城旧屯,其数至广,臣前挟名闻奏讫。其五城军士,若以今日所运开渠之粮,贷诸城官田,至冬输之,又以所送开渠功直布帛,先给田者,至冬令据时估输谷。如此,则关辅免于征发,五城丰厚,力农辟田,比之浚渠,十倍利也。郢奏不省,卒开陵阳渠,而竟弃之。

根据上引史料,严郢所说的雇佣制,在内苑营田上早已实行过。建中初,也可能在丰州浚泉营田中实行。这种雇佣制的特点,不仅给予劳动者月钱八十,还要给予食粮月七石二斗,都是以月计。严郢奏疏末的建议,似乎也是雇佣制,"又以所送开渠功直布帛,先给田者,至冬令据时估输谷",田者是谁? 有可能是五城兵士,也有可能是当地劳动者。这种办法,有可能只是严郢的意见,并未实行过。但前一种雇佣制,即月给钱若干给粮若干的办法,可能相当普遍地实行过。联系《新唐志》所说的"宪宗末,天下营田皆雇民以耕",屯田上雇佣制是相当普通的制度,雇佣农民是屯田上主要的劳动者之一。

2.2.3.3 兵士

上文引录《旧唐书·刘昌传》说:"昌躬率士众力耕三年,军食丰羡。"这是兵士耕种屯田的一例。又如《通鉴》卷 224"唐代宗大历元年"条云:"郭子仪以河中军食常乏,乃自耕百亩,将士以是为差,于是士卒皆不劝而耕。是后河中野无旷土,军有余粮。"这是兵士耕种屯田又一例。

《新唐书》卷 53《食货志》云:

穆宗即位,诏还所易地,而耕以官兵。

---

[1]一丁一年给钱九百六十文,三百丁当钱二百八十八贯。

兵士耕种屯田的史实很多,不必一一举出。总之,兵士也是唐代后期屯田上的劳动者之一。

2.2.3.4 流放刑徒

本节开端引《通鉴》"唐宣宗大中三年胡注"中,宋白引史臣之言,营田上的劳动者有"主务败阙犯法之家,没纳田宅,亦系于此",是以流放刑徒耕种屯田。本章第一节曾详论唐代前期屯田劳动者中有相当多流放刑徒。后期也是如此,兹简要论述如后。

上海藏本敦煌所出《唐(8 世纪末期)河西支度营田使按户给粮簿》(河西支度营田使印)录文:

(前　缺)

     "捌"   "伍"
[1]　户 唐 定兴卅三　　妻 张十九　计壹拾叁硕<small>小麦肆硕</small>
<small>青麦叁硕　床壹硕捌斗　麻子贰斗　豆参硕　粟壹硕</small>

    "捌"   "伍"   "伍"
[2]　户 安 庭 晖卅一　妻 问卅一"伍"　男 元 敬十四
 "伍"   "肆"
 男 元 振十一　男 元 兴六

     "叁"   "贰"
[3]　　男 元 德五　女 德 娘二　计叁拾贰硕<small>小麦捌硕　青</small>
<small>麦柒硕　豆柒硕　粟三硕　床六硕三斗　麻子柒斗</small>

    "捌"   "伍"
[4]　户 索 文端年卅六　妻 康卅一　女 大娘　廿一
 "叁"
 女 乞 德六

[5]　　计贰拾壹硕<small>小麦陆硕　青麦三硕　豆五硕　粟贰硕　床肆硕六斗</small>
<small>麻子肆斗</small>

    "捌"   "伍"   "柒"
[6]　户 李 光 俊卅九　妻 刘卅一　男 进 通十六　男
"伍"   "贰"
日 进十二　男 进 贤十

    "肆"   "叁"   "肆"
[7]　　男 进 玉七　男 太 平伍　女 娥 娘十一　女
"贰" "伍"
宠 娘二　婢 具 足卅一

［8］　　　婢香女十八　　奴胡子四　　奴来吉八
（"伍"　　　　　"叁"　　　　　"肆"）

［9］　　　计伍拾玖硕 小麦壹拾陆硕　青麦壹拾壹硕　豆壹拾贰硕　粟陆硕　麻
子壹硕叁斗　床壹拾贰硕柒斗

［10］　户骆元俊卅一　　妻张卅六　　计壹拾叁硕 小麦四硕
（"捌"　　　　　　"伍"）
青麦三硕　豆三硕　粟壹硕　床壹硕八斗　麻子贰斗

［11］　户陈崇之五十六　　妻张卅一　　女九娘九　女
（"捌"　　　　　　　　"伍"　　　　　"叁"）
什娘六　女什一娘二
（"叁"　　"贰"）

［12］　　　计贰拾壹硕 小麦六硕　青麦四硕　豆伍硕　粟一硕　床肆硕伍斗
麻子伍斗

［13］　户马九娘卅八　　男惟贤十四　　男惟振十二
（"伍"　　　　　　"伍"　　　　　　"伍"）
女躭躭六　女莘莘三
（"叁"　　"贰"）

［14］　　　计贰拾硕 小麦肆硕　青麦三硕　豆肆硕　粟三硕　床伍硕伍斗
麻子伍斗

［15］　户曹进玉卅六　　妻贺卅一　　弟进成卅一　　妻孟卅一
女娘子四

［16］　　女足娘一　　女妃娘一
（"新"　　　"新"）

［17］　户王子进十五　　妻画十五　　母徐卅六　　妹
（"柒"　　　　　　"伍"　　　　　"伍"）
娇娘九　妹美娘五
（"叁"　　"贰"）

［18］　　婢细柳卅四　　奴昆仑二　　弟子玉一
（"伍"　　　　　"叁"　　　"叁"）

［19］　　　计叁拾叁硕 小麦玖硕　青麦三硕　豆肆硕　粟五硕　床玖硕贰斗
麻子捌斗

［20］　户张元兴七十八　　妻吴卅六　　男钦余卅九
（"陆"　　　　　　　"陆"　　　　　"捌"）
妻吴卅六　孙男庭言十九
（"伍"　　　　"捌"）

[21]　　　"伍"　　　　　　　　"伍"　　　　　　"叁"
　　　　　男　妻徐五十六　孙男　庭　俊十四　男　买　买二

　　　　"叁"
男睄　子二

[22]　　　计肆拾捌硕 小麦壹拾肆硕　青麦玖硕　豆壹拾壹硕　粟五硕　床
捌硕壹斗　麻子玖斗

　　　　　　　"捌"　　　　　　　"伍"　　　　　　"伍"
[23]　户康　敬仙卅六　妻　石　卅三　姊　大　娘五十六

"肆"　　　　　　　"叁"
女什二娘十一　女　毛　毛九

　　　　　"伍"　　　　　　　"肆"　　　　　"贰"
[24]　　　女妃娘十五　男　进　兴六　女　娘子肆　男
"叁"
进　光一

[25]　　　计叁拾玖硕 小麦壹拾硕　青麦六硕　豆玖硕　粟叁硕　床壹拾硕
壹斗　麻子玖斗

　　　　　　　"捌"　　　　　　　"伍"　　　　　"肆"
[26]　户冯　毛奴卅三　妻　赵　卅六　女　底底十一　男
"肆"　　　　"叁"
卿　卿八　男　太　平五

　　　　　　"叁"　　　　　"叁"　　　　　　"新"
[27]　　　男谈谤二　男　汉　信一

[28]　　　计叁拾硕 小麦玖硕　青麦伍硕　豆捌硕　粟一硕　床陆硕三斗
麻子柒斗

　　　　　　"陆"　　　　　　"伍"
[29]　户曹　典昌六十二　妻　毛　卅一　计壹拾壹硕 小麦叁
硕　豆贰硕　粟贰硕　床壹硕　捌斗　麻子贰斗

　　　　　"捌"　　　　　　　"伍"　　　　　"伍"
[30]　户姜　忠勖卅一　妻　荆　廿一　母　李六十一　女
"贰"　　　　　"新"
性　娘一

[31]　　　计贰拾硕 小麦伍硕　青麦肆硕　豆肆硕　粟贰硕　床肆硕陆斗
麻子肆斗

　　　　　"捌"　　　　　　"伍"　　　　　　"捌"
[32]　户徐　游岩卅六　妻　王　卅六　弟　游晟卅三　妻

"伍"　　　　"叁"
李　廿一　男　伏　奴二

[33]　　计贰拾玖硕 小麦玖硕　青麦陆硕　豆柒硕　粟贰硕　床肆硕陆斗
麻子伍斗

　　　　　　　"捌"　　　　　　"伍"　　　　　"叁"
　　[34]　户高　加福卅六　妻贺卅六　男英岳四　女
"贰"　　　"新"
满　娘一

　　[35]　　计壹拾捌硕 小麦伍硕　青麦肆硕　豆肆硕　粟壹硕　床三硕陆斗
麻子肆斗

　　　　　　"捌"　　　　　　"伍"　　　　"叁"
　　[36]　户张钦　□　卅五　妻翟卅四　女　丑　丑九　男
"叁"　　　"贰"　　　"新"
进业五　女相相一

　　[37]　　计贰拾壹硕 小麦陆硕　青麦肆硕　豆伍硕　粟壹硕　床肆硕伍斗
麻子伍斗

　　　　　　"捌"　　　　　　"伍"
　　[38]　户梁升云卅六　妻齐廿一　计壹拾三硕 小麦肆硕
青麦三硕　豆三硕　粟壹硕　床壹硕捌斗　麻子贰斗

　　　　　　"捌"　　　　　　"伍"　　　　　"柒"
　　[39]　户宋光莘卅四　妻程卅四　男海逸十五　妻
"伍"　　　"伍"
曹十八　男海保十一

　　　　　　"肆"　　　　　"叁"　　　　　"伍"
　　[40]　男海通七　男平平五　女贤娘十八　婢
"伍"　　　　"肆"
妙　相卅五　奴紧子六

　　　　　　"贰"　　　　　"叁"　　　"新"
　　[41]　婢花子四　奴鹊子一

　　[42]　　计伍拾陆硕 小麦壹拾伍硕　青麦玖硕　豆壹硕　粟柒硕　床壹拾
贰硕　捌斗　麻子壹硕贰斗

　　　　　　"捌"　　　　　　"伍"　　　　　"捌"
　　[43]　户吴庭光卅九　妻冯卅六　男琼滔廿六　妻
"伍"　　　"伍"
李　廿一　弟庭俊卅六

[44]　　　妻李廿六　　母索七十六　　男不深十一　　女
性娘八　女性性十

[45]　　　男琼岳五　男琼英八　女盐娘四　女剩
娘三　侄男琼秀二

[46]　　孙男明鸾二　婢善女卅一　奴超超六

[47]　　计捌拾壹硕<small>小麦贰拾贰硕　青麦壹拾肆硕　豆壹拾玖硕　粟陆硕</small>
<small>床壹拾捌硕贰斗　麻子壹硕捌斗</small>

[48]　户曹奉进卅一　妻氾卅六　计壹拾叁硕<small>小麦肆硕</small>
<small>青麦三硕　豆三硕　粟壹硕　床壹硕捌斗　麻子贰斗</small>

[49]　户张奉章卅一　妻唐卅九　女洛洛九　男
荣国四

[50]　　计壹拾玖硕<small>小麦陆硕　青麦叁硕　豆伍硕　粟壹硕　床叁硕陆斗</small>
<small>麻子肆斗</small>

[51]　户石秀林卅一　妻曹卅四　弟秀玉卅一　妻
曹十六　女什伍年十一

[52]　　女庄严九　计叁拾叁硕<small>小麦壹拾硕　青麦柒硕　豆捌硕</small>
<small>粟贰硕　床伍硕肆斗　麻子陆斗</small>

[53]　　户张汉妻孔卅一　母索六十一　男进兴
四　男进玉二

[54]　　计壹拾陆硕<small>小麦肆硕　豆肆硕　粟贰硕　床伍硕六斗　麻子肆斗</small>

[55]　户郭怀德卅四　妻安卅五　男承俊六　女

　　　　　　“贰”　　　　“叁”　　　“新”
　　　美　娘四　男君君一

　　[56]　　计贰拾贰硕 小麦陆硕　青麦伍硕　豆伍硕　粟壹硕　床肆硕伍斗
麻子伍斗

　　　　　　　“捌”　　　　　　　“伍”　　　　　“肆”
　　[57]　户 安 庭 玉 卅六　妻 韩 卅一　女 屬 毗十一　男
　“叁”　　　“新”
　善　奴一

　　[58]　　计贰拾硕 小麦陆硕　青麦肆硕　豆伍硕　粟壹硕　床三硕陆斗
康子肆斗

　　　　　　　“捌”　　　　　　　　“伍”　　　　　“叁”
　　[59]　户 张 令 皎 卅二　妻 王 卅三　女 皈 娘九　男
　“叁”
　嗣　加四

　　[60]　　计壹拾玖硕 小麦陆硕　青麦叁硕　豆伍硕　粟壹硕　床三硕陆斗
麻子肆斗

　　　　　　　“捌”　　　　　　“伍”　　　　　“贰”
　　[61]　户 石 秀 金　妻 史 卅一　女 美 美三

　　[62]　　计壹拾伍硕 小麦肆硕　青麦肆硕　豆叁硕　粟壹硕　床贰硕柒斗
麻子叁斗

　　　　　　　“捌”　　　　　　　　“伍”
　　[63]　户 令 狐 思 忠 卅二　妻 郭 卅一“伍”　父 智伯八十
　　　　“捌”
二　弟 思 温 卅一　阿 李 □

　　　　　　　　　　（后　缺）

　　关于这件敦煌文书,中山大学历史系姜伯勤教授在《上海藏本敦
煌所出河西支度营田使文书研究》[1]曾有详确论证。在拙著《唐田令
研究——从田令和敦煌文书看唐代土地制度中几个问题》[2]中亦妄有
所论述。因此,在本书中不再全面研究这件敦煌文书,只就与河西营田

---

　　〔1〕姜伯勤《上海藏本敦煌所出河西支度营田使文书研究》,载《敦煌吐鲁番文献研究论集》
第二辑,北京大学出版社 1983 年版。
　　〔2〕王永兴《唐田令研究——从田令和敦煌文书看唐代土地制度中几个问题》,载《纪念陈垣
诞辰百周年史学论文集》,北京师范大学出版社 1981 年版。

劳动者的身份有关的部分加以探讨。

关于这件敦煌文书的时间,姜伯勤教授定为约在 760—789 年之间,我可稍作补充。这件给粮簿所载是按年龄男女给粮,但不标明丁、中、老、小,我认为此为建中元年实行两税法后的文书的标志。自天宝末年至大历末,均田制及租庸调制虽然实际上已极为败坏,但仍在实行,现存敦煌所出"大历四年手实"就是证明,均田制与租庸调制存在,就要有与之相适应的丁中制。但在建中元年以两税法代替了租庸调制,均田制也已不复存在,丁中制才没有存在的必要,也就消逝了。这件敦煌给粮文书上不标明丁中老小,表明当时丁中制已不存在,因此这件文书在时间上的上限应为建中元年(780),也就是说其时间性应在建中元年至贞元七年(780—789)之间。

据这件给田文书,以户为单位给粮,一户内有按年龄及男女而数量不同。如文书的第 2、3 行所记为一户给粮:户主安庭晖 41 岁,年给粮 8 石;妻问年 41 岁,年给粮 5 石;男元敬 14 岁、元振 11 岁,年给粮各 5 石;男元兴 6 岁,年给粮 2 石。全户 7 口,年给粮总为 32 石,其中包括小麦、青麦、豆、粟、床、麻子 6 种。

41 岁的安庭晖,年给粮 8 石,则日给粮为 2 升 2 合 2 勺。按同样方法计算,其妻 41 岁,日给粮为 1 升 3 合 6 勺,14 岁的男元敬加 11 岁的男元振各日给粮 1 升 3 合 6 勺,6 岁的男元兴,日给粮 1 升 1 合 1 勺,3 岁的男元德,日给粮 8 合 3 勺,两岁的女德娘日给粮 5 合 3 勺。这一给粮标准与上文引《唐六典》卷 6"刑部都官郎中员外郎"条所说的官户给粮以及上文分析吐鲁番出土贞观年间给粮帐记按户给粮的数额都少一些,这可能由于前二者给粮是单一品种,即粟;而这一敦煌给粮文书所记给粮是多品种,特别是其中有价值较高的小麦,所以数量就少一些。但这三者有一共同点,即按户给粮。在唐代给粮制度中,只有身份较低或很低的官奴婢、官户才按户给粮。上文已推定"贞观给粮帐"所记为流放刑徒给粮,流放刑徒的身份是很低的,因此,可推定这一敦煌给粮簿上所记也是流放刑徒给粮。这就是说,8 世纪末期,河西营田上的劳动者中有大批流放刑徒。

关于类似流放刑徒营田,还可举出下列史料:《文苑英华》卷441《太和八年疾愈德音》云:

> 其诸道所送沧州将健配流及边镇营田役使者共一千三百五十九人,并委本道节度观察使,据现在人数,放归本管。如有已效军职及自有生业不愿去者,亦任便住。

总括以上全部论述,唐代后期屯田上的劳动者有4种人:(1)租佃农民;(2)雇佣农民;(3)兵士;(4)流放刑徒。

前3种人都是一般良民身份,实际上都是小自耕农,兵士是穿着军装的自耕农民。后一种人身份低,是属于贱民这一类的。

表2-2 唐代后期营田纪事

时　间	有关营田史实和言论	出　　处
肃宗时	襄邓营田	《旧唐书》卷126《裴谞传》《新唐书》卷130《裴谞传》
上元二年	剑南营田	《旧唐书》卷10《肃宗纪》
上元二年	陇右营田	《旧唐书》卷10《肃宗纪》
上元中	楚州置洪泽屯,寿州置芍陂屯	《通典》卷2《食货二·田制下》"屯田门"
广德初	苏州嘉兴屯田	《唐文粹》卷21李翰《苏州嘉兴屯田纪绩碑颂》
大历元年	郭子仪河中屯田	《通鉴》卷224"唐代宗大历元年"条
大历二年	河北营田	《旧唐书》卷129《张延赏传》《新唐书》卷127《张延赏传》
大历五年	罢诸州屯田,唯留华、同、泽三州屯田	《册府元龟》卷503《邦计部·屯田门》
大历八年	废华州屯田	《新唐书》卷6《代宗纪》
大历十年	岭南营田	《旧唐书》卷11《代宗纪》
大历中	普润屯田	《旧唐书》卷151《朱忠亮传》《新唐书》卷170《朱忠亮传》
大历中	张镒凤翔陇右屯田	《旧唐书》卷140《韦皋传》
建中元年	杨炎请屯田丰州	《新唐书》卷53《食货志》,《新唐书》卷145《严郢传》

续表 2-2

时　间	有关营田史实和言论	出　处
贞元二年	容州屯田	《文苑英华》卷 776 于邵《唐检校右散骑常侍容州刺史去思颂》
贞元四年	刘昌泾原屯田 李元谅陇右良原屯田	《旧唐书》卷 152《刘昌传》 《旧唐书》卷 144《李元谅传》 《册府元龟》卷 503《邦计部·屯田门》
贞元八年	陆贽奏请陇右屯田	《旧唐书》卷 139《陆贽传》
贞元十三年	王翃东畿屯田	《旧唐书》卷 157《王翃传》 《新唐书》卷 143《王翃传》
贞元十二年	汴州屯田	《韩昌黎集》卷 24《崔评事墓铭》
贞元末	杜佑淮南屯田	《新唐书》卷 166《杜佑传》
贞元末	陈孝阳隽州屯田	《册府元龟》卷 678《牧守部·兴利门》
贞元时	韦丹容州屯田	《新唐书》卷 197《循吏传·韦丹传》
元和三年	东都兵营田苑内，六年罢	《册府元龟》卷 503《邦计部·屯田门》
元和六年	韩重华营田振武京西	《新唐书》卷 53《食货志》 《韩昌黎集》卷 4《送水陆运使韩侍郎归所治序》
元和八年	振武天德营田	《通鉴》卷 239"唐宪宗元和八年"条
元和十二年	高承简堰城屯田	《新唐书》卷 170《高承简传》
元和十五年	李听灵州营田	《旧唐书》卷 133《李听传》 《册府元龟》卷 497《邦计部·河渠门》，卷 678《牧守部·兴利门》
元和末	孟元阳西华屯田	《旧唐书》卷 151《孟元阳传》 《册府元龟》卷 503《邦计部·屯田门》
长庆元年	杨元卿泾原营田	《旧唐书》卷 161《杨元卿传》 《新唐书》卷 171《杨元卿传》
长庆四年	灵州营田	《旧唐书》卷 17 上《敬宗纪》

时 间	有关营田史实和言论	出 处
长庆四年	贺拔志振武营田	《册府元龟》卷 511《邦计部·诬调门》 《旧唐书》卷 166《白行简传》
宝历元年	杨元卿沧景屯田	《册府元龟》卷 503《邦计部·屯田门》
太和三年	殷侑齐、德、沧营田	《新唐书》卷 164《殷侑传》 《册府元龟》卷 503《邦计部·屯田门》
太和五年	杨元卿河阳三城营田	《旧唐书》卷 161《杨元卿传》
太和六年	王起于邠宁灵 武置营田务	《旧唐书》卷 17 下《文宗纪》 《旧唐书》卷 164《王起传》 《新唐书》卷 167《王起传》 《册府元龟》卷 503《邦计部·屯田门》
开成元年	度支奏请停京西营田	《册府元龟》卷 503《邦计部·屯田门》
会昌六年	灵武天德三城 流放刑徒营田	《册府元龟》卷 503《邦计部·屯田门》
大中三年	凤翔邠宁灵武泾原营田	《旧唐书》卷 18 下《宣宗纪》 《通鉴》卷 248"唐宣宗大中三年"条
大中六年	卢钧于大同军屯田	《新唐书》卷 182《卢简方传》

第二编 唐代国家对私田的管理制度

——均田制

唐代均田制是近几十年中我国史学研究者极为注意的课题，发表了一大批研究论文。日本学者撰著有关唐均田制的专著和论文也很多，中、日学者的研究都取得了重要成果。但是，不可否认，一些关于唐均田制的重要问题还没有彻底解决，有些重大矛盾现象还不能明确解释。如把均田制的『均』字解释为『平均』，均田为平均计口授田，则应受田多的户，已受田（即实际有田）应多，应受田少的户，已受田应少。但敦煌户籍和吐鲁番户籍中受田部分的实际情况并非如此。这怎样解释呢？

如果是平均计口授田，唐代第一次按田令全国普遍授田（『武德七年田令』可能是最早的，如果有全国规模的普遍按田令授田，武德七年应是第一次）是怎样进行的呢？史籍毫无记载，也很难想象。

地主阶级政权对两大对抗阶级几百万户平均计口授田，这在理论上怎样解释呢？田令中规定的应受田、已受田、永业田、口分田以及退、收、受、授，其目的何在？性质如何？不少学者曾经努力做出值得重视的解释，但并没有完满的解释。敦煌户籍和吐鲁番户籍所记载上百户的受田情况，全部都是已受田比应受田少很多。

有些户甚至连一亩口分田都没有，这又怎样解释呢？有的学者谴责地主阶级政权制造的田令的虚伪性和欺骗性。对地主阶级的谴责是对的，但田令是国家对管理全国土地的立法，统治政权仅仅靠着欺骗与虚伪就能管理全国土地吗？又如，实行均田制的目的是什么？有些研究者认为，其目的是维护小自耕农的利益，这是对的，但不全面，也不够准确。类似上述的问题和矛盾现象，还可举出不少。

在本文中，我试图为解决上述问题和其他有关问题提出一些意见。首先，『均田制』的『均』字不能解释为『平均』或『均平』，在剥削制度社会中，剥削阶级政权怎能在全国范围内平均计口授田呢？再次，对唐田令我试图做出符合当时实际情况的解释。唐田令是实行了的，要从实际出发，实事求是地去理解并论述田令实行的情况。其次，要了解唐代均田制的性质，也要从它的渊源上去理解，要从中央集权政治制度上去理解，要看到中国古代社会从一开始就存在众多小自耕农，而众多小自耕农是农民阶级的主体，就是要从这一点去理解。我的这些意见都是探索性的，衷心期待读者指教。

唐代均田制是国家管理私有土地的制度。私有土地大都分为两部分：一部分是贵族品官的永业田。实际上主要是地主阶级上层的私有土地，也包括一部分一般地主的私有土地。贵族品官的永业田是贵族品官原有的私田，并不是由国家授给的，但必须由国家管理控制。另一部分是百亩之田中的已受田，主要是广大自耕农民的私有土地，也包括一部分一般地主的私有土地。百亩之田中的已受田是广大的自耕农民和部分一般地主原有的私田，并不是由国家授给的，但必须由国家管理控制。这两部分私田的管理控制主要表现为限田、括田、收田、授田。

由于私田分为两部分，国家管理私田的制度也为两部分。

3 唐代
贵族品官受永业田制及其渊源

3.1 唐代贵族品官受永业田制度
及其性质作用

3.1.1 制度

《唐六典》卷3"户部郎中员外郎"条、《通典》卷2《食货二·田制下》、《新唐书》卷55《食货志》、《册府元龟》卷495《邦计部·田制门》皆载有唐贵族品官受业田制。《通典》所记的是"开元二十五年田令",较详,但缺六品至九品永业田的记述,《册府元龟》所记的与《通典》同,当系抄自《通典》。《新唐志》所记的虽简略,但记载了六品至九品受田,兹迻录《通典》及《新唐志》之文如下:

《通典》卷2《食货二·田制下》云:

> 大唐开元二十五年令:其永业田:亲王百顷,职事官正一品六十顷,郡王及职事官从一品各五十顷,国公若职事官从二品各三十五顷。县公若职事官正三品各二十五顷,职事官从三品二十顷,侯若职事官正四品各十四顷,伯若职事官从四品各十顷,子若职事官正五品各八顷,男若职事官从五品各五顷。上柱国三十顷,柱国二十五顷,上护军二十顷,护军十五顷,上轻车都尉十顷,轻车都尉七顷,上骑都尉六顷,骑都尉四顷,骁骑尉飞骑尉各八十亩,云骑尉武骑尉各六十亩。其散官五品以上同职事给。兼有官、爵及勋俱应给者,唯从多,不并给。若当家品分之外,先有地非狭乡者,并即回受,有剩追收,不足者更给。诸永业田皆传子孙,不在收授之限,即子孙犯除名者,所承之地亦不追。每亩课种桑五十根以上,榆枣各十根以上,三年种毕。乡土不宜者,任以所宜树充。所给五

品以上永业田,皆不得狭乡受,任于宽乡隔越射无主荒地充。即买荫赐田充者,虽狭乡亦听。其六品以下永业,即听本乡取还公田充。愿于宽乡取者,亦听。应赐人田非指的处所者,不得狭乡给,其应给永业人,若官爵之内有解免者,从所解者追。即解免不尽随所降品追。其除名者依口分例给。自外及有赐田者,并追。若当家之内有官爵及少口分应受者,并听回给,有剩追收。其因官爵应得永业未请及未足而身亡者,子孙不合追请也。诸袭爵者唯得承父祖永业,不合别请。若父祖未请及未足而身亡者,减始受封者之半给。

《新唐书》卷55《食货志》所载与上引文同。兹引录较上引多出者:

六品七品二顷五十亩,八品九品二顷。

从上引《通典》及《新唐志》的记述,可以看到唐贵族品官受永业田制的全貌。上引记述中有些错误与本段主旨无关。均不考释。

3.1.2 对贵族品官受永业田制应如何理解

贵族品官受永业田制,是国家向贵族品官授给土地吗?是土地分配制度吗?要回答这一问题,首先要回答何谓受田?

《隋书》卷24《食货志》云:

职事及百姓请垦田者,名为受田。

这是记述北齐田制一段文字中的一句,这段文字中多次讲到各种人受田。何谓"请垦田"?我认为"请垦田"的"请"字,与上文引"开元二十五年田令"末段中的"未请"、"追请"、"别请"3词的"请"字意义相同。这个意义的"请"字,还见于有关唐田制的其他史料中,兹引录两条史料,与上文的论述合并研究,试提出"受田"的意义。

《唐六典》卷3"户部郎中员外郎"条在记述"官人受永业田"之后说:

其地并于宽乡请授,亦任隔越请射。苿帅(按:此二字文义难解,可能有误。据上下文义及《通典》所载"开元二十五年田令"与《唐六典》所记官人受永业田相当部分,"苿帅"似应改为"请永业")皆许传之子孙,不在此(按:疑当作收)授之限。若未请受而身亡者,子孙不合追请。若袭爵者,祖父未诸(按:应作请)地,其子孙减初封者之半。

《册府元龟》卷495《邦计部·田制门》略云：

> 天宝十一载十一月乙丑诏曰：自今已后，更不得违法买卖口
> 分永业田及请射兼借公私荒废地，无马妄请牧田。

《唐六典》所说的"请授"、"请射"、"未请"、"追请"，都是承上文"官人
受永田"而言的。这就说，唐国家规定的自亲王百顷至九品的两顷永
业田，以及从上柱国30顷至武骑尉60亩，都要经过请地的手续，才能
成为为国家所承认的私田。这种"请"是合法的"请"，因为是按照国家
的规定和制度而"请"的。《册府元龟》所说的"无马妄请"，意为国家
规定：有马才能请授牧田，无马而请授牧田是违法的，故谓之"妄请"。
同样，不按照规定请射公私荒废地，就是违法请射。总之，这里有关土
地带有"请"字的如"请授"、"未请"、"妄请"等等，都是由于存在请地
手续而出现的。一户土地的合法来源不同，但要经过请地手续，才能取
得土地私有的合法性。

关于请地手续，我在本章后一部分将有详论，请读者参阅。

请地制度，亦即从各种来源得到的土地，要经过办理请地手续，在
唐代以前已存在。《通典》卷2《食货二·田制下》记述北齐田制引《关
东风俗传》云：

> 又河诸山泽，有可耕垦，肥饶之处，悉是豪势，或借或请，编户
> 之人，不得一垄。

此处，"或请"的"请"，就是请地，可见北齐时已有请地制度。

根据以上对请地制度的论述，我们可以解释《隋书·食货志》所说
的"职事及百姓请垦田者，名为受田"这句话了。"请垦田"意为按请地
制度的田地，或办理了请地手续的田地。"名为受田"意为符合国家制
度或得到国家允许的田地。简言之，就是合法的私田。《唐六典》在正
文中说"凡官人受永业田"，意即官人的合法私田或合乎制度的私田，
从亲王百顷到九品官2顷，从上柱国30顷到武骑尉60亩，在注文中与
此相应地说，"其地并于宽乡请授"，"其地"指从亲王的百顷到从五品
官的5顷以及从上柱国的30顷到云骑尉武骑尉的各60亩。"请授"，

意即经过请地手续而得到,或按照请地制度而得到,下文"祖父未请地",正说明了请地制度或请地手续的存在。

何谓受田及请地手续如上论述,接着论述田令中"请授"一词。

"请授"二字是否可以解释为:经过请地手续,封建国家授予从亲王百顷到从五品的5顷以及从上柱国的30顷到武骑尉60亩的永业田呢?从文义上是可以这样解释的,但事实上并不是这样。

《旧唐书》卷78《于志宁传》(《新唐书》卷104《于志宁传》略同)云:

> 显庆元年,迁太子太傅。尝与右仆射张行成、中书令高季辅俱蒙赐地。志宁奏曰:臣居关右,代袭簪裘,周魏以来,基址不坠。行成等新营庄宅,尚少田园,于臣有余,乞申私让。帝嘉其意,乃分赐行成及季辅。

按太子太傅从一品,应有永业田50顷,右仆射从二品,应有永业田35顷,中书令正三品,应有永业田25顷。于志宁当时有田多少,史无记载,但是据他自己说的"臣居关右,代袭簪裘,周魏以来,基址不坠",于志宁当时的田产,乃继承祖父遗业,而不是由于任太子太傅被授田50顷。按于志宁的曾祖于谨,在周为太师,封燕国公,父宣道仕隋为内史舍人,都是关陇豪族大地主,于志宁承继田产之多,可以想见。因而让赐田与高季辅、张行成。其次,如果高季辅、张行成因任右仆射及中书令而被授予永业田,则高季辅将有田35顷,即3500亩,张行成将有田25顷,即2500亩,都不能说是"尚少田园"。那么为什么说高季辅、张行成"尚少田园"呢?按《旧唐书》卷78《高季辅传》(《新唐书》卷104《高季辅传》略同)略云:

> 高季辅,德州蓨人也。祖表,魏安德太守,父衡,隋万年令,兄元道,仕隋为汲令。季辅,贞观初,擢拜监察御史,累转中书舍人。贞观十七年,授太子右庶子,十八年加银青光禄大夫兼吏部侍郎。二十二年迁中书令。

《旧唐书》卷78《张行成传》(《新唐书》卷104《张行成传》略同)略云:

> 张行成,定州义丰人也。大业末,察孝廉,为谒者台散从员外

郎。世充平，以隋资补宋州谷熟尉，授雍州富平主簿，秩满，补殿中侍御史，累迁给事中，转刑部侍郎，太子少詹事。驾[太宗]还京，以本官兼检校尚书左丞，二十三年，迁侍中兼刑部尚书。[永徽]二年八月，拜尚书左仆射。

据上引，可提出两点意见：（1）就高季辅的祖、父、兄的官品而言，可能只是一般地主，一般来说不可能有很多田产。张行成的父、祖不详，也可能只是一般地主。总之，高季辅、张行成不可能从他们祖、父继承很多田产。他们二人"尚少田园"的原因在此。（2）在高季辅任中书令之前，已是银青光禄大夫（从三品，应有永业田 20 顷）兼吏部侍郎（正四品上），张行成，在其任右仆射之前，已是侍中（正三品，应有永业田 25 顷），如果国家按其官品授予永业田，则高、张将分别有田 2000 亩和 2500 亩。这是"田园很多"而不是"尚少田园"。只有在他们并没有按官品由国家授田以及他们的家世没有留下较多田产的情况下，高季辅和张行成才能如于志宁所说的"尚少田园"。总之，就于志宁、高季辅、张行成 3 人田产的分析，不能把《通典》及《新唐志》所载贵族品官受承永业田的规定，理解为国家掌握大量土地（或土地国有），按官品高低向贵族的品官授田。

《旧唐书》卷 59《李袭誉传》（《新唐书》卷 91《李袭誉传》同）略云：

> 召拜太府卿（太宗时），袭誉性严整，所在以威肃闻。尝谓子孙曰：吾近京城有赐田十顷，耕之可以充食。河内有赐桑千树，蚕之可以充衣。江东所写之书，读之可以求官。吾殁之役，尔曹但能勤此三事，亦何羡于人。寻转凉州都督。

按李袭誉对子孙讲话时，应在为太府卿之后。太府卿从三品，应有永业田 20 顷，与李袭誉所说的赐田 10 顷不同，一为永业田，一为赐田，一为 20 顷，一为 10 顷。可见李袭誉的田产，并不是以其太府卿从三品的身份为国家所授予之田，也可见《通典》及《新志》所载贵族品官受永业田的规定，不能理解为国家向贵族品官授田的制度。

《旧唐书》卷 99《张嘉贞传》（《新唐书》卷 127《张嘉贞传》略同）云：

   嘉贞虽久历清要,然不立田园。及在定州,所亲有劝植田业
者,嘉贞曰:吾忝历官荣,曾任国相,未死之际岂忧饥馁,若负谴责,
虽富田庄,亦无用也。

  按张嘉贞在开元中曾任中书令,如将贵族品官受永业田的规定理解为
国家向贵族品官授田的制度,则身为国相的张嘉贞,岂能违反制度而
不接受国家授给的 25 顷永业田?如有 2500 亩田,还怎能说不立田园
呢?张嘉贞不能没有田产,但田产不多,故"所亲有劝植田业者",可见
他并没有按贵族品官受永业田。这一规定不是如一般所理解的计官
品授田的制度。正如百亩之田的规定不是平均计口授田制度(下文详
论)。这一论点,还可取有关的唐敦煌户籍从另一方面作为参证。

  《唐开元十年(722)沙州敦煌县泉乡籍》(伯 3898、3877 号)籍文甚
长,兹移录一段如下:

   [45] 户主曹仁备年肆拾 捌 岁 卫士上柱国开元八年九月
十日授甲头康大昭下中户课 户 见不输

   [46] 妻 张 年肆 拾 捌 岁 职资妻

   [47] 男崇 年叁 拾 岁 上柱国子

   [48] 崇妻 索年贰拾 肆 岁 丁妻

   [49] 男崇 环年 伍 岁 小男

   [50] 女明 咒年壹拾 玖 岁 中女

   [51]   卅亩永业 "兑了"

   [52] 陆拾三亩已受 廿二亩口分

   [53] 合应受田乃勋田叁拾壹顷捌拾贰亩 一亩居住园宅

   [54]   卅"一"顷一十九亩未受

《唐天宝六载(747)敦煌郡敦煌县效谷乡□□里籍》(斯 4583 号)移录
一段如下:

       (前 缺)

   [2]□□□(户主)仁明载肆拾壹岁   上柱国开元廿八载
五月十五日 授 □□□□□(甲头)曾伽 祖林 父立 下下户 不课户

   [3] 母辛 载陆拾陆岁   老寡空

106

[4]	男良	辅载	玖 岁	小男空
[5]	女黑	子载	叁 岁	黄女天宝四载帐后附空
[6]	女尚	子载	叁 岁	黄女天宝四载帐后附空
[7]	女足	足载	贰 岁	黄女天宝五载帐后附空
[8]	姊进	娘载	肆拾柒岁	中女空
[9]	姊妃	娘载	肆拾肆岁	中女空
[10]	妹伏	介载	叁拾伍岁	中女空
[11]	合应受田叁拾壹顷叁拾叁亩			叁拾玖亩已受 廿亩永业十八

亩口分 一亩居住园宅 卅一顷四亩未受

根据上引,曹仁备和□仁明并没有从国家手里分别得到 30 顷永业田;也就是说,国家并没有根据贵族品官受永业田制分别授予他们 30 顷田。曹仁备的上柱国衔是开元八年九月得到的,距开元十年已是两年,□仁明的上柱国衔是开元二十八年五月得到的,距天宝六载已有 7 年之久,不可能因为授勋后时间太短而未被授予制度规定的永业田。

根据以上所举《于志宁传》、《李袭誉传》、《张嘉贞传》,我认为,不能因为田令中有"请授"一词即把贵族品官受永业田制理解为封建国家的计官品授田制度,而应理解为从亲王百顷到九品官 2 顷以及从上柱国 30 顷到武骑尉 60 亩的受永业田是限田额。这就是说,亲王的私有土地限在百顷以内;等而下之,九品官的私有土地限在 2 顷以内,勋官上柱国的私有土地限在 30 亩以内;等而下之,武骑尉的私有土地,限在 60 亩以内。这是一个既给予贵族品官以特权按等级多占有土地,又限制他们过多占有土地的管理制度。

那么,贵族品官限内土地的来源何在呢? 国家和贵族品官私有土地的关系如何呢? 关于这个问题,我推测,(1)全部或主要部分是贵族品官原有的私田,或买田,或赐田。(2)国家只是以其行政权力对缺少的补给以及超制度部分的没收(即括田),兹申论如下:

《通典》卷2《食货二·田制下》载"开元二十五年田令"在记述自亲王以下按等级受永业田之后云:

若当家口分之外,先有地非狭乡者,并即回受,有剩追收,不足者更给。(按:上文已引,为便于论述,兹重出。)

我认为,这段文字的意思是:某官,地处宽乡,其原有私田除 80 亩口分田外,其余的全部作为其品官永业田回受。也就是说,此官原有的私田,除 80 亩口分外,就是此官的永业田。有剩者(即超过限额的部分)由国家追收,不足者(即限额内欠少者)由国家补给。田令下文所说的"所给五品以上永业田,皆不得狭乡受,任于宽乡隔越射无主荒地充。即买荫赐田充者,虽狭乡亦听。"以及"其六品以下永业,即听本乡取还公田充,愿于宽乡取者,亦听。"我认为就是"不足者更给"。

关于品官的私田超过限额部分(即有剩或剩田)由国家追收这一问题,可就从开元九年开始的宇文融主持的括田括户加以阐述。史籍记载括田时一再说到"籍外田"、"籍外羡田"、"籍外剩田"、"羡田",就是指超过制度的私田,就官吏而言,就是指超过《通典》、《新志》所载贵族品官受永业田规定的限额外私田。这次括田括出剩田(或羡田)80余万(顷),可以肯定地说,其中大部分是贵族品官的限额外私田。张说、杨玚、皇甫憬一大批官僚极力反对括田括户,重要原因之一是,国家括田,括去了他们的限额外私田。又如《新唐书》卷 197《循吏传·贾敦颐传》(《旧唐书》卷 185《良吏传·贾敦颐传》同)云:

> 永徽中,迁洛州,洛多豪右,占田类逾制。敦颐举没者三千余顷,以赋贫民。

这里的"制"可能是丁男百亩之田之制,也可能是贵族品官受永业田之制。逾制之田应二者都有,较多的应是贵族品官占田逾制,因洛州是贵族品官集中的地区。"没者三千余顷,以赋贫民",这是国家把官僚地主逾制之田给予农民。我推测,也应该有这样的事例,取此品官限额外之田(即籍外羡田)以给彼官限额内不足之田,亦即"开元二十五年田令"所说的"其六品以下永业,即听本乡取还公田充"。当然,这只限少量土地,而不是某一品官所受永业田的全部。

或许有人会问:按《田令》,一个品官原有的私田,即回受为他的永业田,也就是说,他的永业田或永业田的大部分实际上就是他的原有的私田。如果有的品官,原无私田或私田很少,不能回受他按制度应有的永业田,是否由国家授给他应有的永业田或其大部分? 或采取其他办法? 我的回答是否定的。上文引录《唐开元十年沙州敦煌县悬泉乡籍》中的曹仁备和《唐天宝六载敦煌郡敦煌县效谷乡□□里籍》的□仁明,他们各自上柱国 30 顷永业田都在空缺。这说明,他们原有私田很少,无以和不足回受,封建国家并不补给。

　　或许又有人会问:贵族品官的永业田,如果不是由国家授给,田令中的"授"、"受"怎样解释呢? "授",不就是国家授给吗? "受",不就是贵族品官接受吗? 我的回答是:战国秦汉以来,"授"、"受"二字常与"地"、"田"等字结合使用,如《周礼·地官》司徒下云:

> 载师掌任土之灋,以物地事。授地职,而待其政令。

《周礼·地官》"小司徒之职乃均土地"郑注略云:

> 均平也,周循遍也。一家男女七人以上,则授之以上地。男女五人以下则授之以下地。

《周礼·地官》"遂人掌邦之野辨其野之土"郑注云:

> 户计一夫一妇而赋之田,其一户有数口者,余夫亦受。此田也。

《前汉书》卷 24 上《食货志》记述《周礼》所载田制略云:

> 民受田,上田,夫百亩,中田,夫二百亩,下田,夫三百亩。
>
> 民年二十受田,六十归田。

《周礼》中所载田制的性质如何,可不讨论。战国及汉人理解此田制,遂有"授地"、"受田"这样的用语。后代就沿袭此田制,也可以说习惯使用。这是一方面。另一方面,田令中有"授"、"受",记载田令实行情况的敦煌、吐鲁番文书上也有"授"、"受",我们应当以文书上"授"、"受"的实际意义来解释田令中的"授"、"受"。此点当于下文详论。

　　根据以上全部论述,我认为田令中贵族品官受永业田制的性质可分为 3 点:(1)给予贵族品官多占有土地的特权,即亲王可占有土地百顷,也就是说,亲王的私田可多到百顷,等而下之,九品官可占有土地 2顷,上柱国可占有土地 30 顷。也就是说,上柱国私田可多到 30 顷,等而下之,武骑尉可占有土地 60 亩。在这些限额内的土地都是国家所承认的或允许的私田,即合法的私田。(2)限制贵族品官不能超过制度所规定的限额占田。(3)国家以行政权力管理贵族品官的私田。"有剩者追收,不足者更补"("更补"应指少量欠田而请地者),这就是管理。

关于贵族品官受永业田并非由国家授给、还可举出敦煌户籍簿以为例证。

《唐天宝六载(747)敦煌郡敦煌县龙勒乡都乡里籍》(伯 2592 号等文书)文书甚长,兹移录与本节有关的两户如下:

户主程大庆肆拾柒岁　武骑尉开元十八载闰六月廿日授,甲头李郎子。

曾通、祖子、父义,下中户　空　不课户

妻画　载肆拾伍岁　职资妻空

妻卑　载叁拾陆岁　职资妻空

男兴盛载壹拾贰岁　小男天宝五载帐后死空

男兴俊载叁岁　黄男天宝四载帐后附空

男奉进载贰岁　黄男天宝五载帐后附空

女光无载壹拾壹岁　小女空

妹真真载叁拾岁　中女空

妹堡主载贰拾贰岁　中女空

合应受田壹顷陆拾叁亩陆拾捌亩已受廿亩永业卌柒亩口分一亩居住园宅

九十五亩未受。

按此户有受田身份的只程大庆一人,以丁男身份应受 1 顷,以武骑尉身份应受永业田 60 亩,户内 9 人应受园宅地 3 亩,故合应受田 1 顷 60 亩。但已受田(即此户原有土地)只 68 亩,其中包括丁男身份的永业田 20 亩及口分田 47 亩,居住园宅地 1 亩。程大庆以武骑尉身份应受的永业田 60 亩完全空缺。据此可见,贵族品官受永业田规定的田亩份额并非由国家授予,而是由品官原有土地回受,如原有土地不足,无地可以回受,就只能空缺。

3.2 唐代贵族品官受永业田制的渊源

唐代贵族品官受永业田制,近继隋制,远承战国秦汉制度。兹自近及远分别论述如下:

3.2.1 隋制

《隋书》卷24《食货志》略云:

> [隋]高祖登庸,及颁新令,自诸王已下至于都督,皆给永业田各有差。多者至一百顷,少者至四十亩。

《通典》卷2《食货二·田制下》云:

> 隋文帝令:自诸王以下至于都督,皆给永业田各有差,多者至百顷,少者至三十顷。

《隋书》卷28《百官志》云:

> [隋]高祖又采后周之制,置上柱国、柱国、上大将军、大将军、上开府仪同三司、开府仪同三司、上仪同三司、仪同三司、大都督、帅都督、都督总十一等,以酬勤劳。

《唐六典》"吏部司勋郎中员外郎"条亦有相同的记载,并标出品级,从上柱国从一品到都督正七品。这11等相当于唐代的勋官等级,都督是最低一级。因此,《通典》所记都督受永业田30顷,恐误。《隋志》记载都督受永业田40亩,与唐勋官最低级武骑尉受永业田60亩相差不多,可能是实际情况。

根据上引史料和分析,《隋志》及《通典》所载虽简略,但已包括了贵族、流田一至九品官以及类似唐代勋官的受永业田。唐制与隋制大致相同,不过因官制的发展变化而略有不同。唐制源于隋制。

3.2.2 北齐制

史籍不载周贵族品官受永业田制,我推测是有的。《隋书》卷24《食货志》和《通典》都详载北齐的贵族品官受永业田制,两书的记载基本相同。《隋志》之文略云:

> 至河清三年定令:职事及百姓请垦田者,名为受田(《通典》作

·欧·亚·历·史·文·化·文·库·

名为永业田)。奴婢受田者亲王止三百人,嗣王止二百人,第二品
嗣王已下及庶姓王止一百五十人,正三品已上及王(《通典》作皇)
宗止一百人,七品已上限止八十人,八品已下(《通典》作已上)至
庶人限止六十人。奴婢限外不给田者皆不输。

我的着眼点是北齐制与唐制的源流关系,因此,凡是不涉及此点的北
齐官制等问题,皆不讨论。

"奴婢受田者亲王止三百人",意为:亲王受 300 奴婢能耕垦的永
业田。以下诸句文义皆同此。北齐均田制另一系统奴婢受田数为一奴
一婢为 140 亩(见《隋书》卷 24《食货志》及《通典》卷 2《食货二·田制
下》),则 300 奴婢受田为 21000 亩,即 210 顷,最低者为八品、九品官受
60 奴婢能耕垦的永业田,即 4200 亩,亦即 42 顷。从最高和最低的受
永业田顷亩数来看,北齐贵族品官受永业田的顷亩数远远超过唐代。

北齐制的性质与唐相同,一方面给予贵族品官多占有土地的特
权;另一方面,又规定限额,限制贵族品官超过限额占田。

贵族品官受永业田而以若干奴婢能耕垦者计,显示了奴婢在农业
生产上的重要作用,也显示了社会上奴婢很多。这些现象说明农业生
产劳动者的身份大为降低,也说明自西晋以后北部中国社会经济的倒
退、历史的倒退。直到隋朝,特别是到唐朝,农业生产劳动者的身份大
为提高,历史恢复了前进,社会经济不只是恢复了西晋时的水平,而且
远远超过了西晋时期。

史籍不载北魏的贵族品官受永业田制,我认为,这可能是失载。北
魏制应与北齐制近似。贵族品官以若干奴婢受田计其受永业田顷亩
数,在这一点上,北魏制与北齐制应是相同的,而北齐制则源于北魏。
当然,这只是我的推测。

3.2.3　西晋官品占田占佃客制

《晋书》卷 26《食货志》和《通典》卷 1《食货一·田制上》都记载了
西晋制。《通典》记载简略,兹引录《晋志》之文如下:

其官品第一至于第九,各以贵贱占田。品第一者占五十顷,第
二品四十五顷,第三品四十顷,第四品三十五顷,第五品三十顷,第

112

六品二十五顷,第七品二十顷,第八品十五顷,第九品十顷。而又得荫人以为衣食客及佃客。

其应有佃客者,官品第一第二者,佃客无过五十户,第三品十户,第四品七户,第五品五户,第六品三户,第七品二户,第八品第九品一户。

占田意为可以占有的田地,品第一者占田 50 顷,意为品第一者可以有 50 顷田,同时又不能超过 50 顷,既赋予特权,又加以限制。50 顷等等都是限额。唐贵族品官受永业品制的意义与此制完全相同。

荫人以为佃客,官品第一者第二者,佃客无过 50 户。这些佃客是限额内田上的劳动者。同样是既赋予特权,又加以限制。总括上述,西晋制是占田占佃客,又限田限佃客;北齐制是占田占奴婢,又限田限奴婢。唐只是占田又限田,因为租佃制的普遍化,贵族品官永业田上的劳动者主要是小自耕农身份的租佃者了。从西晋到唐,就贵族品官受永业田制的相同与差异,我们看到了历史进程的迂回曲折,倒退和前进。

3.2.4 西汉的限田限奴婢制

《前汉书》卷 2《哀帝纪》、卷 24 上《食货志》上和《通典》卷 1《食货一·田制上》皆载西汉末年的限田限奴婢制。《通典》系据《汉纪》、《汉志》,兹略移录《汉纪》之文如下:

绥和二年六月,诏曰:诸侯王列侯公主吏二千石及豪富民多畜奴婢,田宅亡限,与民争利,百姓失职,重困不足,其议限列。有司条奏:诸王列侯得名田国中,列侯在长安及公主名田县道,关内侯吏民名田皆无得过十顷。诸侯王奴婢二百人,列侯公主百人,关内侯吏民三十人。年六十以上十岁以下不在数中。贾人皆不得名田、为吏。犯者以律论。诸名田、畜、奴婢通品,皆没入县官。

这是一个并未实行的制度,但其性质和西晋官品占田占佃客制、北齐的贵族品官受永业田制以及唐贵族品官受永业田制是基本相同的。汉制的性质仍是两方面的,一是给予从诸侯王下至吏民(地主)特权,多占田多占奴婢,另一方面又限制其特权,因而有个限额。名田限额的记述似乎有脱漏,诸侯王列侯公主不可能与关内侯吏民一样名田

欧·亚·历·史·文·化·文·库·

"无过30顷"。占有奴婢是3个等级,名田也应是3个等级。诸侯王等所占有的奴婢应就是他们名田上的劳动者。西汉末年,奴婢仍是农业生产的主要劳动者之一。

根据以上全部史料和论述,我们看到,从西汉到唐代封建地主阶级政权是如何解决地主阶级内部占有土地这一重大问题的。其实,从西汉到唐解决这一重大问题的原则,早在战国末期已由商鞅提出:

> 明尊卑爵秩等级,各以差次名田宅臣妾。(《史记》卷68《商君列传》)

我们把商鞅在变法中,也就是在古代制度确立过程中提出的这一原则和上文论述的从西汉到唐贵族品官占田(或曰受田)制相比较,明显地看出它们的一致性:按等级差次占田。

以上我们分析了唐代贵族品官受永业田制的渊源。从唐代可一直上溯到战国末期,即中国古代中央集权社会初建的时期。这说明唐代均田制两大组成部分之一是千余年来在中央集权统一的国家内的产物。从商鞅变法开始,中央集权国家建立了这样的私田管理制度。

从商鞅变法到唐的千余年中,历代地主阶级统治者都基本上遵循商鞅的原则来解决地主阶级内部占有土地这一重大问题,同时也解决了地主阶级与农民阶级在占有土地上的关系问题。使地主(特别是地主阶级上层)既能多占有土地,但又不能无限制地占有;使农民,虽占有土地很少,但又可维持他们从事简单再生产、维持他们的生存。这是中央集权国家存在并富强的必要条件之一。

地主阶级国家的存在,首先要取得本阶级(特别是本阶级上层)在政治上的支持。为此,就要在经济上给予他们特权,使他们获得很多或比较多的财富,所以土地是古代社会的主要生产资料、主要财富。他们要占有很多或比较多的土地,这种道理是不说自明的。

按等级差次占田,意即不同等级的人可以占有不同数量的土地,不同数量就是不同限额。这既是给予特权去占有土地,又是限制其特权在一定的限额之内。

总结以上对唐制渊源的叙述,我们看到,唐代均田制两大组成部分之一,既贵族品官受永业田制源远流长,可溯源到西汉,可溯源到战国时期的商鞅变法,即中国中央集权社会开始形成确立的时期。据此,我们可以说,唐代贵族品官受永业田制是中国古代社会土地私有制长期发展的产物。

3.3　贵族品官受永业田制与
中央集权政治制度

3.3.1　贵族品官对古代国家的支柱作用和他们
在占有土地上的特权

　　中国古代社会开始后不久,就形成并建立了中央集权政治制度。秦汉以来,下讫于唐及其后,中国是一个中央集权的统一的国家。中央政府凭借中央集权制这一强有力的政治工具,统治着地域辽阔的、统一的多民族国家。这一中央集权国家在政治上的支柱是地主阶级,特别是地主阶级上层。从中央到地方的行政机构中的官吏,是从地主阶级(特别是地主阶级上层)中选拔出来的。以皇帝为核心的中央政府凭借着这一大批官吏统治着全国。这样,地主阶级就成为国家在政治上的支柱。中央集权制有效实行的主要表现是:以皇帝为核心的中央政府所制定的法令,贯彻实行到全国各个地方,执行中央法令的地方官吏要成为每个地区的名符其实的唯一统治者;中央政府的军队是全国的主要武装力量,无论这支武装力量驻扎在任何地方;全国的财赋都为中央政府所有,都按照中央政府的计划使用;全国的劳动人手主要为中央政府所掌握并使用。这些就是中央集权政治制度有效实行的重要表现。为了做到这一切,国家也必须得到地主阶级的支持。同时,这也是地主阶级成为国家政治支柱的表现。

　　由于地主阶级是中央集权国家的主要政治支柱,中央政权当然要给予地主阶级(特别是地主阶级上层)在经济上的种种特权。土地是主要生产资料,也是主要财富,中央政权当然要给与地主阶级(特别是地主阶级上层)在占有土地上的特权,即多占有土地。唐代的贵族品官受永业田制的实质的一个方面,就是地主阶级(特别是地主阶级上层)享有在占有土地上的特权的实现。唐制的渊源,即从商鞅变法中的各以等级差次田宅到此后各朝的官品限田制或官品占田制等等也都是如此。

3.3.2 为实现中央集权,国家对贵族品官私田的管理
——限田与括田

地主阶级(特别是地主阶级上层),在作为中央集权国家的政治支柱的同时,还存在着阻碍甚至破坏中央集权政治制度的贯彻实行,削弱甚至破坏国家的统一,削弱甚至破坏国家权力的可能性。占有土地的特权,占有土地过多,是使这种可能性成为现实的一个重要条件。因此,中央集权统一的国家就必须对地主阶级占有土地的特权加以限制,使其占有土地在一个限额内。这是唐代贵族品官受永业田制实质的另一个方面。唐制的渊源,商鞅提出的各以等级差次名田宅以及各朝的限田制、占田制等等也都是如此。

唐代贵族品官受永业田制实质的前一个方面是很容易理解的,毋庸赘述;但其实质的后一个方面,必须详论。这后一方面的实质,简言之,即限田。在给予地主阶级(特别是地主阶级上层)多占有土地特权的同时必须加以限制,使其不能过多占有。如过多占有,则势必危害中央集权国家的另一根支柱,即以小自耕农民为主体的农民阶级,从而削弱了国家。兹论述如下。

以小自耕农民为主体的农民阶级,在财政方面、军事方面和徭役方面,是中央集权国家的支柱(详见本书2.4节)。小自耕农生存并能从事简单再生产的基础,主要是一小块儿土地。作为一个阶级而言,它的存在并能适当富裕的基础是小土地所有制和小块土地上劳动者本身。地主阶级过多地占有土地,必然要破坏小土地所有制和小自耕农经济,并从国家手中夺走小块儿土地上的劳动者。

《资治通鉴》卷212"唐玄宗开元九年"条(《旧唐书》卷48《食货上》、《新唐书》卷51《食货志》、《旧唐书》卷105《宇文融传》、《新唐书》卷134《宇文融传》略同)略云:

监察御史宇文融上言,天下户口逃移,巧伪甚众,请加检括。

[二月]丁亥制:州县逃亡户口听百日自首,或于所在附籍,或牒归故乡,各从所欲。过期不首,即加检括,谪徙边州,公私敢容庇者抵罪。以宇文融充使,括逃移户口及籍外田,所获巧伪甚众。迁兵部员外郎兼侍御史,融奏置劝农判官十人,并摄御史,分行天下。其新附客户,免六年赋调。凡得户(按:《旧传》、《新志》皆作客户)八十余万,田亦称是。

此处"籍"指户籍,"籍外田"指按制度登记在户籍上应有田之外的田,或称羡田,或剩田。这80余万顷籍外田,其绝大多数顷亩应是官僚地主富户以各种手段从小自耕农户处侵夺来的土地。而这80余万户,则脱离了国家的控制,其中一部分成了官僚地主的庇荫户,为地主、官僚所役使。这条史料中没有说到地主兼并、地主庇荫等等,但实际情况一定是如此的。同样性质的"天宝十一载括田括户"的记述中说到这些。兹引录这一史料如下:

《册府元龟》卷495《邦计部·田制门》云:

天宝十一载十一月乙丑诏曰:周有均田之宜,汉存垦田之法,将欲明其经界,定其等威。食禄之家,人无胥怨,永言致理,何莫由兹。如闻王公百官及富豪之家,比置庄田,恣行吞并,莫惧章程。借荒者,皆有熟田,因之侵夺;置牧者,唯指山谷,不限多少。爰及口分永业,违法买卖。或改籍书,或云典帖。致令百姓无处安置,乃别停客户,使其佃食,既夺居人之业,实行浮情之端,远近皆然,因循已久,不有厘革,为弊虑深。其王公百官勋荫等家,应置庄田,不得逾于令式。仍更从宽典,务使弘通。其有同籍周期以上亲,俱有勋荫者,每人占地顷亩,任其累计。其荫外有余,如旧是无勋荫地合卖者,先用铁(钱)买得,不可官收。限敕到百日内,容其转卖。其先不合荫,又荫外请射,兼置荒及无马置牧地之内,并(不)从合荫者,并不在占限。官还主。其口分永业地,先合买卖,若有主来理者,其地虽经除附,不限载月近远,宜并却还。至于价值,准格并不合酬备。既缘先已用钱,审勘责,其有契验可凭,特宜官为

117

出钱,还其买人。其地若无主论理,不须收夺。庶使人皆摭实,地悉无遗。百姓知复于田畴,荫家不失其价值。此而或隐,罪必无容。又两京去城五百里内,不合置牧地,地内熟田,仍不得过五顷已上十顷已下。其有余者,仰官收。应缘括简,共给授田地等,并委郡县长官及本判官录事相知勾当。并特给复业,并无籍贯浮逃人,仍据丁口,量地好恶均平给授,便与编附,仍放当载租庸。如给未尽,明立簿帐,且官收租佃。不得辄给官人亲识工商富豪兼并之家。如有妄请受者,先决一顿,然后准法科罪,不在官当荫赎。有能纠告者,地入纠人。各令采访室按覆,具状闻奏。使司不纠察与郡县官司同罪。自今已后,更不得违法买卖口分永业田及诸(请)射兼借公私荒废地,无马妄请牧田,併(并)潜停客户,有官者私营农。如辄有违犯,无官者决杖四十。有官者录奏取处分。又郡县官人多有住所寄庄,言念贫穷,虑有侵损,先已定者,不可改移。自今已后,一切禁断。今所括地授田,务欲侵秭百姓,不得妨夺,致有劳损。客户人无使惊扰,缘酬地价值出官钱,支科之间,必资总统。仍令两京出纳使杨国忠充使都勾当条件处置。凡在士庶,宜悉朕心。

以上引录的是关于唐代均田制最重要的史料,故全文移录。其中错误颇多,但由于其他史籍均无记载,无从校勘。

这一诏令具体记述了王公百官及富豪之家如何不遵守贵族品官受永业田制的规定,侵夺了小自耕农户的土地,从而使自耕农民破产流亡,一部分农民沦为官僚地主的客户。因而重申贵族品官受永业田时必须遵守限额,"其王公百官勋荫等家,应置庄田,不得逾于令式"。与此同时,诏令还赋予贵族品官比过去更多占有土地的特权,而且要求这一新的规定必须被遵守。总之,又一次给予特权,又一次限田。把这一诏令与有关宇文融括田括户的记述合并分析,我们从正反两方面看到贵族品官受永业田制实质的第二个方面,即限田方面的重要意义。由于贵族品官富豪以各种手段(如"天宝十一载诏令"中所说的)侵夺小自耕农的土地,致使有80万户(其中绝大多数是小自耕农户)

失去他们的一小块儿土地并流亡他乡,致使有 80 万顷田地成为籍外田,即封建国家不能控制管理的大片土地。按《唐会要》卷 84"户口数"条云:

> 开元十四年,户部进计帐言今年管户七百六万九千五百五十六。

开元九年全国户数要少一些。80 万客户约为全国户数的 1/9 或 1/8。我们可以这样说,全国小自耕农户数减少了 1/9 ~ 1/8,国家的另一根支柱的力量大大削弱了。

这 80 多万顷籍外田,绝大多数应属于贵族官吏和地主,总之是属于地主阶级,特别是地主阶级上层。这样就大大加强了地主阶级中一些集团的力量,因而使地主阶级的一部分(特别是地主阶级上层)的一部分强有力者,从作为中央集权封建国家的支柱走向反面,削弱以至动摇中央集权的中央政府的统治,如中央政府的法令不能贯彻执行,它所派出的官吏在某些地方不能行使职权,甚至出现了地方割据。总之,如果只给予贵族官吏地主多占有土地的特权而不加以限制,则势必从上述两个方面来削弱甚至动摇中央集权国家的统治。据此,我们才可理解,在开元九年以后,在像张说这样有权有势(开元九年,张说为兵部尚书同中书门下三品,十一年又兼中书令)的元老重臣为首的一批上层官僚极力反对下(见《旧唐书》卷 97《张说传》,《新唐书》卷 125《张说传》),唐玄宗信任一个八品小官监察御史宇文融,付之以超过宰相的大权进行括田括户,据此,我们也才可理解,这次括田括户一直进行到开元末,而天宝十一载的括田括户,又是这次括田括户的继续。括田括户是关系大唐帝国命运的大事,一个有所作为的皇帝是不能不高度重视的。

杜佑在《通典》卷 1《食货一·田制上》卷首说:

> 夫春秋之义,诸侯不得专封,大夫不得专地,若使豪人占田过制,富等公侯,是专封地。买卖由已,是专地也。欲无流窜,不亦难乎。

杜佑虽然是泛论,但他的议论也适用于唐代,贵族品官地主占田逾制,则等于专地专封的诸侯,等于地方独立或半独立的割据势力,这当然要削弱以至动摇中央集权的中央政府的统治,削弱以至破坏中央集权的国家。

4　百亩之田——应受田已受田制

均田制第二部分的内容主要涉及以小自耕农为主体的农民阶级，但也涉及地主阶级，包括贵族品官和一般地主。享有多占有土地特权（按照贵族品官受永业田制）的贵族品官，是否还应受百亩之田或其中的 80 亩口分田呢？我们试分析以下史料。

《唐天宝六载（747）敦煌郡敦煌县龙勒乡都乡里籍》（伯 2592、3354 号，罗振玉藏及斯 3907 号等文书缀合），文书甚长，兹移其中两户户籍如下：

[131]　　户主程大忠载伍拾壹岁　　　　上柱国开元十七载十月二
日授甲头卢思元 曾通　祖子　父义　下中户 空　不课户

[132]　　　妻张　　载伍拾叁岁　职资妻空

[133]　　　妻宋　　载贰拾贰岁　职资妻天宝四载帐后漏　附空

[134]　　　男思　璟载壹拾陆岁　小男 转前籍载廿天宝五载帐后宛
减就实空

[135]　　　男思　谏载　伍　岁　小男天宝三载籍后死空

[136]　　　男思　让载　贰　岁　黄男天宝五载帐后附空

[137]　　　女仙　仙载贰　拾岁　中女空

[138]　　　女仙　仙载壹拾陆岁　中女空

[139]　　　女妙　音载壹拾叁岁　小女空

[140]　　　女妙　音载壹拾贰岁　小女空

　　　…敦煌郡…敦煌县…龙勒乡…都乡里…天宝六载籍…

[141]　　　女娘　娘载　捌岁　　小女空

[142]　　　妹王　王载壹拾柒岁　小女空

[143]　　　妹寄　生载壹拾陆岁　小女空

[144]　　　　合应受田叁拾壹顷肆亩　　捌拾贰亩已受　廿亩永业

·欧·亚·历·史·文·化·文·库·

六十一亩口分　一亩居住园宅　卅顷廿二亩未受

[158]　户主程　大　庆载肆拾柒岁　武骑尉 开元十八载闰六月

廿日　授甲头李郎子　曾通　祖子　父义　下中户　空　不课户

[159]　妻　画　载肆拾伍岁　职资妻空

[160]　妻　卑　载叁拾陆岁　职资妻空

[161]　男与盛　载壹拾贰岁　小男　天宝五载帐后死空

[162]　男兴俊　载叁岁　黄男　天宝四载帐后附空

[163]　男奉进　载贰岁　黄男　天宝五载帐后附空

[164]　女光无　载壹拾岁　小女空

[165]　妹真真　载三拾岁　中女空

[166]　女妹堡主载贰拾贰岁　中女空

[167]　合应受田壹顷陆拾叁亩　陆拾捌亩已受　廿亩永业　卅七

亩口分　一亩居住园宅　九十五亩未受

《唐大历四年(769)沙州敦煌县悬泉乡宜禾里手实》(斯 514 号)文书甚长,兹移录一户户籍如下:

户主赵大本年柒拾壹岁　老男　下下户　课户见输

…………

…………

男明鹤年叁拾陆岁　会州黄石府别将……

男思祚年贰拾柒岁　白丁

男明奉年贰拾陆岁　白丁……

合应受田肆顷伍拾叁亩　玖拾亩已受　八十九亩永业　一亩居住园宅

三顷六十三亩未受

按程大忠户只程大忠一人丁男。此户应受田 31 顷 4 亩。程大忠身为上柱国,按唐贵族品官受永业田制,应有地 30 顷,另外 1 顷,应为程大忠以丁男身份,据百亩之田永业口分田制应得之地,此户 13 口,应有 4 亩园宅地。据此,程大忠虽按贵族品官受永业田制已应得地 30 顷,但仍按百亩之田永业口分田制得其丁男应受田百亩。上柱国为比二品勋官。依据上述分析,百亩之田永业口分田制也涉及品官。

程大庆户的情况与程大忠基本相同。程大庆身为勋官武骑尉,按贵族品官受永业田制应得地 60 亩,程大庆以丁男身份应受田百亩,此户 9 口,应有园宅地 3 亩,故此户应受田总为 1 顷 63 亩。据此,程大庆虽据贵族品官受永业田制已应有地 60 亩,但仍按百亩之田永业口分田制应受田百亩。武骑尉为比从七品勋官,则百亩之田永业口分田制也涉及品官。

赵大本户的情况如下:赵大本老男当户,应受永业田 20 亩,口分田 30 亩。赵大本子明鹤、思祚、明奉 3 个丁男,应受田 300 亩,60 亩永业,240 亩口分。户内 7 口,应受园宅地 3 亩。此户应受田总数为 4 顷 53 亩,除去以上按百亩之田永业口分田制应得的 3 顷 53 亩外,尚有应得地一顷。我认为这一顷地,就是赵明鹤以黄石府别将职事官身份,按贵族品官受永业田制应得之地。按《通典》卷 40《职官二十二》所载"唐开元二十五年官品令",上府别将正七品下,中府别将从七品上,下府别将从七品下,黄石府无论是上府或中府或下府,其别将皆七品,按本章第一节所引《新唐书·食货志》载贵族品官受永业田制,职事官六品、七品受永业田 2 顷 50 亩,则赵明鹤应得地 2 顷 50 亩,户籍所载与制不合,不知二者孰误。又按《唐天宝六载敦煌郡敦煌县龙勒乡都乡里籍》中的曹思礼,身为从九品下的队副,是否按贵族品官受永业田制应得地?不能肯定,即或是应得永业田,也与《新唐志》所载制度不符合。

总括以上 3 户户籍的分析和其他史料,可得结论如下:勋官,既按贵族品官受永业田制应得地,也按百亩之田永业口分田制应得地,职事官(别将队副是卫官,也是职事官)也大致如此,但存在上述一些疑问。我认为疑问不在百亩之田应受田已受田制方面,而在贵族品官受永业田制方面。因此,我们推测,百亩之田应受田已受田制不只涉及以小自耕农为主体的农民阶级,也涉及包括贵族品官的地主阶级。这是我们详细研究百亩之田永业口分田制时,不能不理解的。

·欧·亚·历·史·文·化·文·库·

4.1 三次田令中的百亩之田
——应受田已受田制

"武德七年田令"、"开元七年田令"、"开元二十五年田令"都记载了百亩之田应受田已受田制。《旧唐书·食货志》和《唐会要》所记载的唐田令是武德七年的,《唐六典》所记载的田令是开元七年的,《通典·食货典》所记载的《田令》是开元二十五年的。《新唐书·食货志》所记载的《田令》是哪一年的?《新唐书·食货志》记事多不注意时间性,又加上著者强调文省事增,致使文义不明,因此,有些研究者对《新唐书·食货志》的史料的可信性多所怀疑,低估了《新唐书》的史料价值。《新唐书·食货志》和其他部分诚然有不少缺点错误,但《新唐书》的记述,有些史料是其他书所没有的,《新唐书》的有些纪事和论述是其他书所不及的。有些研究者,在论述唐田制时,宁愿使用成书较晚的《文献通考》,而置《新唐书·食货志》正确记载于不顾,这未免失之于偏。今取《唐六典》、《唐律疏议》、《唐会要》、《通典》、《两唐书》、《册府元龟》有关唐田令的记载互校,并以敦煌吐鲁番文书参证,希望能看到符合原来形式的唐武德七年、开元七年、开元二十五年 3 次《田令》中的百亩之田应受田已受田制。

《旧唐书》卷 48《食货》上云:

> 武德七年,始定律令,以度田之制,五尺为步,步二百四十为亩,亩百为顷。(《唐六典》卷 3"户部郎中员外郎条"、《通典》卷 2《食货二·田制下》"大唐"条、《新唐书》卷 51《食货志》同、唯《通典》作"田广一步"、《新唐志》作"其阔一步")

按亩为田地的面积单位,步 240 为亩,乃 240 平方步为一亩的简便说法。这一度田法也见于敦煌文书。兹引录唐《算经》(伯 3349 号)数行于下:

[1]　均田法第一:

[2]　今有方田卅九步,问为田几何? 损

[3] 千四百一步,以亩法二百卌步除之,即得。损

[4] 廿二步,中央六十三步,北头一十四步,并之得。损

[5] 一百卌步,得四千六百廿,以二百卌步除之,得。损

《算经》反映了当时的实际情况,它证明《田令》的这一记载是符合实际的。

明确了度田之制,以下依次考辨论证 3 次《田令》中的百亩之田应受田已受田制。

4.1.1 "武德七年田令"中的百亩之田——应受田已受田制

《旧唐书》卷 48《食货志》略云:

> 武德七年始定律令:丁男中男给一顷。笃疾废疾给四十亩,寡妻妾三十亩,若为户者加二十亩。所授之田,十分之二为世业,八为口分。世业之田,身死则承户者便授之,口分则收入官,更以给人。

《唐会要》卷 83《租税》上略云:

> 武德七年三月二十九日,始定均田赋税。凡天下丁男,给田一顷。笃疾废疾,给四十亩,寡妻妾,三十亩,若为户者加二十亩。所授之田,十分之二为世业,余以为口分。世业之田,身死则承户者授之;口分则收入官,更以给人。

《旧唐志》和《唐会要》所记者均为"武德七年田令",即同一条《田令》,这条《田令》分为两部分:自开始至"八为口分"(或"余以为口分")为第一部分,自"世业之田"至"更以给人"为第二部分。第二部分,两书所记者基本相同,都不存在问题,唯《唐会要》"身死则承户者授之",文义不全,应据《旧唐志》,在"授令"前加"便"字。

两《唐书》所记第一部分有下列问题:

(1)《旧唐志》:"丁男中男给一顷","给"下脱"田"字,应据《唐会要》补。

(2)《唐会要》:"丁男"下脱"中男",应据《旧唐志》补。

(3)《旧唐志》:"所授之田,十分之二为世业,八为口分"(《唐会要》同,唯"八为口分"作"余以为口分")。

125

为了正确理解"武德七年田令"的这一部分,应同时分析《文献通考》及《新唐书·食货志》所载"武德七年田令"。

《文献通考》卷2《田赋二》"历代田赋之制"云:

> 武德七年,始定均田赋税:凡天下丁男十八以上者给田一顷,笃疾废疾给田四十亩,寡妻妾三十亩,若为户者加二十亩,皆以二十亩为永业,其余为口分。

《新唐书》卷51《食货志》云:

> 授田之制,丁及男年十八以上者人一顷,其八十亩为口分,二十亩为永业。老及笃疾废疾者人四十亩,寡妻妾三十亩,当户者增二十亩,皆以二十亩为永业,其余为口分。

我们首先要分析上引两条史料的来源,从文字形式上看,这两条史料最可能转录自《唐会要》而又有所改变,《文献通考》云"凡天下丁男十八以上者给田一顷",文义难通。因唐代丁中制,武德年间年21岁为丁男,我推测,"丁男"之下脱"及中男"3字,田令原文应是"凡天下丁男及中男十八以上者(按:即18岁、19岁、20岁的中男)给田一顷"。最末一句话:笃疾废疾寡妻妾当户者,加给二十亩,"皆以二十亩为永业,其余为口分"。无论文字形成及内容,与《唐会要》不同,与《旧唐志》也不同。是否这两句转录自《唐六典》所记载的"开元七年田令"呢?无论从文字形式或从内容上看,都不是(《唐六典》载"开元七年田令",见下文)。是否这一句转录自《通典》所载"开元二十五年田令"呢?从内容上看,《通考》与《通典》大致相同,也不完全相同。从文字形式上看(《通典》载"开元二十五年田令",见下文),二者完全不同。而且马端临在这段史料开端时,明确标出武德七年,不可能以"开元二十五年田令"之语为同一段文字之末尾,岂能在时间上如此混乱。总之,《文献通考》这一句不可能转录自《唐六典》或《通典》。根据上述分析,《文献通考》这一句仍转录自《唐会要》,不过与流传到现在的《唐会要》不同。

《新唐志》所载的田令未标年代,但除了末一句与现在流传的《唐会要》、《旧唐书·食货志》不同外,其余部分的内容与上述二书大致相同,记述也比较准确。如与《文献通考》比较,文字形式与内容都大致相同,但《新唐志》无错误,我怀疑,《新唐志》所载《田令》与《文献通考》所载者同出一源。就内容来讲,《新唐志》所载者也是"武德七年田令",但文字形式与《田令》原文有不同。这是欧阳修修史的常用方法。

对《文献通考》及《新唐志》所载"武德七年田令"的分析如此,我们可以回转到《旧唐志》及《唐会要》所载"武德七年田令"的(丙)部分,即"所授之田,十分之二为世业,八为口分(或余以为口为)"我认为《旧唐志》、《唐会要》这一部分不是《田令》原文,而是抄写者或传刻者对《田令》原文概括简略,因而致误。"十分之二为世业,八为口分(或余以为口分)"是只对丁男及中男受田百亩而说的,抄写者或传刻者却把当户的笃疾废疾寡妻妾受田与丁男中男受田概括混杂到一起了。对丁男中男受田百亩而言,十分之二为世业,十分之八为口分,这是对的,但对当户的笃疾废疾寡妻妾应受田而言,却不对了。唐代前期的均田制,无论何种身份的人当户,其应受田中都是 20 亩为永业,其余为口分,而不可能如上引《唐会要》、《旧唐志》所说的笃疾废疾当户应受永业田 42 亩(60 亩的 2/10)以及寡妇妻妾当户应受永业 40 亩(50 亩的 2/10),这是不可能的,是错误的。其实,田令中所说的"若为户者加二十亩",所加者为永业田。这些不同身份的人不当户时的应受田只是口分田。《新唐志》及《文献通考》这一部分也是对《田令》原文的概括和简略,不过是概括简略对了,因而无误。特别是《新唐志》,把丁及中男应受田中永业口分与其他身份的人当户时应受田中永业口分分别记述,因而更明确。欧阳修可能有意如此,读史者不可不知。

其次,以上引录的《旧唐志》、《唐会要》、《新唐志》、《文献通考》所载"武德七年田令",只《新唐志》所载者有老男给田,其他三书都无记载。是否是《田令》原文本无老男给田,而为欧阳修据"开元七年田令"或"开元二十五年田令"所增补的呢?我认为,不能简单地肯定《田令》原文无此记载,而为欧阳修所增补。按《隋书》卷 24《食货志》(《通典》卷 2《食货二·田制下》略同)云:

时(开皇十二年)天下户口岁增,京辅及三河地少而人众,衣食不给,议者咸欲徙就宽乡。其年冬,帝命诸州考使议之,又令尚书省以其事策问四方贡士,竟无长算。帝乃发使四出,均天下之田,其狭乡每丁才至二十亩,老小又少焉。

据此,隋制,老男小男是给田的。唐"武德七年田令"承袭隋田制而有所改变,是否是把隋开皇田制中老男小男给田这一内容删除了呢? 如果是武德七年删除了老男小男给田制,为什么到"开元七年田令"和"开元二十五年田令"中又增加了这一内容呢?("开元七年田令"中无小男受田,我认为可能是脱漏)这是很难解释的。我认为,唐"武德七年田令"承袭隋制,老男小男给田,"开元七年田令"和"开元二十五年田令"承袭"武德七年令",老男小男都给田。

总括以上全部史料及论述,我认为唐"武德七年田令"的第一部分应包括下列内容:

(1)丁男及中男年18以上者,应受田100亩,其中20亩为世业田,80亩为口分田。

(2)老男、笃疾、废疾应受口分田40亩,若当户,加永业田20亩。或:老男、笃疾、废疾应受口分田40亩,若当户,则减丁之半给田。其中20亩为世业,30亩为口分。

(3)寡妻妾应受口分田30亩,若当户,加20亩。其中20亩为世业,30亩为口分。

(4)小男当户,应受田50亩,其中20亩为世业,30亩为口分。

(5)以上各种人应受的口分田,如在狭乡则减半。

关于小男当户这一推测的根据有3点:

(1)《隋志》载隋田制规定小男给田,但未明确给田的形式;

(2)据《唐开元四年沙州敦煌县慈惠乡籍》(伯3877号),未当户的小男无应受田,兹移录文书中一户户籍如下:

户主杨法子年叁拾玖岁 卫士下中户课户见 不输

妻 阴 年叁拾陆岁 卫士妻

男 乾昱年捌岁 小男

女娘子年壹拾贰岁 小女

128

　　　　　　廿亩永业

　　　　　叁拾玖亩已受一十九亩口分

　　　□（合）应受田壹顷壹亩

　　　　　　六十二亩未受

此户有受田身份者只杨法子1人，丁男应受田1顷，另一亩应是园宅
地。可见小男并无应受田。但据《唐开元四年西州柳中县高宁乡籍》
（见池田温著《中国古代籍帐研究》），小男当户者有应受田，兹移录该
文书载一户户籍如下：

　　　户主王孝顺年拾壹岁　小男代父贯　下下户　不课户

　　　父盲秃年叁拾陆岁　卫士开元贰年帐后死

　　　母苏年叁拾陆岁　丁寡

　　　弟思忠年肆岁　小男开元贰年帐后括附　肆亩永业　肆亩
　　肆拾步　已受

　　　应受田伍拾壹亩　肆拾步居住园宅　肆拾陆亩贰伯步未受

此户有应受田身份者二，小男王孝顺当户应受永业田20亩，口分田15
亩（西州柳中县系狭乡，下同）。母苏丁寡应受口分田十五亩，一亩园
宅地，共应受田51亩。此户另一小男不当户，则不受田。

　　（3）《通典》卷2《食货二·田制下》"唐开元二十五年田令"中有
"小男当户者给永业田二十亩，口分田二（三）十亩"之语。

　　最后还应说到中女当户应受田问题。按《天宝六载敦煌郡敦煌县
龙勒乡里籍》（伯2592、3354号，罗振玉藏及斯3907号缀合），兹移录其
中一户户籍如下：

　　　户主令狐仙尚载叁拾叁岁　中女下下户空　不课户

　　　妹妙妃　载贰拾捌岁　中女空

　　　合应受田伍拾壹亩捌亩已受　七亩永业　一亩居住园宅　卅三亩未受

据此可知中女当户应受田50亩，20亩为永业，30亩为口分。

　　《唐大历四年沙州敦煌县悬泉乡宜禾里手实》（斯514号），兹移录
其中一户户籍如下：

　　　户主张可曾年贰拾肆岁　中女代兄承户　下下户　不课户

兄妹妹年壹拾伍岁　　小男_{乾元三年籍后死}

母令狐年伍拾伍岁　　寡

弟履华年壹拾肆岁　　小男_{乾元三年籍后死}

合应受田捌拾壹亩_{肆拾陆亩已受　廿亩永业　廿五亩口分　一亩居住园宅}

卅五亩未受

此户有应受田身份者两人,一为当户中女张可曾,应受田50亩,一为寡母令狐应受田30亩,加一亩园宅地,共应受田81亩。在已受田中有20亩永业田,当属于当户中女的受田。可见当户中女应受田50亩中,20亩为永业田,30亩为口分田。

根据以上两例,唐代前期均田制一个内容为:中女当户有应受田50亩,与寡妻妾当户相同。以上两例也可证明我在上文所说的:各种身份的人,如当户,则应受田中有20亩永业田。我推测,"唐武德七年田令"中也应有中女当户应受田这一规定,不过现存的"武德七年田令"残缺,这一规定已缺失了。

由于小男、中女当户者有应受田,我考虑到中男年18岁以下者,如当户,也应有应受田。"武德七年田令"及"开元七年田令"虽均无此规定,但可能是脱漏。既然比中男年小的小男当户可有应受田,为什么中男当户不能有应受田呢?这在情理上是讲不通的。现有的唐敦煌籍和吐鲁番籍虽无18岁以下中男当户的记载,这是由于这些是残存户籍,为数不多,不能以此来判断唐户籍中有无中男当户的记载。"开元二十五年田令"似乎有中男当户有应受田的规定。此点当于下文详论。

现存"武德七年田令"无道士女官僧尼受田的规定,恐也是抄写传刻脱落。日本学者仁井田陞在《唐末五代的敦煌寺院佃户关系文书》[1]的注文中曾指出《古今佛道论衡》载有道士受田《田令》一事。今检道宣书有关此事的全文,我推测道宣书中的田令即"武德七年田令"中有关道士受田的规定。兹先引录《田令》,并附录道宣的记载:

道士通三皇经者给地三十亩。

---

〔1〕仁井田陞《唐末五代的敦煌寺院佃户关系文书》,载西域文化研究会编《西域文化研究》,第2册,京都:法藏馆1959年版。

其道士《通道德》经者给地三十亩（贞观二十二年）。

道宣《集古今佛道论衡》卷丙《大正大藏史传部》云：

> 贞观二十二年十月，有吉州上表云："有事天尊者行三皇斋法，依检其经，乃云：欲为天子，欲为皇后者，可读此经。据此言及国家。检《田令》云：道士通三皇经者，给地三十亩。"检《公式令》，诸有令式不便者，奏闻。此三皇经文言有异，具录以闻。

> 有敕令百官议定，依追道士张惠元，问有此言否？惠元答云："此处三皇经并无此言，不知远州何因有此。然为之一字，声有平去，若平声读之，此乃为国，于理无妨。臣等以为惠元所说，不乖劝善。然此经中天文大字、符图等，不入篆籀，请除，余者请留。

> 吏部杨纂等议云："依识三皇经，今与老子《道德经》义类不同，并不可留，以惑于后。"敕旨："其三皇经并收焚之。其道士通《道德经》者，给地三十亩。仍著令。"

道士给田30亩，与"开元七年田令"（见下文）同，我推测女官、僧、尼给田，亦应与"开元七年田令"同。

贞观二十二年吉州上表所说的"检《田令》云"当系"武德七年田令"。三皇经销毁后，田令中的"三皇经"代之以《道德经》，乃贞观二十二年十月之事。

其次，《金石萃编》卷74《少林寺赐田敕》云：

> 少林寺今得牒称，上件地往因寺庄翻城归国，有大殊勋，据格，合得良田一百顷。去武德八年二月，蒙敕赐前件地为常住僧田，供养僧众，计勋仍少六十顷。至九年，为都维那故惠义不闲敕意、妄注赐地为口分田。僧寺比来知此非理，每欲谙改，今既有敕，普令改正，请依籍次附为赐田者。……
>
> 贞观六年六月二十九日

武德九年，僧惠义注赐地为口分田，可见当时僧人有受口分田的规定。此规定当在"武德七年田令"中。

关于杂户受田，现存"武德七年田令"中也无此规定，但《唐律疏议》卷3《名例律》"免所居官"条疏议曰：

杂户者,谓前代以来,配隶诸司职掌,课役不同百姓,依《令》:
"老免、进丁、受田,依百姓例",各于本司上下。

据此,杂户受田同百姓,此处"依《令》"可能是指"武德七年田令"。

"武德七年田令"也应有给园宅地的规定,现存令文中无,恐都是后代抄写传刻时脱落了。

4.1.2 "开元七年田令"中百亩之田——应受田已受田制

《唐六典》卷3"户部郎中员外郎"条云:

凡给田之制有差,丁男中男以一顷。

中男年十八已上者,亦依丁男给。

老男笃疾废疾以四十亩,寡妻妾以三十亩,若为户者则减丁之半。凡田分为二等,一曰永业,一曰口分。丁之田,二为永业,八为口分。凡道士给田三十亩,女官二十亩,僧尼亦如之。凡官户受田减百姓口分之半。凡天下百姓给园宅地者,良口三人已上给一亩,三口加一亩;贱口五人给一亩,五口加一亩。其口分永业不与焉。

若京城及州县郭下园宅,不在此例。

凡给口分,皆从便近。居城之人,本县无田者,则隔县给授。凡应收授之田,皆起十月,毕十二月。凡授田,先课后不课,先贫后富,先无后少。凡州县界内所部受田悉足者为宽乡,不足者为狭乡。(《旧唐书》卷43《职官志》"户部郎中员外郎"条亦略载"开元七年田令",可能转录自《唐六典》,唯"隔县给受"作"隔县给授","先无后少"作"先多后少"。)

上引史料,首先需要讨论的是老男笃疾废疾寡妻妾的给田问题。令文虽然说这几种人当户,"则减丁之半"给田,即给田50亩。可以理解为20亩为永业田,30亩为口分田,但文义不够明确。田令具有法的性质,不应文议不明确,我怀疑令文不完全,有脱落。今以敦煌文书验证之。

《唐开元十年沙州敦煌县悬泉乡籍》(伯3898、3877号),兹移录两户户籍如下:

户主赵玄义年陆拾玖岁　老男<small>下中</small>户不课户

妻王　　年陆拾叁岁　老男妻

男元祚　年叁岁　黄男<small>开元九年帐后附</small>

女妙介　年叁拾伍岁　中女

女阿屯　年叁拾壹岁　中女

女花儿　年叁岁　黄女<small>开元九年帐后附</small>

十一亩永业

壹拾亩已受

　合应受田伍拾贰亩

卅

卅一"一"亩未受

此户老男当户应受田 50 亩,即减丁之半。良口 6,应受园宅地 2 亩,都和田令符合。但此当户老男只有 11 亩永业田,因为已受田只有 11 亩,这并不是与《田令》不符合,这是已受田的性质问题,也可以说是百亩之田应受田已受田的性质问题,当于下文详论。

　□(户)主氾尚元年伍拾捌岁　寡<small>下下</small>户不课户

十四亩永业

壹拾伍亩已受

[合] 应受田伍拾壹亩　　　一亩居住园宅

卅六亩未受

此户寡妻当户,应受田 50 亩,即减丁之半。良口 1,应受园宅地 1 亩,都和田令符合。至于氾尚元只有永业田 44 亩,解释同前。

　　据以上老男寡妻妾应受田的情况,可以推知笃疾废疾的应受田,也应与《田令》符合。

　　"开元七年田令"规定,几种特殊身份人当户减丁之半给田,"武德七年田令"无此规定,则老男笃疾废疾当户者,应受田 60 亩,其中永业田 20 亩,口分田 40 亩,比"武德七年田令"所规定者多口分 40 亩,这是这两次田令不同点之一。

　　"开元七年田令"中无中男(18 岁以下者)、小男及中女当户应受

133

田的规定。我推测,《田令》原文应有,由于抄写及传刻的脱略,致使令文不完全。

最后,我们应研究"开元七年田令"中官户给田问题。

关于官户,《唐律》及律疏中多处记载,抄录如下:

《唐律疏议》卷 3《名例律》"免所居官"条律疏略云:

> 官户者,亦谓前代以来,配隶相生,或有今朝配没,州县无贯,唯属本司。

同书卷 6《名例律》"官户部曲官私奴婢有犯条律疏"略云:

> 官户隶属司农,州县元无户贯。

同书卷 12 云:

> 户婚配隶没官,唯属诸司,州县无贯。

据上引 3 条律疏,官户隶属司农或属诸司供驱使,在州县无贯,怎能减百姓口分之半受田呢?但按《唐六典》卷 6"都官郎中员外郎"条云:

> 官户皆在本司分番,每年十月,都官按比,男年十三已上,在外州者,二十五已上容貌端正送大乐,十六已上,遂鼓吹及少府教习,有工能官奴婢,亦准此,业成,准官户例,分番。

> 官户长上者,准此,其粮,丁口日给二升,中口一升五合,小口六合。诸[官]户留长上者,丁口日给三升五合,中男给三升——本作二升。

《唐六典》卷 3"仓部郎中员外郎"条略云:

> 诸官奴婢,皆给公粮,其官户上番充役者亦如之。

据此,官户有在诸州官府分番服役者,不上番时,可以耕植,以其身份低,减百姓口分之半受田是可能的。又据上引《唐六典》"仓部郎中员外郎"条,官奴婢给公粮,官户上番充役才给公粮,不上番充役时不给公粮,则他们的食粮要自给。减百姓口分之半给田,使他们得以糊口,也是必要的。

4.1.3 "开元二十五年田令"中的百亩之田——应受田已受田制

《通典》卷 2《食货二·田制下》(《册府元龟》卷 495《邦计部·田制门》同)略云:

大唐开元二十五年令:丁男给永业田二十亩,口分田八十亩,其中男年十八以上亦依丁男给。老男、笃疾、废疾各给口分四十亩,寡妻妾各给口分田三十亩,先永业者通充口分之数。黄、小、中、丁男子及老男笃疾废疾寡妻妾当户者各给永业田二十亩、口分田二(三)十亩。应给宽乡并依所定数,若狭乡所受者减宽乡口分之半。其给口分田者,易田则倍给宽乡三易以上者,仍依乡法易给。

其州县界内所部受田悉足者为宽乡,不足者为狭乡。诸狭乡田不足者,听于宽乡遥受。应给园宅地者,良口三口以下给一亩,每三口加一亩,贱口五口给一亩,为五口加一亩,并不入永业口分之限。其享城及州县郭下园宅,不在此例。

诸以上商为业者,永业口分田各减半给之,在狭乡并不给。

诸因王事没落外藩(蕃)不还,有亲属同居,其身分之地,六年乃追。身还之日,随便先给,即身死王事者,其子孙虽未成丁,身分地勿追。其因战伤及笃疾废疾者亦不追减,听终其身也。

诸给口分田务从便近,不得隔越。若因州县改易,隶地入他境及犬牙相接者,听依旧受。其城居之人,本到无田者,听隔县受。

关于上引"开元二十五年田令"中的百亩之田应受田已受田制,研究下列3个问题:

(1)以敦煌文书吐鲁番文书检验老男笃疾废疾各给口分田40亩,寡妻妾各给口分田30亩。

《天宝六载敦煌郡敦煌县龙勒乡都乡里籍》(伯2592、3354号,罗振玉藏件,斯3907号等4件文书缀合),兹移录一户户籍如下:

户主刘智新载贰拾玖岁　白丁下下户空课户见输

祖母王　载陆拾玖岁　老寡空

母　索　载肆拾玖岁　寡空

妻　王　载贰拾壹岁　丁妻天宝三载籍后漏附空

弟知古　载壹拾柒岁　小男空

妹仙云　载贰拾玖岁　中女空

妹王王　　载柒岁　　小女_空

合应受田壹顷陆拾叁亩_{陆拾捌亩已受　廿亩永业　卅七亩口分　一亩居住}
园宅　九十五亩未受

此户应受田者 3 人，户主刘智新，白丁，应受田百亩，20 亩永业，80 亩口
分；刘智新的祖母王，老寡，应受口分田 30 亩；其母索，寡妻，应受口分
田 30 亩；户内 7 口人，应受园宅地 3 亩，共合应受田 1 顷 63 亩，户籍与
《田令》符合。"天宝六载籍"受田部分的根据应是"开元二十五年田
令"。据此，《田令》不误。寡妻应受田如此，寡妾应受田当然也是如
此。现存敦煌籍吐鲁番籍没有老男（不当户）、笃疾、废疾应受田的记
载，由于寡妻妾应受田，《田令》与户籍符合，我推测，老男（不当户）、笃
疾、废疾应受田，《田令》与户籍亦应符合，《田令》不误。

（2）"黄、小、中、丁男子及老男、笃疾、废疾、寡妻妾当户者各给永
业田二十亩，口分田二（三）十亩"，校释这一句可分为前后两部分，后
一部分记载老男、笃疾、废疾、寡妻妾 5 种特殊身份人当户者应受田，可
以敦煌文书检验之。

《唐天宝三载敦煌郡敦煌县神沙乡弘远里籍》（伯 2717 号），兹移
录一户户籍如下：

户主张奴奴载陆拾叁岁　老男_{下下户空不课户}

母宋　载捌拾叁岁　老寡_空

妻解　载陆拾　岁　老男妻_空

女妃尚　载叁拾玖岁　中女_空

合应受田捌拾贰亩_{贰拾贰亩已受　廿亩永业　二亩居住园宅　六十亩}
未受

此户有应受田身份两人，即当户老男张奴奴及其寡母宋，老寡应受口
分田 30 亩，户内 4 口，应受园宅地 2 亩，余 50 亩是当户老男张奴奴应
受者，即 20 亩永业，30 亩口分。据此，此敦煌文书不仅证明了"开元二
十五年田令"的规定，还改正了它的错误，即"口分田二十亩"的"二"字
应改为"三"。笃疾、废疾者的受田身份与老男同，这一检验也适用于
笃疾、废疾者当户受田。

《大历四年沙州敦煌县悬泉乡宜禾里手实》（斯514号），兹移录一户户籍如下：

　　　　户主宋二娘年柒拾贰岁　寡代婿承户　下下户不课户

　　　　婿索嗣艺年陆拾壹岁　老男翊卫乾元三年籍后死

　　　　男索秀章年贰拾柒岁　白丁大历三年帐后死

　　　　合应受田伍拾壹亩并未受

这一户只有当户寡宋二娘1人受田，除1亩园宅地外，余50亩就是她的应受田，应为20亩永业，30亩口分。寡妻如此，寡妾也应如此。户籍证明了"开元二十五年田令"的规定。在开元二十五年以后至大历四年间，没有大规模修令，"大历四年手实"给田部分的依据，只能是"开元二十五年田令"。

　　此句前一部分："黄、小、中、丁、男子"，"丁、男子"，或讹误，或衍文。"丁"可与"男"连读，即"丁男"，丁男不论当户与否，皆应受田百亩，不应与"黄、小、中"等连在一起记述。如"丁"字不与"男"字连读，而与"子"字连读，则成为"丁、男子"亦无义，这3个字应如何改正无从确定，也可能是衍文。兹先以敦煌文书验证"黄、小、中"当户。

　　《唐天宝六载敦煌郡敦煌县龙勒乡都乡里籍》（卷子号码见前），兹移录一户户籍如下：

　　　　户主徐庭芝载壹拾柒岁　小男天宝五载帐后漏附　代姊承户　下下户空　不课户

　　　　姊仙仙载贰拾柒岁　中女空

　　　　婆刘　载捌拾伍岁　老寡空

　　　　母马　载肆拾捌岁　寡空

　　　　姑罗束载肆拾柒岁　中女空

　　　　姑锦束载肆拾柒岁　中女空

　　　　合应受田壹顷壹拾贰亩叁拾亩已受　廿亩永业　一十亩口分　八十二亩未受

《唐大历四年沙州敦煌县悬泉乡宜禾里手实》（斯514号），兹移录一户户籍如下：

137

　　户主令狐朝俊年贰拾岁　中男大历三年帐后逃还附　代父承户　下下户　不课户

　　　父嗣宗　年伍拾玖岁老男废疾乾元三年籍后死

　　　母任　　年捌拾壹岁寡

　　　姊仙妃　年贰拾陆岁　中女乾元三年籍后死

　　　姊妙妃　年贰拾　岁　中女乾元三年籍后死

　　　姊罗罗　年壹拾陆岁　小女乾元三年籍后死

　　　妹妃妃　年壹拾肆岁　小女乾元三年籍后死

　　　合应受田壹顷叁拾壹亩叁拾捌亩已受　廿亩永业　一十八亩口分　九十三亩未受

上引"天宝六载籍"的徐庭芝户,有应受田身份的3人,即当户小男徐庭芝,婆刘,老寡,母马,寡,二寡共应受口分田60亩,户内6口,应受园宅地2亩,余50亩应是当户小男徐庭芝的应受田,20亩永业,30亩口分。户籍与"开元二十五年田令"符合。

　　"大历四年籍"的令狐朝俊户,有受田身份者2人,即当户中男令狐朝俊,寡母任。寡母应受口分田30亩,户内7口,应有园宅地3亩,余98亩,应是当户中男令狐朝俊的应受田。但何以不是百亩,而是98亩?我怀疑此合应受田总数应为1顷33亩。"壹"应作"叁"。当户中男令狐朝俊的应受田仍应是百亩,则户籍与田令符合。但如按上述分析,必须肯定一个前提,即广德元年改丁中制,只是把成丁年龄改为25岁,天宝三载丁中制的18岁以上为中男的规定未改。武德七年丁中制,16岁为中男,中男年18岁以上者(即比成为中男的年限多两岁者),应受田1顷。依此推算,则天宝三载后,有可能中男年20岁以上者可有应受田1顷。但也存在另一种可能性,即中男18岁以上者(实际上就是凡是中男)受田1顷。广德元年改成丁年龄,似乎对这些都未改变。果如是,则令狐朝俊的受田情况与"开元二十五年田令"中"黄、小、中"等的应受田情况不符(应受田50亩)。这种差异的原因可能有二:一为"开元二十五年田令"中的"黄、小、中"等应受田50亩,此"中"非指"中男";二为此"中"指18岁以下的中男。为此,我们要进一

步论证。按《天宝六载敦煌郡敦煌县龙勒乡都乡里籍》载中女当户户籍,其文如下:

　　　　户主令狐仙尚载叁拾叁岁　中女　下下户　空不课户

　　　　妹妙妃　载贰拾捌岁　中女空

　　　　合应受田伍拾壹亩捌亩已受　七亩永业　一亩居住园宅　卅三亩未受

此户有应受田身份者只当户中女令狐仙尚,应受田 50 亩,20 亩永业,30 亩口分,1 亩园宅地,共 51 亩。

　　《唐大历四年沙州敦煌县悬泉乡宜禾里手实》(斯 514 号),其中有中女当户一户,其文如下:

　　　　户主张可曾年贰拾肆岁　中女代兄承户　下下户不课户

　　　　兄妹妹年壹拾伍岁　小男乾元三年籍后死

　　　　母令狐年伍拾伍岁　寡

　　　　弟履华年壹拾肆岁　小男乾元三年籍后死

　　　　合应受田捌拾壹亩肆拾陆亩已受　廿亩永业　廿五亩口分　一亩居住园宅
　卅五亩未受

此户有应受田身份者 2 人,即当户中女张可曾及其寡母令狐,寡母应受口分田 30 亩,一计居住园宅,共 31 亩,余 50 亩即是当户中女张可曾的应受田,20 亩永业,30 亩口分。

　　以上两户中女当户受田情况与"开元二十五年田令"中"黄、小、中"等应受田 50 亩,20 亩永业,30 亩口分的规定相同。据此,我推测,田令中"黄、小、中"的"中"应指中女。当然也有可能指 20 岁以下的中男当户。由于现存敦煌籍及吐鲁番籍中没有 20 岁以下中男当户的例证,我只能认为田令中"黄、小、中"的"中"指中女当户。

　　总结以上考辨,小男、中女可以当户受半丁田,则此句中的"黄"应指"黄男",即黄男可以当户受半丁田,就《田令》的文义讲,应如此理解。"黄"可指黄男,是否可指黄女呢?我认为都可以,虽然我们提不出户籍中的例证。

　　总之,"开元二十五年田令"中,"黄、小、中、丁男子及老男、笃疾、废疾、寡妻妾当户者,各给永业田 20 亩,口分田 20 亩"这句的校勘结果是：后半部"及老男"以下，口分田 20 亩，应改"二"为"三"，其他皆不误。前半部"黄、小、中"不误，"丁男子"3 字可能是衍文，也可能有讹脱，无从肯定。

4.1.4 三次《田令》中的妇女当户问题和倍田问题

4.1.4.1 妇女当户问题

最后，论述妇女当户问题。就现存的敦煌籍和吐鲁番籍而论，只有在全户都是女口时，才能妇女当户，如果一户中有年长的妇女也有年小无管家能力的小男，也是小男当户，而不能由妇女当户。如"大足元年籍"中的赵端严户：赵端严以寡妻身份当户，全户 5 口人，其夫邯屯屯及其子长命均在"圣历三年帐"后死，唯有两个中女和赵端严。又如"开元十年籍"中的氾尚元户。氾尚元以寡妻身份当户，全户只她一人。又如"天宝六载籍"中的令狐仙尚户，令狐仙尚以中女身份当户，全户只有她和妹妹妙妃二人。又如"大右四年籍"中的李如真户，她以中女身份当户，全户只她一人。又如"大历四年籍"中的李仙仙户，她以中女身份当户，全户只有她和寡母二人。又如"大历四年籍"中的张可曾户，她以中女身份代兄承户，其兄及弟皆于"元三年籍"后死，全户只有她和寡母二人。又如"大历四年籍"中的张介介户，她以老女身份当户，全户只有她和妹妃妃二人。又如"大历四年籍"中的宋二娘户，她以老寡身份代婿承户，户内 3 口，婿及婿之男均于"乾元三年籍"后死，因此，户内只她一人。

在吐鲁番籍[1]中也有类似情况，如"天授三年（？）西州籍"中的史女辈户，她以丁寡身份代男贯，男及一小女均于"永昌元年帐"后死，户内只她和 14 岁小女。又如《开元四年西州柳中县高宁乡籍》中的白小尚户，她以中女代母贯，她的寡母于"开元三年帐"后死，户内只她一人。同籍的阴婆记户，她以丁寡身份当户，其夫白丁垂拱二年疏勒道行没落，户内只她一人。

以上 11 例证实了我的上述论点，即只有全户都是女口时，妇女才

---

〔1〕据池田温《中国古代籍帐研究》，日本东洋文化研究所 1979 年版。

能当户。

　　此外,我们据《开元四年西州柳中县高宁乡籍》王孝顺户,从另一方面证实我的上述论点。王孝顺年 11 岁以小男身份代父当户。其父"开元二年帐"后死,户内还有 36 岁的寡母和 4 岁的弟弟。有管家能力的寡母不能当户,因为家中有 11 岁的小男。

　　上述妇女当户的情况可以说是不成文的规定,这种规定也表现在律疏中。《唐律疏议》卷 3《户婚律》"脱漏户口增减年状"条律疏略云:

　　　　若户内并无男夫,直以女人为户而脱者,又减三等,合杖一百。
这就是说,户内如有男夫,是不能以女人为户的。这样的律疏,这样的不成文规定,是古代社会中男尊女卑的反映,不待详论。

　　4.1.4.2　"其给口分田者,易田则倍给。宽乡三易以上者,仍依乡法易给"辨释

　　易田倍给制源于战国。一般来说,唐易田有一易二易三易。唐敦煌田制文书以及一般史籍文献没有记载易田。沙州是宽乡,易田倍给不难,何以没有易田? 是否由于沙州水利灌溉发达,土地比较肥沃呢? 但吐鲁番田制文书记载很多易田,如:

《唐西州高昌县籍》(斯 4862 号)略云:

　　　　永　业 部田三易

《载初元年一月西州高昌县宁和才等户手实》(新疆博64TAM35)[1]略云:

　　　　一 段 一 亩 部田三易

　　　　一 段 一 亩 部田三易

　　　　一 段 一 亩 部田三易

《开元四年西州柳中县高宁乡籍》(见池田温著《中国古代籍帐研究》)略云:

　　　　壹段壹亩永业 部田贰易

──────────

　　[1]载国家文物局古文献研究室、新疆维吾尔自治区博物馆、武汉大学历史系编《吐鲁番出土文书》,第 7 册,文物出版社 1986 年版,第 415 页。

　　　　壹段贰亩永业 部田贰易

《开元二十九年西州给田文书》(大谷 1244 号)[1]略云:

　　　　一段壹亩 部田一易

据此,在西州(狭乡),一易、二易、三易之田都有。通常理解,一易之田,就是休耕一年,二易之田,就是休耕二年,三易之田就是休耕三年。但怎样给倍田呢?田令说得很笼统,据《文苑英华》卷 525"判类"云:

　　　　给地过数判

　　　　甲给地过数,科所由,曰,更耕之田。

　　　　对　　　　　　　　　　　　　张洤

　　　　凡制农田,是分地职;家给百亩,夫当一廛。矧引所由,慎乃厥事。善相丘陵坂险,能均地邑人居。使一易之田,加之以二;再易之地,增之以三。(下略)

"一易之田,加之以二"就是《新唐书》卷 51《食货志》所说的"岁一易者,倍授之",据此推知,"再易之地,增之以三",就是再倍授。这件判文没有说判三易之田,可能有两个原因,一是自战国以来,易田制到再易为止,按《周礼·地官》"大司徒之职"云:

　　　　凡造都鄙,制其地域,而封沟之,以其室数制之。不易之地,家百亩,一易之地,家二百亩,再易之地,家三百亩。

这就是判文中"加之以二"、"增之以三"的历史渊源。我认为这不只是行文如此,实际田制恐也是如此。

《汉书》卷 24 上《食货志》云:

　　　　民受田,上田夫百亩,中田夫二百亩。岁耕种者为不易上田,休一岁者为一易中田,休二岁者为再易下田。三岁更耕之,自爰其处。孟康曰:爰,于也。师古曰:更,互也。

《汉志》所说的,也是战国时的制度。"三岁更耕之,自爰其处",这句话应该怎样解释?我的解释如下:上田不休耕,中田休一岁,下田休二岁。也就是说,中田休一岁后,就在本处复耕,下田休二岁后,就在本处复

────────────

[1]池田温《中国古代籍帐研究》,第 425 页。

耕,这样,三年之内,中、下田休耕后,都在本处复耕。总之倍给之田,只有一易再易,而无三易。这和判文中所说的也相同。

据上述考辨,唐《田令》中的"易田则倍给",其意为:一易之田,倍授之,二易之田,再倍授。"宽乡三易以上者,仍依乡法易给。"其意为:包括三易在内的三易以上之田,依乡法易给。乡注因地而异,未能具述。杜佑没有说,我们无从得知。但我推测,并不是三易之田三倍给等等。因此,吐鲁番文书中的一易之田应倍授,二易之田应再倍受,但三易之田恐不是三倍授了。据此,我认为《新唐书·食货志》所说的"宽乡三易者不倍授"恐非错误,虽然,不少研究者认为欧阳修说错了。

最后,还有两个问题:

(1)《通典》载"开元二十五年田令"中关于三易之田以及《新唐志》所说的三易之田都是宽乡,而吐鲁番文书中三易之田所在西州是狭乡,狭乡的三易之田是否与在宽乡者处理方法不同。

(2)《通典》载"开元二十五年田令"中关于易田指口分田,而吐鲁番文书的易田指永业田,二者为什么不同?以上两个问题均有待于进一步研究。关于第二个问题,日本学者西嶋定生认为,在西州,口分、永业田不分,永业田也就是口分田。西嶋氏的见解也存在问题,仍需再探索。

4.1.5 三次《田令》中应受田者的身份

总括"武德七年田令"、"开元七年田令"、"开元二十五年田令"中的百亩之田应受已受田制,有应受田身份者为下列 17 种人:

(1)丁男应受田百亩,20 亩永业,80 亩口分。

(2)18 岁或 20 岁以上的中男,应受田百亩,20 亩永业,80 亩口分。

——以上两种人给田的目的是使他们成为中央集权的封建国家的支柱。

(3)老男。

(4)笃疾。

(5)废疾。

(6)寡妻妾。

——据"武德七年田令",他们应受口分田 40 亩,如当户,共应受田 60 亩,20 亩永业,40 亩口分。或共应受田 50 亩,20 亩永业,30 亩口分。

(7)中男(18 岁或 20 岁以下)。

(8)中女。

(9)小男。

(10)小女。

(11)黄男。

(12)黄女。

(13)老女。

——以上后 7 种人(如当户),应受田 50 亩,20 亩为永业,30 亩为口分。上述后 11 种人给田是儒家"老有所养"、"幼有所长"、"矜寡孤独废疾者皆有所养"(见《礼记·礼运篇》)思想的实现。而儒家思想是唐统治者治国安邦的指导思想。这是主要的。其次,这 11 种人给田,也增加了封建国家地税的收入。

(14)道士、僧应受口分田 30 亩,女官、尼应受口分田 20 亩。

(15)居住宽乡的以工、商为业者,应受永业田 10 亩,口分田 40 亩。

——道士女官僧尼给田是国家利用宗教统治全国所付出的代价,同时又增加了地税收入,宽乡工商业者给田的目的是为了增加地税收入。

(16)官户给田。

(17)杂户给田。

4.2　论已受田、未受田、应受田、欠田、退田、给田的性质

关于已受田、未受田、应受田,主要见于唐敦煌户籍簿和吐鲁番户籍簿中。现存敦煌籍均残缺,吐鲁番籍残缺更甚(见《吐鲁番出土文书》第 4、6、7 册及池田温著《中国古代籍帐研究》)。

关于欠田文书的时间，最早的是《唐总章元年里正牒为申报□相户内欠田及丁男数事》[1]及《唐开元二十九年前后西州高昌县欠田簿》[2]。关于退田文书的时间，最早的是《唐开元二十九年前后西州高昌县退田簿》[3]。关于给田文书的时间，最早的是《唐贞观某年高昌县给田牒》[4]、《唐西州高昌县授田簿》[5]原编者说明，此文书出土于阿斯塔那42号墓，墓道中出有龙朔三年残书札一件）以及《唐开元二十九年西州高昌县给田簿》[6]和年次未详的（约18世纪）《西州高昌县给田薄》[7]。以上三类大谷文书还可参看小田义久著《大谷文书集成（一）》。

如果以上5项，即已受田（包括永业田和口分田）、应受田、欠田、退田、给田的性质可以明确，则均田制的性质就可以明确。为了明确这5项的性质，首先必须从上述史料所表现的实际情况出发，承认实际情况，进行分析研究，然后得出结论；而不能先有一个对均田制性质的结论（如平均给田、计口授田等等），然后就此结论去看待上述史料，因而产生种种疑问，甚至混乱。

4.2.1 论已受田的性质

首先，我们就上述敦煌籍、吐鲁番籍，对人口和给田都比较完全的诸户，进行下列分析：

---

〔1〕国家文物局古文献研究室，新疆维吾尔自治区博物馆，武汉大学历史系《吐鲁番出土文书》第六册，文物出版社1985年版，第336－337页。

〔2〕池田温《中国古代籍帐研究》，第391－398页。

〔3〕池田温《中国古代籍帐研究》，第399－417页。

〔4〕国家文物局古文献研究室，新疆维吾尔自治区博物馆，武汉大学历史系《吐鲁番出土文书》第四册，文物出版社1983年版，第253页。

〔5〕国家文物局古文献研究室，新疆维吾尔自治区博物馆，武汉大学历史系《吐鲁番出土文书》第六册，文物出版社1985年版，第243－269页。

〔6〕池田温《中国古代籍帐研究》，第418－433页。

〔7〕池田温《中国古代籍帐研究》，第436－437页。

·欧·亚·历·史·文·化·文·库·

表 4-1　敦煌籍、吐鲁番籍中的人口和给田

序号	户主	人口	受田者	应受田	已受田	永业	口分	园宅地	勋田	买田	户等	课或不课
(1)《大足元年(701)沙州敦煌县效谷乡籍》(伯3557、3669号)												
1	邯寿寿	3	一寡一丁	131亩	44亩	20亩	23亩	1亩				课户见输
2	索巩才	2	一丁一寡	131亩	18亩	18亩	无	1亩				课户见不输
3	张玄均	3	二丁一寡	231亩	75亩	40亩	35亩					课户见不输
(2)《开元四年(716)沙州敦煌县慈惠乡籍》(伯3877号)												
4	杨法子	2	一丁一寡	131亩	15亩	14亩	无	1亩			下下户	课户见不输
5	余善意	3	一老一丁	161亩	28亩	20亩	7亩	1亩			下中户	课户见输
6	董思朏	3	一丁一寡	131亩	28亩	20亩	8亩	无			下上户	课户见输
7	杜客生	4	二丁	201亩	40亩	39亩	无	1亩			下下户	课户见输
(3)《开元十年(722)沙州敦煌县悬泉乡籍》(伯3898、3877号)												
8	郭玄昉	8	二丁	201亩	20亩	20亩	无	无			下下户	课户见输
9	赵玄义	6	一老(当户)	51亩	11亩	11亩	无	无			下下户	不课户
10	氾尚元	1	一寡(当户)	51亩	15亩	14亩	无	无			下下户	不课户
11	赵玄表	3	一丁	101亩	30亩	20亩	10亩	1亩			下下户	课户见输

续表 4 - 1

序号	户主	人口	受田者	应受田	已受田	永业	口分	园宅地	勋田	买田	户等	课或不课
12	曹仁备	6	二丁	31顷82亩(内勋田30顷)	63亩	40亩	22亩	无	30亩		下中户	课户见输

(4)《天宝三载敦煌郡敦煌县神沙乡弘远里籍》(伯2719号)

序号	户主	人口	受田者	应受田	已受田	永业	口分	园宅地	勋田	买田	户等	课或不课
13	张奴奴	四	一老(当户)一寡	82亩	22亩	20亩	无	2亩			下下户	不课户

(5)《天宝六载(747)敦煌郡敦煌县效谷乡□□里籍》(斯4583号)

序号	户主	人口	受田者	应受田	已受田	永业	口分	园宅地	勋田	买田	户等	课或不课
14	□仁明	9	一丁一寡	3顷33亩(包括勋田30顷)	39亩	20亩	18亩	1亩		30亩	下下户	不课户

(6)《天宝六载(747)敦煌郡敦煌县龙勒乡都乡里籍》(伯2592、3354号,罗振玉藏斯3907号)

序号	户主	人口	受田者	应受田	已受田	永业	口分	园宅地	勋田	买田	户等	课或不课
15	郑思养	12	一丁一寡一中	2顷34亩	1顷1亩	40亩	47亩	2亩		12亩	下中户	课户见输
16	曹思礼	15	三丁二寡	3顷64亩	62亩	60亩	1亩	1亩			下中户	课户见不输
17	刘智新	7	一丁二寡	164亩	68亩	20亩	47亩	1亩			下下户	课户见输

续表 4－1

序号	户主	人口	受田者	应受田	已受田	永业	口分	园宅地	勋田	买田	户等	课或不课
18	阴承光	6	二丁二寡	262亩	49亩	40亩	7亩	2亩			下下户	课户见输
19	徐庭芝	6	一小（当户）二寡	22亩	30亩	20亩	10亩				下下户	不课户
20	程思楚	18	三丁	365亩（包括勋田）	79亩	60亩	18亩	1亩			下中户	课户见输
21	程什住	15	一老（当户）一丁	155亩	64亩	40亩	15亩		9亩	下中户	课户见不输
22	程仁贞	9	一老当户	53亩	31亩	17亩			14亩	下下户	不课户
23	程大忠	13	一丁	31顷4亩（包括勋田）	82亩	20亩	61亩	1亩			下中户	不课户
24	程大庆	9	一丁	163亩	68亩	20亩	47亩	1亩			下中户	不课户
25	程智意	16	一丁	186亩	92亩	20亩	71亩	1亩			下中户	不课户
26	令狐仙尚	2	中女当户	51亩	8亩	7亩		1亩			下中户	不课户

序号	户主	人口	受田者	应受田	已受田	永业	口分	园宅地	勋田	买田	户等	课或不课
27	杜怀奉	15	三丁二寡	33顷25亩（包括勋田）	78亩	60亩	16亩	2亩			下下户	不课户
28	卑二郎	12	一丁一中一寡	234亩	57亩	40亩	7亩			10亩	下下户	课户见输
29	卑德意	7	一丁	162亩	43亩	20亩	22亩	1亩				不课户

(7)《大历四年沙州敦煌县悬泉乡宜禾里手实》(斯514号)

序号	户主	人口	受田者	应受田	已受田	永业	口分	园宅地	勋田	买田	户等	课或不课
30	赵大本	7	一老（当户）三丁一中	453亩	90亩	89亩		1亩			下下户	课户见输
31	张可曾	4	中女当户一寡	81亩	46亩	20亩	25亩	1亩			下下户	不课户
32	索思礼	10	老男当户一丁	61顷53亩（包括勋田）	243亩	40亩	167亩	3亩	19亩	14亩3亩	下中户	不课户
33	安游璟	5	一丁	31顷1亩（包括勋田）	29亩	20亩	5亩	1亩	3亩		下下户	不课户

续表 4 - 1

序号	户主	人口	受田者	应受田	已受田	永业	口分	园宅地	勋田	买田	户等	课或不课
34	安大忠	9	一丁	101亩	33亩	20亩	12亩	1亩			下下户	课户见输
35	令狐朝俊	7	中男当户一寡	131亩	38亩	20亩	18亩				下下户	不课户
36	令狐进尧	6	老男当户一废疾	31顷1亩（包括勋田）	103亩	40亩	62亩	1亩				不课户
37	令狐娘子	2	中女当户一寡	81亩	39亩	20亩	19亩				下下户	不课户
38	索仁亮	8	三丁一寡	332亩	103亩	60亩	43亩				下下户	不课户
39	索如玉	4	一丁	31顷1亩（包括勋田）	22亩	20亩	2亩				下下户	不课户
40	杨日晟	10	一丁	101亩	62亩	20亩	42亩	1亩			下下户	课户见输
41	李大娘	4	一寡当户	59亩	59亩	20亩	13亩	1亩		25亩	下下户	不课户
42	樊黑头	3	一丁	101亩	43亩	20亩	22亩	1亩			下下户	课户见输

序号	户主	人口	受田者	应受田	已受田	永业	口分	园宅地	勋田	买田	户等	课或不课
43	唐元钦	5	老男当户一寡一丁	151 亩	90 亩	40 亩	50 亩				下下户	课户见输

(8)《开元四年(716)西州柳中县高宁乡籍》(东京国立博东洋馆·书道博物馆)[1]

序号	户主	人口	受田者	应受田	已受田	永业	口分	园宅地	勋田	买田	户等	课或不课
44	江义宣	6	一丁一寡一笃疾	91 亩	13 亩80 步	13 亩10 步		70 步			下中户	课户不输
45	王孝顺	4	小男当户一寡	51 亩	4 亩40 步	4 亩		40 步			下下户	不课户
46	索住洛	3	老男当户	36 亩	8 亩40 步	8 亩		40 步			下下户	不课户
47	阴婆记	2	丁寡当户	36 亩	4 亩40 步	4 亩		40 步			下下户	不课户

根据上述资料,可得出下列两类统计比较数字:

第一,应受田数、户等、课或不课与已受田数关系可分列为5个表:

第一表(表 4 - 2):户等同,都是课户,分 3 组,各组中各户应受田数同,但已受田数不同。

第二表(表 4 - 3):户等不同,有课有不课,应受田数同,但已受田数不同。

第三表(表 4 - 4):户等不同,有课有不课,应受田数不同,已受田

---

[1]转录自池田温《中国古代籍帐研究》,第 243 - 247 页。

数同。

第四表(表4-5):户等同,皆课,应受田数不同,已受田数亦不同。

第五表(表4-6):户等同,皆不课,应受田数不同,已受田数不同。

兹列表如下:

表4-2 第一种情况

户主[1]		应受田数(亩)	已受田数(亩)
组一	(1)课	131	44
	(2)课	131	18
	(4)课下下	131	15
组二	(11)课下下	101	30
	(34)课下下	101	33
	(40)课下下	101	62
组三	(41)课下下	101	43
	(7)课下下	201	40
	(8)课下下	201	20

表4-3 第二种情况

户主	应受田数(亩)	已受田数(亩)
(9)不课下中	51	11
(10)不课下下	51	15
(26)不课下中	51	8
(45)不课下下	51	4亩40步
(46)不课下下	36	8亩40步
(47)不课下下	36	4亩40步

[1]户主以上列数字,代表户主,并标明户等,课或不课。下表同。

152

表 4 - 4　第三种情况

户主	应受田数(亩)	已受田数(亩)
(39)不课下下	3101	22
(13)不课下下	82	22
(5)课下上	131	28
(6)课下中	161	28
(30)课下下	453	90
(43)课下下	151	90

表 4 - 5　第四种情况

户主	应受田数(亩)	已受田数(亩)
(12)课下中	382	63
(15)课下中	234	101
(16)课下中	364	62
(20)课下中	365	79
(21)课下中	155	64
(44)课下中	91	13 亩 80 步
(17)课下下	164	68
(18)课下下	262	49
(28)课下下	234	57

表4-6　第五种情况

户主	应受田数(亩)	已受田数(亩)
(14)不课下下	333	39
(19)不课下下	112	30
(22)不课下下	53	31
(27)不课下下	3325	78
(31)不课下下	81	46
(33)不课下下	3101	29
(35)不课下下	81	39
(38)不课下下	232	103
(41)不课下下	59	59
(23)不课下中	3104	82
(24)不课下中	163	68
(25)不课下中	186	92
(32)不课下中	6153	24

分5种情况撰制上列5表的目的,在于说明已受田数不受应受田数、课或不课以及户等的限制。

表4-2有9户,其中前3户都是课户,一户下下(另两户,原卷未载户等),应受田数都是131亩,但已受田数各不相同。紧接4户,都是课户,都是下下户,应受田都是101亩,但已受田各亦不相同。

表4-3有6户,其中4户是不课户,都是下下户,应受田都是51亩,但已受田各不相同。另两户是不课户,都是下中户,应受田都是36亩,但已受田各不相同。

表4-4有6户,其中两户已受田都是28亩,但一为下上课户,一为下中课户,应受田各不相同。其中另两户,已受田都是90亩,都是下下课户,但应受田各不相同。其余两户,已受田都是22亩,都是下下不课户,但应受田各不相同。

表4-5有9户,其中6户都是下中课户,但应受田各不相同,已受田亦各不相同。另外3户,都是下下课户,应受田各不相同,已受田亦各不相同。

表4-6有13户,其中9户是下下不课户,应受田各不相同,已受田亦各不相同,且并不互相适应。另外4户,都是下中不课户,应受田、已受田亦各不相同,均不互相适应。

总之,以上5表43户情况各不相同,但有一点是共同的,即每一户的已受田数的多少,没有因为应受田数的多少而相应的有所不同,这是我们主要要强调的。其次,每一户已受田数的多少,以至应受田数的多少,都不受课或不课以及户等不同的限制。

根据以上的分析和史料,我们可以肯定,已受田数与应受田数间没有相适应的关系。一户的全部已受田并不是根据应受田数从国家的手中受取的。

第二,人口数与园宅地亩数关系可列一表(见表4-7)。

表4-7 人口数与园宅地亩数关系

户主	人口数(人)	园宅地亩数(亩)
1	3	1
2	2	1
4	2	1
6	3	1
7	4	1
10	1	1
12	6	1
13	4	2
14	9	1
15	12	2
16	15	1
17	7	1

续表 4-7

户主	人口数（人）	园宅地亩数（亩）
18	6	2
20	18	1
23	13	1
24	9	1
25	16	1
26	2	1
27	15	2
29	7	1
30	7	1
31	4	1
32	10	3
33	5	1
34	1	1
36	6	1
40	10	1
41	4	1
42	3	1
44	6	70 步
45	4	40 步
46	3	40 步
47	2	40 步

按"开元二十五年田令"（见《通典》卷2《食货二·田制下》）云：

应给园宅地者，良口三口以下给一亩，每三口加一亩。贱口五口给一亩，每五口加一亩，并不入永业口分之限。（《唐六典》卷3载"开元七年田令"同。唯"良口三人以下"作"良口三人以上"，误，应从《通典》作"以下"。）

以《田令》和上列表4-7相对比，上列33户的园宅地，和《田令》所规定的完全不符,数字具在,一目了然,不必再作分析。总之,每一户的园宅地并不是依据田令从国家手中受取的。

总括以上分析和统计数字以及全部史料,我们可以回答下列问题:每一农户的已受田(包括园宅地)是从哪里来的? 性质如何? 答曰:每一农户的已受田就是这一农户原有的土地,是他自己的私田。在以小自耕农土地所有制为主体的唐代前期的私有制社会中,众多农户所有的土地是千差万别的。不仅唐代前期如此,中国历史任何时期也都是如此。在上列第一表系中,我们看到,应受田都是 131 亩的 3 户,其已受田分别是 44 亩、18 亩、15 亩。应受田同是 101 亩的 4 户中,其已受田分别是 30 亩、33 亩、67 亩、43 亩。这一方面表示已受田与应受田并无相适应的关系,另一方面也表示已受田千差万别。在第一表系中,我们还看到,应受田有 31 顷 82 亩的曹仁备户,他的已受田只有 63 亩;应受田只有 155 亩的程什住户,他的已受田是 64 亩。两户相比,程仁住户的应受田只有曹仁备户的 1/10,但已受田却比曹仁备户多 1 亩。应受田为 234 亩的郑恩养户,他的已受田是 101 亩;应受田为 364 亩的曹思礼户,他的已受田是 62 亩,两户相比,前者的应受田比后者少 130 亩,但前者的已受田比后者却多 39 亩。应受田为 82 亩的张奴奴户,已受田为 22 亩;应受田为 59 亩的李大娘户,已受田也是 59 亩,前者的应受田比后者多 23 亩,而已受田比后者少 37 亩。15 口之家的曹思礼户的已受田是 62 亩,7 口之家的刘智新户的已受田是 68 亩,前者人口比后者多一倍,但已受田却比后者少 6 亩。总之,已受田与应受田没有适应关系,与人口多少也没有适应关系。园宅地的情况也是如此,在表 4-7 中我们看到:两口之家与 6 口之家同是 1 亩园宅地,或者 15 口之家有 1 亩园宅地,但 4 口之家却有 2 亩园宅地。园宅地的多少与人口多少也没有相适应关系。如果把均田制的“均”字解释为“均平”,把均田制解释为计口授田(见《唐律疏议》卷 12、13《户婚律》),则上述已受田与应受田以及人口多少不相适应的状况,已受田千差万别的状况都无法解释。唯一的解释是:已受田就是农户的原有的私有土地,农户私有土地的千差万别是普遍的正常状态。

此外,《天宝六载敦煌郡敦煌县龙勒乡都乡里籍》中的郑恩养户,买田 2 亩,在已受田数中。《大历四年沙州敦煌县悬泉乡宜禾里手实》中的索思礼户买田 14 亩,安游璟户买田 3 亩,李大娘买田 25 亩亦均在已受田数中。农户用钱买得的田地,当然是属于他自己的私田,当时称之为已受田,可见已受田就是农户的私田。《天宝六载敦煌郡敦煌县龙勒乡都乡里籍》的程什住户的勋田 9 亩,程仁贞户的勋田 14 亩,卑二郎户的勋田 10 亩均在已受田数中。《大历四年沙州敦煌县悬泉乡宜禾里手实》中的索思礼户的勋田 19 亩,亦均在已受田数中。勋田,据唐贵族品官受永业田制(见《通典》卷 2《食货二·田制下》"唐开元二十五年田令"),是勋官所受的永业田,实即勋官原有的私田,据此也可证明,已受田就是农民原有的私田。

4.2.2 论已受田中的永业田和口分田

唐代前期的均田制,不是由于土地为国家所有或国家掌握大量土地而实行的分配土地的制度,而是国家以其行政力量来推行的管理私有土地的制度。

均田制的"均"字,不应作"均平"或"平均"解。均田制不是平均计口授田制度。如果把"均"解释为"平均",把均田制理解为平均计口授田,则和敦煌吐鲁番所出有关唐均田制的史料相抵触。大批敦煌吐鲁番所出有关唐均田制的史料所记载的是实行均田制的实际情况,研究唐均田制必须从这一实际情况出发,任何与这一实际情况相矛盾的解释和论点都是难以成立的。

均田制是中央集权国家管理私有土地的制度。私有土地主要包括两部分,即贵族品官占有的永业田和百亩之田中的已受田。

已受田中的永业田和口分田是为了管理而划分的。据"武德七年田令"云:"世业之田,身死则承户者便授之,口分则收入官,更以给人。"这就是说,永业田可以传之子孙,口分田则由官府收回,给无田少田之人。口分田官府可以收授,永业田则不可以,这是永业田、口分田的重要区别之一。以下先论口分田。

4.2.2.1 论口分田——兼论退(收)田和受(授)田,口分田的收(退)和受

口分田是一个自耕农户私有土地的一部分,并非计口受之于国家,这一点在上文论已受田时已详述。口分田虽是自耕农民的私有土地,但中央集权的国家凭借其行政权力,可以进行管理。国家对自耕农私有土地的管理主要表现在每年冬季的收田和授田(从农民而说就是退田和授田),收田(退田)、授田(受田)都是少量的。这从下文论述欠田、给田的亩数上可以确知。只有当收田授田的数量很大,是已受田的全部或绝大部分,均田制才能成为国有土地的分配制度,但实际情况不是如此。实际情况已如上述,这就决定了均田制只能是私有土地的管理制度。以下就欠田、给田、退田的数量作出统计,进一步证明上述论点。

表4-8 户别欠田亩数表[1]

半亩	1 亩	1.5 亩	2 亩	3 亩	3.5 亩
9 户	48 户	22 户	14 户	23 户	17 户
4 亩	4.5 亩	5 亩	5.5 亩	6 亩	6.5 亩
10 户	5 户	11 户	4 户	6 户	3 户
7 亩	7.5 亩	8.5 亩	9 亩	14 亩	18 亩
3 户	0	0	1 户	1 户	1 户

表4-8欠田7亩以上户共212户,其中欠田0.5亩至3.5亩户为170户,4亩至5.5亩户为30户,6亩至7亩户为12户,9亩1户,14亩1户,18亩1户,最后3户为特殊户。自欠0.5亩至7亩户共212户,其中欠0.5亩至欠3.5亩户为170户,为全部欠田户的4/5,即绝大多数。按照田令,官府每年冬季授田,授予欠田户中的一部分,所欠者既然已是少数亩,则所授予当然更是少数亩,比所欠者更少,即或是欠田6~7亩者,以致最后3户,所欠虽多,但不是如所欠者授予,所授者还是少量。这个少量就决定了所谓授田并不是分配土地,而是国家对农民私有土地的干预和管理。以下分析授田。

─────────────

〔1〕见《开元二十九年前后西州高昌县欠田簿》,载池田温《中国古代籍帐研究》,第391-398页。

表4-9　亩别授田户数表[1]

亩别	0.5 亩	1 亩	2 亩	2.5 亩	3 亩
户数	27 户	41 户	13 户	12 户	1 户

表4-9共授田户84户,最多的一户3亩,授给0.5~2亩的共71户,占84户的绝大多数。与欠田亩数相比,所授予的田更是少量,这一点更能说明,每年冬季授田的性质,只是官府管理,而不是土地分配。按《唐律疏议》卷13《户婚律》"里正授田课农桑违法"条疏议略云:

> 依田令:应收授之田,每年起十月一日,里正预校勘造簿,县令总集应退应受之人,对共给授。又条:授田先课役,后不课役;先无,后少,先贫,后富。其里正皆须依令造簿通送及课农桑。

《唐六典》卷3"户部郎中员外郎"条云:

> 凡应收授之田,皆起十月,毕十二月。凡授田,先课后不课,先贫后富,先无后少。

上文已经证明,所谓已授田就是农户原有的私田,并不是从国家手中受取的;上文又已经证明,农户受田依据之一,即欠田簿,欠田簿所载,欠田农户绝大多数所欠者只是从0.5~3.5亩,为数很少。据给田簿,绝大多数欠田户的受田,只是从0.5~2亩,为数更少。根据以上已经证明的种种事实,我们可以正确理解上引《田令》所说的每年冬季收授田的性质为官府管理。所谓"先无后少","无"即某一农户原本无地,即全欠;"少"即某一农户原有土地甚少,即欠很多。二者相比,要先授予原来无地者。所谓"先贫后富",是指在欠田户中的贫和富,实际上都是贫,不过有甚贫与比较贫之分,与甚贫相比,较贫者,也可以说是富了。二者相比,要先授予甚贫者。这些授地,应和收地(亦即退地)联系在一起加以考察,官府是把所收的地(即农户的退地),按先课后不课,先无后少,先贫后富的规定授予欠田丁(户),请看"大谷给田文"书的记载。

"大谷2604号给田文书":[2]

---

〔1〕见《开元二十九年西州高昌县给田簿》,载池田温《中国古代籍帐研究》,第418－433页。
〔2〕池田温《中国古代籍帐研究》,第420－421页。

[11]　　康虵子死退一段贰亩_常田城东廿里高宁　　　东申德
西李秋　　南安僧伽　北竹乌□

[12]　昌"给史_大尚宾充_天"

[13]　　　　　一段壹亩_部田城东五里左部渠　　东至荒　西
安守相　南至渠　北至 渠

[14]　昌"给史尚宾充_天"

[15]　　　　　一段贰亩_部田城西七里白渠　　东麹明瑃
西贾海仁　南至荒　北□□□

[16]　昌"给康忠□"_泰

"大谷2916号给田文书"：[1]

[5]　大女康浮知蒲死退一段贰亩_部田三易城南三里马堆渠
东渠　西冯养　南麹昭　北高武

[6]　"给辛_西嘉会充_天"

[7]　高君远死退一段壹亩_部田城南五里土营部　　东官田
西荒　南百姓　北官田

[8]　"王_西太宾充_天"

据上引，官府授给史尚宾的一段2亩常田和一段1亩部田是康虵子死退的3亩田地，授给康忠□的一段2亩部田，也是康虵子死退的。授给辛嘉会的一段2亩田是康浮知蒲死退的，授给王太宾的一段1亩部田是高君远死退的。从国家的角度看，康虵子、康浮知蒲、高君远死了，不需要土地了，而史尚宾、康忠□、辛嘉会、王太宾，或无地，或少地，需要土地，所以就把已死不需要土地的人的土地，授给需要土地的人，取彼不需要者，给此需要者，这就是官府的管理。我们说史尚宾等4人或无地或少地，是推测，但这一推测是有理由的。上引"康大智请地辞"中说："大智家兼丁，先欠口分不充。"所以欠田簿也记载康大智欠常田2亩、部田4亩。总之，康大智是少地的农户，就是田令中"先无后少"的"少"。如果康大智的请地被批准，给予少量的土地，那就和史尚宾等

---

〔1〕池田温《中国古代籍帐研究》，第425页。

被授给田地相同了。据此,我们可以说,史尚宾等 4 人是无地或少地需要土地的人。

贞观年间给田文书的形式稍有不同,但其实质,即在自耕农民之间互相退受,还是相同的。兹引录一件贞观年间给田文书如下:

《唐贞观某年高昌县给田牒》(727TAM152:38)[1](原编者说明:本件无纪年,第 3 行"世业"不避太宗讳,当为贞观年间文书。有朱印数方,印文为"高昌县之印"):

(前　缺)

　　[1]　　一段一亩部田 城 西五里枣树渠 旧 主 麹 张 师
东官田西□□□

　　[2]　　□□□□□三易城西五里榆树渠旧主麹张师　　东渠
西自由　□□□

　　[3]　　□□□□□□□□□□部 等田,并给□尾仁充
世业

　　[4]　　右件□□□□□□□□□□□等牒称检案内所给
百姓

(后　缺)

据此,这两段地的旧主是麹张师,按田令,就是麹张师户的退田,现在给□尾仁充世业,这是自耕农之间的关系,不过要通过官府行政管理手续罢了。

《开元廿九年西州高昌县给田簿》所载,完整的和较完整的,即有受田人姓名及田地数和此田地原田主姓名者共 33 例,分为 5 类退田如下:

　　(1)死退 16 例;

　　(2)剩退 5 例;

　　(3)逃走除退 1 例;

---

〔1〕国家文物局古文献研究室、新疆维吾尔自治区博物馆、武汉大学历史系编《吐鲁番出土文书》第四册,文物出版社 1983 年版,第 253 页。

（4）出嫁退 1 例；

（5）未标明原因 10 例。

对于"未标明原因退 10 例"，我推测，可能都是死退。据《田令》，唐均田制中无老退，死退是最通常的。在死退中，多数应是老男所有的口分田，西州高昌乡是狭乡，老男所有的口分田一定很少。因此，在死退的事例表明所退者，只是 1 亩至 2、3 亩。

"剩退"主要是从丁男转入老男，按制度老男受口分田较少，因而有剩的田地，而官府收回，再授给无田少田的农户。

"逃走除退"是：受田人已逃离本乡，在户籍上被除掉，他的受田中的口分田已没有需要，因而由官府收回，给予无地或少地需要田地的人。

总之，上列（1）、（3）、（4）、（5）4 类退田，都是因为没有需要，由官府收回，给予有需要的人。取彼不需要，给此有需要。这就是国家对自耕农民私有土地的管理。根据这样的分析，田令中的口分田的收（退）和授（受），显示了国家对自耕农民私有土地的干预和管理，但不是由于国家掌握土地，而是由于国家的行政权力，田令中及文书中的收（退）及授（受）田的实质如此。

4.2.2.2　论永业田

关于已受田中的永业田，上文已约略述及。唐代国家把农户的已受田中的大部分划分为永业田，而且规定为可以世代传袭，官府不收，其目的是用永业田这样的一小块土地维护小自耕农经济的长期稳定，维持中央集权国家的一根支柱。永业田的特点有 3 点：一为一律为 20 亩，因为 20 亩为大多数农户所有土地的大部分，但如有些农户所有地不足 20 亩，则其永业田少于 20 亩，其永业田就是所有土地的全部（除园宅地外）。二为所有的农户都有永业田。如某些农户所有土地很少，除了园宅地只能有永业田，不再有口分田。三为在土地兼并势力的冲击下，国家保护农户的永业田，除非有重大原因，永业田不能买卖。这 3 个特点体现了永业田的长期稳定性和普遍性。以下先就上述第一、二特点列表如下：

163

（1）在已受田中,永业田多于口分田,即永业田为农户所有土地的大部分(见表4-10~17)。

表4-10　大足元年沙州敦煌县效谷乡籍

户　主	已受田（亩）	永业田（亩）	口分田（亩）	相差亩数
1　赵端严	28	20	8	12
2　张玄均	75	40	35	5

表4-11　先天二年(713)沙州敦煌县平康乡籍

户　主	已受田（亩）	永业田（亩）	口分田（亩）	相差亩数
3 失户主姓名	36	20	16	4
4　同上	74	60	12	48

表4-12　开元四年沙州敦煌县慈惠乡籍

户　主	已受田（亩）	永业田（亩）	口分田（亩）	相差亩数
5 失户主姓名	37	20	16	4
6　董思䎍	28	20	8	12
7　杨法子	39	20	19	1
8　余善意	28	20	7	13

表4-13　开元十年沙州敦煌县悬泉乡籍

户　主	已受田（亩）	永业田（亩）	口分田（亩）	相差亩数
9　赵玄表	30	20	10	10
10　曹仁备	63	40	22	18

表4-14　开元十年沙州敦煌县籍

户　主	已受田（亩）	永业田（亩）	口分田（亩）	相差亩数
11 失户主姓名	40	20	17	3

表4-15　天宝六载敦煌郡敦煌县效谷乡□□里籍

户　主	已受田（亩）	永业田（亩）	口分田（亩）	相差亩数
12　□仁明	39	20	18	2

表4-16 天宝六载敦煌郡敦煌县龙勒乡都乡里籍

户　主	已受田（亩）	永业田（亩）	口分田（亩）	相差亩数
13　曹思礼	62	60	1	59
14　阴承光	49	40	7	33
15　徐庭芝	30	20	10	10
16　程思楚	79	60	18	42
17　程什住	64	40	15	25
18　程仁贞	31	17		17
19　杜怀奉	78	60	16	44
20　卑二郎	57	40	7	33

表4-17 大历四年沙州敦煌县悬泉乡宜禾里籍

户　主	已受田（亩）	永业田（亩）	口分田（亩）	相差亩数
21　安游璟	29	20	5	5
22　安大忠	33	20	12	8
23　令狐朝俊	38	20	18	2
24　令狐娘子	39	20	19	1
25　索仁亮	103	60	43	17
26　索如玉	22	20	2	18

（2）已受田全部为永业、无口分（见表4-18~28）。

表4-18 大足元年沙州敦煌县效谷乡籍

户　主	已受田（亩）	永业田（亩）	口分田（亩）
1　索巩方	18	18	无

表4-19 开元四年沙州敦煌县慈惠乡籍

户　主	已受田（亩）	永业田（亩）	口分田（亩）
2　杜客生	40	39	无

表 4-20 开元十年沙州敦煌县悬泉乡籍

户　主	已受田（亩）	永业田（亩）	口分田（亩）
3 失户主姓名	20	20	无
4　郭玄昉	20	20	无
5　赵玄义	11	11	无
6　氾尚元	15	14	无

表 4-21 开元十年沙州敦煌县莫高乡籍

户　主	已受田（亩）	永业田（亩）	口分田（亩）
7　王万寿	11	10	无

表 4-22 天宝三载敦煌郡敦煌县神沙乡弘远里籍

户　主	已受田（亩）	永业田（亩）	口分田（亩）
8　张奴奴	22	20	无

表 4-23 天宝六载敦煌郡敦煌县龙勒乡都乡里籍

户　主	已受田（亩）	永业田（亩）	口分田（亩）
9 失户主姓名	20	20	无
10　郭玄昉	20	20	无
11　赵玄义	11	11	无
12　氾尚元	15	14	无
13 失户主姓名	40	40	无
14　令狐仙尚	8	7	无

表 4-24 大历四年沙州敦煌县悬泉乡宜禾里手实

户　主	已受田（亩）	永业田（亩）	口分田（亩）
11　赵大本	90	89	无

表 4-25　唐西州高昌县籍

户　主	已受田	永业田	口分田
12 失户主姓名	10 亩 40 步	10	无

表 4 - 26　天授三年西州籍

户　主	已受田	永业田（亩）	口分田（亩）
13　史女辈	5 亩 40 步	5	无

表 4 - 27　开元四年西州柳中县高宁乡籍

户　主	已受田	永业田（亩）	口分田（亩）
14　江义宣	13 亩 80 步	13 亩 10 步	无
15　王孝顺	4 亩 40 步	4	无
16　索住洛	8 亩 40 步	8	无
17 失户主姓名	29.5 亩 70 步	29.5 亩 30 步	无
18　阴婆记	4 亩 40 步	4	无

表 4 - 28　天宝年间交河郡蒲昌县籍

户　主	已受田	永业田（亩）	口分田（亩）
19 失户主姓名	6 亩 40 步	6	无

（3）已受田中、永业田少于口分（见表 4 - 29 ~ 31）。

表 4 - 29　大足元年沙州敦煌县效谷乡籍

户　主	已受田（亩）	永业田（亩）	口分田（亩）	相差亩数
1　邯寿寿	44	20	23	3

表 4 - 30　开元十年沙州敦煌县莫高乡籍

户　主	已受田（亩）	永业田（亩）	口分田（亩）	相差亩数
2 失户主姓名	50	20	22	10

表 4 - 31　天宝六载敦煌郡敦煌县龙勒乡都乡里籍

户　主	已受田（亩）	永业田（亩）	口分田（亩）	相差亩数
3　郑恩养	101	40	47	7
4　刘智新	69	20	47	7
5　程大忠	82	20	61	41
6　程大庆	68	20	47	27
7　程智意	92	20	71	51

续表 4-31

户　主	已受田（亩）	永业田（亩）	口分田（亩）	相差亩数
8　张可曾	46	20	25	5
9　索思礼	234	40	167	127
10　令狐进尧	103	40	62	22
11　杨日晟	62	20	42	22
12　樊黑头	43	20	22	2
13　唐元钦	90	40	50	10

据上列第（1）类表（表4-10～17），在已受田中，永业田多于口分田的共26户，其中多出1～10亩者12户，多出11～20亩者7户，多出21～30亩者1户，多出31～40亩者2户，多出41～50亩者3户，多出51～60亩者1户。据第（2）类表（表4-18～28），只有永业田，全无口分田者，共18户。据第（3）类表（表4-29～31），口分田于多永业田者13户，其中多出1～10亩者6户，多出11～30亩者4户，多出41亩者1户，多出51亩者1户，多出127亩者1户。3表综合计算，永业田多于口分田的及只有永业田全无口分田的共计44户。永业田少于口分田的只有13户，其中索思礼户有别将及折冲都尉两个品官，显然是地主户，不是一般农户。又程大忠、程大庆、程智意3户，显然是地主大族析为3户者，也不是一般农户。因此，3表所列57户中的绝大多数都是永业田多于口分田的，也就是说绝大多数一般农户的永业田多于口分田。这种现象显示了唐代国家管理私有土地的意图，即用长期稳定的一小块土地，把小自耕农束缚住，以维护小自耕农经济。唐代国家的这一意图也表现在土地买卖问题上。

《唐律疏议》卷12《户婚律》"卖口分田"条疏议略云：

即应合卖者，谓永业田家贫卖供葬，及口分田卖充宅及碾硙、邸店之类，狭乡乐迁就宽乡者，准令并许卖之。

据此，有两种情况准许卖永业田，一为从狭乡迁就宽乡，狭乡地少人多，宽乡地多人少，从狭乡迁宽乡，这是国家所鼓励的。因此，在狭乡的永业、口分都可以卖。其次，全家都已从狭乡迁到宽乡，在狭乡的永业田当然不可能再保留下去。二为家贫供葬,可卖永业田。在一般农户中,"葬",多指老人丧葬,即一农户中的祖父、母辈和父、母辈的丧葬。这涉及孝道,是国家教化的大问题,其严重性超过一般政治、经济问题,如与可卖口分田的条件相比,则可卖永业田的条件要严格得多了,这一点也说明唐代国家企图使每一农户的永业田长期稳定地保持下去,作为小自耕农经济稳定的基础。

4.2.3 论应受田

唐代前期,在均田制下的应受田有以下4类:

(1)男及中男年18岁以上者应受田百亩,其中20亩为永业,80亩为口分。

(2)老男笃疾废疾寡妻妾中男小男中女当户者,应受田50亩,其中20亩为永业,30亩为口分("武德七年田令":老男笃疾废当户者应受田60亩,20亩为永业,40亩为口分)。

(3)老男笃疾废疾应受口分田40亩。

(4)寡妻应受口分田30亩。

上文已经证明应受田与已受田并没有相适应的关系,但应受田与已受田还是有关系的。不过,我们首先要论证为什么唐代国家规定了应受田这一制度。以下从两方面论述。

第一,为了发展并限制小自耕农经济。小自耕农和小自耕农经济是中央集权国家的两大支柱之一。小自耕农经济发展了,对国家是有利的。小自耕农经济发展的一个重要基础,就是其所拥有的田地的增多。但是小自耕农的土地增加太多,就会由自耕农民发展为地主。地主(特别是大地主)是小自耕农经济的侵犯者和损害者,因而同时也就是中央集权国家这一根支柱的损害者。这是国家不能容许的。"应受田百亩"既有容许小自耕农扩大土地,又有限制小自耕农扩大土地两方面的意义。这就是说,小自耕农可以增多自己的土地,但以每丁百亩为限,超过百亩就是史籍上所说的籍外剩田或籍外田,要由官府没收。

第二,应受田百亩是自战国秦汉以来,儒家小农经济思想(或理想)在国家管理私有土地在制度上的体现。儒家理想中的国家是由众多自给自足丰衣足食的自耕农户构成的国家。《孟子·梁惠王单章句上》云：

> 五亩之宅，树之以桑，五十者可以衣帛矣。鸡豚狗彘之畜，无失其时，七十者可以食肉矣。百亩之田，勿夺其时，数口之家可以无饥矣。谨庠序之数，申之以孝悌之义，颁白者，不负戴于道路矣。
> 七十者，衣帛食肉，黎民不饥不寒，然而不王者，未之有也。

这就是儒家的小农经济思想，儒家的小农王国。这一小农经济思想影响到秦汉以后历代管理私有土地的制度，唐代的应受田百亩也是如此。

总括以上两个方面，一方面是为了解决现实的土地问题，加强中央集权国家的支柱；另一方面，传统的儒家小农经济思想（关于这一点在唐田制渊源一节，还要详说）的继承，就构成了百亩之田的应受田制度。

应受田是已受田的最高限额，已受田只能在应受田限额内发展。应受田分为永业和口分，已受田也分为永业和口分，这就是二者之间的关系。

4.3　每年冬季收田（退田）授田（受田）的过程和手续

《唐律疏议》卷13《户婚律》略云：

> 诸里正，依令，"授人田课农桑"。若应受而不授，应还而不收，应课而不课，如此事类违法者，失一事，笞四十。
> ［疏］议曰：依《田令》："应收授之田，每年起十月一日，里正预校勘造簿，县令总集应退应受之人，对共给授。"又条："授田：先课役，后不课役；先无，后少；先贫，后富。"其里正皆须依令造簿及课农桑。

《唐六典》卷3"户部郎中员外郎"条说："凡应收授之田，皆起十月，毕十二月。"其他与上引略同。十月至十二月，即冬季，可见授田在冬季，因冬季田地上的农作物（除宿麦外）全已收获，又是农闲季节。

上引《田令》的内容有 3 点：

（1）县司收田授田在每年冬季，即十月到十二月。

（2）在收田授田之前，里正要预校勘造簿。

（3）从十月一日起，"县令总集应退应受之人，对共给授"。"对共给授"，可有两种解释，一为县令当众宣布，退、受田者为某某等人，及每人退、受田种类和亩数、地界。二为县令当退、受双方宣布，某甲所退的地段种类亩数、地界，给予某乙。这两种解释都可通，后一种解释更为可能。

根据上述 3 点，县司收田授田的依据是里正在事前所造的簿。大谷文书中的"欠田簿"、"退田簿"就是里正所造的簿。至于大谷文书中的若干请地辞、牒连成的请地簿（详释见下文）和"给田簿"，则应是县司所造。在这一节里，我要较详细地研究这 4 种簿，并进一步研究每年收田授田的程序，其实质是封建国家对农户私田的管理。

关于"欠田簿"和"退田簿"，日本学者西嶋定生已做过很详细的研究，[1]我在这里所说的是从不同的侧面提出意见，并提出具体例证。

4.3.1 欠田簿、欠地丁及其户等

4.3.1.1 欠田簿的形式及其重要性

池田温著《中国古代籍帐研究》载开元二十九年前后《西州高昌县欠田簿》29 件（其中大谷文书 3000 号内者又见于小田义久编辑的《大谷文书集成（一）》）。这 29 件文书首部完整者只大谷 2912、2886、2891 号缀合的一件文书。兹录其首部如下：

    ［1］　宁昌乡

    ［2］　合当乡第九第八户欠田丁中总一百人

    ［3］　　八 十 七 人 第 九 户

这 29 件文书中尾部不甚残而比较完全的只大谷 2904 号文书和大谷 2376 号文书，兹分别移录如下：

大谷 2904 号文书尾部：

---

〔1〕西嶋定生《中国经济史研究》，东京大学出版会 1975 年版。

[3]　　□当乡第八第九户欠田　□

[4]　　　　　　　　　　开元

大谷 2376 号文书尾部：

[11]　　　□　□　第九第□□　　　　□　谨牒

[12]　　　　　　　　　　　　　□张阿麹牒

　　把上列一件首部、两件尾部合并观察，我认为，所谓"欠田簿"就是一个乡的里正上给县司的关于该乡欠地丁数以及户等和所欠段亩数的牒文。

　　这 29 件欠田文书所载丁别欠田亩数的统计，已见本书 4.3 节。这 29 件欠田文书，有关内容和文书方面的问题，在本书第三编欠田文书校注中考订。

　　每年冬季授田的根据之一是"欠田簿"，"欠田簿"十分重要，造簿应准确无误。大谷 4910 号文书显示了"欠田簿"的重要性，兹引录如下：

[1]□　□

[2]□　□上件人，如后勘复不同，各（?）请受

[3]何罪？仰□者。但当乡所通欠地丁，并皆据

[4]实。如后有人称有加减及勘复不同，

[5]请求受重罪。被问依实，谨牒。

[6]　　　　开元二十九年十二月　日　里正阚孝迁□

[7]　　　　　　　　　　　　　　　里正王义□□

（后　缺）

这是一件答县司问的牒文。牒文中明确说，当乡所通欠地丁，并皆确实，如有错误，请受重罪。这显示了"欠田簿"的制造十分慎重和它的重要性。

4.3.1.2　欠地丁文书校勘

　　关于冬季授田主要授予欠地丁这一意见，还可举出大谷 1227 号文书为证。对于这件文书，西嶋定生的录文和池田温的录文基本相同，小

田义久的录文有些不同。我也有一些和三位日本学者不同的意见,兹先移录 3 件录文如下:

西嶋定生录文[1](据西屿定生著《吐鲁番出土文书所见均田制施行状态》的补遗补正):

（前　缺）

[1]　□□□

[2]　　　里正贾思义　孙鼠居　张□

[3]　　　里正苏(?)祀(?)奴　阚孝迁

[4]　　　里正贾思议　韩思忠(?)

[5]　□□□（地?）　了(?)元□□

[6]□□示(?)廿六日

[7]□□

池田温的录文:

（前　缺）

[1]□九年十二□□

[2]　　　里正贾思义　孙鼠居　　张□

[3]　　　里正薛弛(?)奴　阚孝迁　　□

[4]　　　里正贾思义　韩思忠　　□

[5]　□地　了　元

[6]宪　　　　示　廿六日

小田义久的录文:

（前　缺）

[1]□□年□□

[2]　　　里正贾思义　孙鼠居　　张□

[3]　　　里正薛弛奴　阚孝迁　　　□

〔1〕西嶋定生《吐鲁番出土文书所见均田制施行状态》,载《西域文化研究》(三)之《敦煌吐鲁番社会经济资料》,京都:法藏馆,1960 年。

[4]　　　　里正贾思义　韩思 忠 　□□

[5] □地 ？　了　充

[6] 付元宪 示　廿六日

细翻此件文书原件影印（见小田氏书图版 62），对以上 3 件录文提出意见如下：第 1 行，西嶋氏、小田氏在"年"字前后未填字，池田氏在"年"字前填"九"字，后填"十二"两字，我认为填这 3 个字是可以的，因原件影印上还有残迹可寻。第 3 行的第 3、4 字，西嶋氏录为"苏""祀"，池田氏及小田氏录为"薛弛"（池田氏在"弛"侧加疑问号），我认为第 3 字应作"薛"，第 4 字恐应作"祀"。第 5 行"地"下一字，西嶋氏池田氏、小田氏都录为"了"，我认为此字当录为"丁"似乎更确一些。此行末一字，西嶋氏和池田氏都录为"元"，恐不确。小田氏录为"充"是对的。对照《大谷文书集成（一）》图版部分所有给田文书原件影印，这一字应作"充"，是"充"字的草书。池田氏和小田氏的给田文书录文，此字均录为"充"。"地"字之上所空字，西嶋氏、池田氏、小田氏均未填，细审文书原件影印，此字尚残留"宀"形痕迹，我认为，这是"欠"字之头的大部分残存。此空字应填"欠"字。这样，此行残留 4 字是"欠地丁充"。在数以百计的给田文书上的县司批语，其末一字是"充"，其开端大多有"给"字，即"给某某人充"。据此，"欠"字上应有"给"字，则此 5 字为"给欠地丁充"。"欠地丁"这一专用词在吐鲁番文书中就有，如大谷 4190 号文书"但当乡所通欠地丁，并皆据实"就是一例。唐《田令》及史籍文献记述土地关系时，常使用"充"字，如《通典》卷 2《食货二·田制下》载"唐开元二十五年田令"略云："先永业者，通充口分之数。""所给五品以上永业田皆不得狭乡受，任于宽乡射无主荒地充。其六品以下永业田，即听本乡取还公田充。""亲王出藩者，给田一顷作园。若城内无可开拓者，于近城便给。如无官田，取百姓地充。其地给好地替。"《册府元龟》卷 495《邦计部·田制门》略云："大历元年制，其逃户复业者，宜给复二年，不得辄有差遣。如有百姓先货卖田宅尽者，宜委本州县取逃死户田宅，量丁口充给。"因此，此行末 1

174

字,不仅据字形录为"充",据文义及唐《田令》、唐文献用字,也应录为"充"。"充"即"充分"(见本书下文所引大谷3150号文书)的简略,"充分"意为充其应得田分。

池田温既在第5行末把"充"录为"元",因而把"元宪"这一人名分书于第5、6两行。这在有元宪签署的多件官府文书中都不是这样,而且也不应该这样。第6行,在"示"字之上,小田氏填"付元宪"3字,根据多件官文文书,"元宪"是西州高昌县的县令,与大谷1227号文书同类文书上有元宪的签署,因此,池田氏,小田氏在"示"字之前填"元宪"2字,是有根据的。但小田氏在"元宪"之前填"付"字,恐不妥。"付元宪示"在文义上亦难理解。"付元宪",谁付元宪?元宪已是县里的最高长官了。"付元宪"之下的"示"字,谁"示"?都难理解。

据图版62上的大谷1227号文书原件影印,也据以上的分析,这一文书第5、6行我的录文如下:

给 欠 地丁充

　　元宪示　廿六日

据此,冬季授田主要是授予"欠地丁",冬季授田的根据之一是"欠田簿"。

关于大谷1227号文书的录文,我提出一些不成熟的意见,有的意见近于推测,请西嶋氏、池田氏、小田氏指教。

4.3.1.3　欠地丁的户等

冬季授田给予什么人的问题已说完,以下论述欠地丁的户等问题。

大谷2912号欠田文书:

　　[1]宁昌乡

　　[2]　　　合当乡第九第八户欠田丁中总一百人

　　[3]　　　　　　八十七人第九户

据此,欠地丁八、九两等户,绝大多数为九等户。

大谷2906号欠田文书:

　　　　□第八 户

很显然，"八"下所缺字是"户"字，推测"第八"前所缺字可能是"第九"，即此行之前所记若干欠地丁为八、九两等户。

大谷 2897 号欠田文书：

　　　　☐第 九 户

即此行之前所记欠地丁为九等户。

按：池田温氏以大谷 2897、2892、2900、2895 号缀合成一件文书（见池田温书[1]录文部分"欠田簿"第二件），其第 24 行为：

　　　　☐　☐　　　　☐（第 八 户）☐

其第 25、第 26 两行为：

　　　　☐☐恩五丁欠常 田 ☐☐

　　　　☐定☐☐

这 3 行所在的位置相当于大谷 2895 号文书之末。小田氏的大谷 2895 号录文没有池田氏所录有"（第八户）"的一行。我细翻图版第 67 所载 2895 号文书原影印件，在"☐☐恩五丁欠常 田 ☐"与它的前一行："☐☐☐丁欠常田二亩　部田七亩"之间，虽有约略相当一行的空隙，但只是在残文书的下端的折断处有一点痕迹，其他并无字迹可寻。似乎不应加此一行，即不应填"第八户"3 字，也不知文书原件确切如何？

大谷 2887 号欠田文书：

　　　　☐第 八 户

即此行以前所记的欠地丁为八等户。

大谷 2376 欠田文书：

　　　　☐第 九 第

按：第二个"第"字不应有"八户"两字，即此行之前所记欠地丁为八、九两等户。

大谷 2904 欠田文书：

　　　　☐当 乡 第 八 第 九 户 欠 田☐

即某乡当乡八、九两等户欠田丁若干人以及欠田亩数若干。

―――――――――――

　　〔1〕池田温《中国古代籍帐研究》，第 392 页。

根据上引 6 件欠田文书,欠地丁都是八、九两等户,没有七等以上户。文书残缺太甚,七等以上户的记载全缺掉了,这一可能是存在的。但也不排除这样的可能,即七等户很少,特别是六等以上户更少,甚至没有。

为了论证欠地绝大多数是下等户,即七、八、九等户,这不仅是西州高昌县的实际情况,也是全西州以及全国的实际情况,首先要明确高昌县、整个西州以至全国,受田户中的绝大多数为七、八、九等户。可以论证上述课题的有下列 3 类史料:(1)唐敦煌户籍和唐吐鲁番户籍中的户等记载;(2)唐敦煌差科簿中的户等记载;(3)有关唐史的史籍及文献中的户等论述。

兹先列户籍中所记户等的统计如下:《唐先天二年沙州敦煌县平康乡籍》(伯 2822 号及罗振玉旧藏)、《开元四年沙州敦煌县慈惠乡籍》(伯 3877 号)、《开元十年沙州敦煌县悬泉乡籍》(伯 3897 号、伯 3877 号)、《开元十年沙州敦煌县莫高乡籍》(伯 2684 号)、《天宝三载敦煌郡敦煌县神沙乡弘远里籍》(伯 2719 号)、《天宝六载敦煌郡敦煌县效谷乡□□里籍》(斯 4583 号)、《天宝六载敦煌郡敦煌县龙勒乡都乡里籍》(伯 2596 号及伯 3354 号等)、《大历四年沙州敦煌县悬泉乡宜禾里手实》(斯 514 号)8 件户籍上的下三级户等户数目如下:

七等(下上)户	1 户
八等(下中)户	19 户
九等(下下)户	30 户

8 件户籍所载 50 户全是下等户,即七、八、九等户,而八、九两等户占 49 户,即绝大多数。吐鲁番户籍虽件数很多,但均残甚,记有户等者 7 户,见池田温著《中国古代籍帐研究》所载《唐开元四年西州柳中县高宁乡籍》(东京国立博东洋馆、书道博物馆)、《唐开元初年西州柳中县承礼乡籍》(大阪四天王寺出口常顺)、《唐开元年代西州籍》(大谷 4034 号),即八等户 1 户,九等户 6 户,其情况与敦煌籍同。

《敦煌天宝差科簿》,首部完整者为《从化乡差科簿》,首部较完整者为《寿昌乡差科簿》。从化乡见在的 140 人中:

10 人	中下（六等）户
10 人	下上（七等）户
20 人	下中（八等）户
100 人	下下（九等）户

六等户仅 10 人，占全乡见在人数的 1/14，七、八、九等户共 130 人，占全乡见在人数的 13/14，八、九等户又占绝大多数。寿昌乡见在的 155 人之中：

5 人	中下户
19 人	下上户
43 人	下中户
88 人	下下户

六等户只 5 人，占 1/31，七、八、九等户共 150 人，占 30/31，八、九等户又占绝大多数。

《敦煌差科簿》中所记其他乡的见在人数均残缺太甚，兹举出尚存的户等人数：

悬泉乡	100 人下中户
慈惠乡	135 人下下户

敦煌户籍（特别是吐鲁番户籍）虽然极为残缺，但是把户籍所显示的受田农民的户等情况和差科簿所显示的受田农民的户等情况一并分析，则可看出，两类史料所显示的受田农民的户等情况几乎完全相同，即受田农民中的绝大多数是下等户，即七、八、九等户，八、九等户所占的比例更大。这种情况可能是唐代前期沙州地区、西州地区的实际情况。受田农民中的绝大多数是下等户，特别是八、九等户，则欠地丁当然也是下等户，特别是八、九等。很有可能，也是全国的实际情况。

杜佑在《通典》卷 6《食货六·赋税下》"户税钱"下的注文中说到的户等："大约高等少，下等多，今一例为八等以下户计之。"据此，天宝中的户等情况，不只是高等户少下等户多，而且计算户税率一例以八等、九等户计，可见八等、九等户占全户数中的大多数。这种情况和上文论述的户籍、差科簿所显示的户等情况基本相同。

《旧唐书》卷8《玄宗纪》略云："[开元]十年春正月戊申,内外官职田,除公廨田园外,并官收,给还逃户及贫下户欠丁田。"这是一次临时性给田,给田的数量相当多。给予两种人:一为贫下户中的欠地丁,也就是下等户(七、八、九等户)特别是八、九等户中的欠地丁;一为还逃户,还逃户中的绝大多数应是贫困的下等户,特别是八等户、九等户。这和前一种人相同,不过后者是《田令》规定的"先无,后少"的"无",即上文已说过的全欠。前者是《田令》规定的"先无后少"的"少",即上文已说过的多欠,总之,这两种人都是下等户中,特别是八、九等户中的欠地丁。这次临时的全国性给田,其性质、政策和每年冬季给田完全相同。这一点也说明了我在上文论述的每年冬季给田的情况,虽然所使用的只是西州高昌县的原始材料,但不应看作是局部地区的情况,而应看成是与《田令》符合的全国性的普遍情况。

总括以上全部论述,把《田令》、大谷欠田文书、大谷给田文书、敦煌户籍和差科簿、《通典》以及《旧唐书》的论述和记载结合起来,使我们认识到每年冬季给田的实际情况是:(1)依据《田令》,给予欠地丁中的一部分人。欠地丁分为全欠(即"无")和多欠(即"少")。欠地丁中也有较富和较贫的,每年冬季受田的欠地丁,多数应是"贫"和"无"的。(2)欠地丁中绝大多数是七、八、九等户,特别多的是八、九等户。(3)登记欠地丁及其所欠田亩数量的"欠田簿"是冬季授田的主要依据之一。

4.3.2 论请地辞、牒和请地簿

在大谷田制文书中,有些文书,池田温氏定名为给田关系牒。详察文书内容,我认为,这些文书是请地辞、牒,与此有关的是请地簿。我认为,请地是每年冬季授田过程中的一个环节,兹详论如下:

4.3.2.1 关于"请"和"请射"的解释

"请"及"请射"多见于唐田令和有关土地问题的记载中。兹举出以下史料:

《唐六典》卷3"户部郎中员外郎"条云:

（按:以上记述职事、勋、散官的永业田),其地并于宽乡请授,

亦任隔越请射,茊(按:南宋本作蓷)帅(按:"茊帅"不可解,恐有讹误。据《通典》卷2《食货二·田制下》"唐开元二十五年田令",此二字似应作"永业"。《册府元龟》卷495《邦计部·田制门》载"开元二十五年田令"同)皆许传之子孙,不在收授之限。若未请授而身亡者,子孙不合追请;若袭爵者,祖父未请地,其子孙减初封者之半。

这条史料中有冠以"请"字的"请授"、"请射"、"追请"、"请地"诸词。

《通典》卷2《食货二·田制下》(《册府元龟》卷495《邦计部·田制门》同)略云:

> 大唐"开元二十五年令":五品以上永业田,皆不得狭乡受,任于宽乡射无主荒地充。其因官爵应得永业未请及未足而身亡者,子孙不合追请也。诸袭爵者,唯得承父祖永业,不合别请。若父祖未请及未足而身亡者,减始受封者之半给。
>
> 诸买地者不得过本制,虽居狭乡,亦听依宽制。其卖者,不得更请。

这条史料中有"射"及"未请"(两见)、"追请"、"别请"、"更请"诸词。

《册府元龟》卷495《邦计部·田制门》略云:

> 天宝十一载十一月乙丑诏曰:其有同籍周期以上亲俱有勋荫者,每人占地顷亩,任其累计。其先不合荫,又荫外请射兼借荒及无马置牧地之内,并(兴按:疑应作不)从合荫者,并不在占限。又两京去城五百里内,不合置牧地,地内熟田仍不得过五顷以上,十顷以下。其有余者,仰官收,应缘简括,共给授田地等。不得辄给官人亲识工商富豪兼并之家。如有妄请受者,先决一顿,然后准法科罪。自今已后,更不得违法买卖口分永业田及诸(兴按:应作请)射兼借公私荒废地,无马妄请牧地。

这条史料中有"请射"(两见)、"妄请受"、"妄请"诸词。

在以上3条史料中,"请受"、"请射"以及带有"请"字的词共13见,"射"字一见。此"射"字上略去"请"字。联系上下文义,"请"有下列含义:在制度规定及法律允许的前提下(或范围内),应受田者提出申请,授予土地。如《唐六典》一条史料中的"请受","请"字与"授"字相连,"请射","请"字与"射"相连,这两个词的出现是在上文所说的职事、官、勋官、散官五品以上给永业田制之后,按制度规定的前提下(或范围内),应受田者在狭乡要一般申请授田,在宽乡的可以指定地点地段请受。指定地点地段的请授,就是请射。指物而取曰射。这里的物就是地。第3、第4、第5个"请"字在一句内,"若未请而身亡者",这一"请"字是合乎制度的"请";"子孙不合追请",因子孙不在制度规定之内;"祖父未请地",是在制度规定内应请而未请。总之,这3个"请"字分别从正面和反面来表明:只有在制度规定内的应受田者,才可以请地。

《通典》一条史料中的"任于宽乡射无主荒地充"的"射",也是"请射","请"字省略。联系上下文看,其意为:制度规定可授田,可以以请的手续,指定无主荒地充分,"其因"云云一句的前一个"请"字,是说按制度规定可请地而未请,后一个"请"字意为,子孙不在制度规定之内,不能追请。"其卖者,不得更请",意为制度不允许卖去永业口分田的,再请求授地。

《册府元龟》一条史料中的"荫外请射"云云一句,意为荫内可以请射,但荫外请射,制度上不允许占有。"如有妄请授者"一句,联系上下文,意为制度不允许请受而妄请受者,要受到法律制裁。"自今已后"一句的"请射"和"请",都是说违反法令的不能请射废荒地,不能请受牧地。

4.3.2.2　请地辞、牒和请地簿

根据上述分析,与授田有关的"请"以及"请射"的含义是:制度规定的受田者,可以履行请授或请射的手续被授予应受的土地;不是制度规定的受田人,不能请授或请射土地。这些"请授"、"请射"等等都是具体的,都是各类授田的必要手续,都是实行均田制过程中的一个必要的程序。吐鲁番文书中存在这类手续和程序的例证,兹移录有关的大谷文书并论述如下:

大谷3419号文书,池田温先生拟名为《唐开元二十九年(741)冬

西州高昌县给田关系牒》。文书所在的时间、地区,我同意池田氏的拟名,但文书名称应为"请地牒"。理由如下文:

(前　缺)

[1]牒,感洛家有一丁一中,口分

[2]收授次,伏望支给,请处分,谨牒。

[3]　　　　开元廿九年十一月　日武城乡勋官王感洛

牒

[4]　付　司　　　　　元宪宗

[5]　　　　　　　　十五日

[6]　　　　　　　十一月十五日录事　受

[7]　　　　　主簿　盈付

[8]　　　　连　盈白

[9]……………………………………缝背署"元"

从上引文书的第1、2、3行牒文的内容和语气来看,王感洛应是欠地丁,他家有一丁一中,口分田不足。在授田之时,请求授予不足之田。第4、5两行是高昌县令元宪的批语。在唐代官府文书中,批语后有"示"字者,是一个地区或一个部门的长官。"付司"意为交给县有关部门处理。第6行记的是:此牒文是录事收的。第7行记的是:主簿付给的,应该付给司户。第8、9两行是盈的批语。"连"即"检案连"或"检案连如前"的省略,意为把有关的文书连在一起。主簿是判官,不是最后的决定者,故只书"白"。

我认为,这一文书就是上文分析中所说的授田过程中的请地手续。文书可称为请地牒。王感洛按制度受田,但未足,因此,按制度规定,他可以在冬季授田时提出请地;经过县司批示,补授土地。据此可知,虽说应该由官府补授土地,但是必须履行请地这一手续。不履行这一手续,只以欠地丁或欠田户的身份还是不能取得土地的,这是实行均田制的一个必要程序。

大谷4880号文书,池田温先生拟名为《唐开元二十九年(741年)冬西州高昌县给田关系牒》。文书所在的时间、地区,我同意池田氏的

182

拟名,但文书的名称应为"请地辞",理由如上述。

[1]　　　　□琳男休如辞,

[2]　　　　□并未蒙给地,

[3]　　　　□请处分,谨辞。

[4]　　　元宪示。

[5]　　　　　廿六日

[6]　　　　十二月廿六日录事　受

[7]　　　　主簿　　　使

[8]　　　　依前　元宪示

[9]　　　　　　　廿六日

这一文书的结构和各部分的解释,大致同前一文书,不重述。这是一件请地辞。据《唐六典》卷1"左右司郎中员外郎"条:"九品已上公文皆曰牒,庶人曰辞。"前一件的呈送者王感洛是勋官,故称为牒,这一件的呈送者是一般百姓,即庶人,故称为辞。此件文书残缺更甚,但其大意仍同前件文书。休如按制度应受田,但未给地,是欠地丁,又是全欠,即田令中"先无,后少"的"无",因此,在冬季授田之际,按规定上请地辞,请求授田。

大谷3155号文书(池田温氏的拟名等等和我的意见均同前件文书):

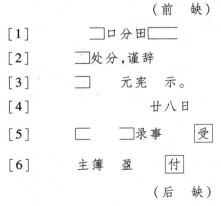

（前　缺）

[1]　　　□口分田□□□□

[2]　　□处分,谨辞

[3]　　　□　元宪　示。

[4]　　　　　廿八日

[5]　　　□　　□录事　受

[6]　　　主簿　盈　付

（后　缺）

这一文书残缺更甚,但是从残存的"口分田"、"处分"、"谨辞"等来判断,这是一件一般百姓所上的请地辞。

大谷3150号文书,池田温氏拟名为《唐开元二十九年(741)冬西州高昌县给田关系牒》。从文书上的批语推测,我认为,文书的时间可能早于或晚于冬季授田,文书的名称应为"请射地辞":

[1] 　　　　　　　□康大智辞

[2] 　　　□废垣并废渠道计有贰亩 <small>东竹手达　南康兹敏□北斯越寺</small>

[3]县司:大智家有兼丁,先欠口分不充,今有前件

[4]废渠道,见亭无人营种,请勘责充分,贫下

[5]得存活路。谨辞。

[6]"冬初给授,会式

[7]　昭然。非□

[8]　□□　　　　　"

这件文书是请射地辞,内容俱在,不必再说。"冬初给授"云云是县司批语;"康大智"又见于大谷2912号欠田文书,其文略云:

[1]宁昌乡

[2]合当乡第九第八户欠田丁中总一百人

[3]八十七人第九户

[4]康大智<small>二丁欠常田二亩　部田四亩</small>

据此,康大智乃宁昌乡的欠田户。请射地辞说"家有兼丁",与欠田文书的"二丁"也符合。在辞中,康大智指出所请地具体所在以及亩数四至,这就是"射",因此,文书应称为请射地辞。文书末部所载批语残缺太甚,不能确说。

池田温注明旅顺博物馆旧藏的一件文书,池田温氏拟名为《唐开元二十九年(741)冬西州高昌县给田关系牒》,我认为文书乃请地牒:

(前　缺)

[1]牒奉□□　一寡一□亡□

[2]部田五亩,余欠,今因收授□

[3]　　　　　　开元廿九年十二月　日上柱国□

我认为这是一件请地牒,残缺的内容可确定其性质。申请者为上柱国,

184

故名为牒。申请的时间正在冬季授田之际。

池田温注明旅顺博物馆旧藏的一件文书（池田氏的拟名和我的不同意见，同前件）：

（前　缺）

[1] 　　□弟嘉秀

[2] 　　　□唯有常田二亩，余欠不□

[3] 　　　□责之次，望请准式□

[4] 　　　　　上柱国子张嘉盛

根据文书内容，这显然是一件请地牒。请地者为欠田户，其身份是勋官之子，所以文书应名为牒。

总括以上全段论述及征引史料，提出意见如下：唐《田令》中和有关土地的诏敕中的"请"、"请射"，是制度规定的授田过程中的必要程序和手续，不是泛说。上引6件吐鲁番开元请地和请射地牒或辞，就是这种必要手续的具体体现，也是具体例证。这6件请地牒和请射地辞是以田令和有关敕令为根据的。

《吐鲁番出土文书》第四册[1]载唐请地簿（68TAM103∶18/6）：

（前　缺）

[1] 　　　伍□

[2] 　　　拾捌□

[3] 　合应请地丁中 老寡

[4] 　　　玖拾丁　人得 常 □

[5] 　　伍次男　　人得常□

[6] 　□老寡　　人得常田二亩　部田壹□

（后　缺）

我认为，这件文书是上文所引6件请地请射地牒、辞的同类文书。这可能是若干件请地请射地牒、辞以及对请地的处理意见的总括统

---

〔1〕国家文物局古文献研究室、新疆维吾尔自治区博物馆、武汉大学历史系编《吐鲁番出土文书》第四册，文物出版社1983年版，第237页。

计,据文书的内容可确定此点。据该本书编者的前言,这件文书出土于阿斯塔那 103 号墓,一同出土的文书中有贞观十八年的纪年,据此推测,这件请地簿可能是贞观十八年前后的。文书残缺太甚,其内容不能详知。但据残留的"合应请地丁、中"、"玖拾丁 人得 常□"等等以及文书的形式,称它为请地簿是有根据的。这应是一件官府文书,数目字都大写,郑重其事。文书记载,人得常田若干亩、部田若干亩,这应是县司的处理意见,里正没有这样的权力。请地簿应是始制于里正终成于县司。由于请地簿这一类文书的出现,可证明上文所引 6 件吐鲁番文书称之为请地请射地辞、牒是符合唐时的实际的。也可以证明在每年冬季给田过程中请地这一必要程序,在唐代前期是一贯存在的。贞观请地簿和开元请地牒、辞,虽相隔百年,但性质相同又互相联系。这一点反映唐代前期实行均田制的具体程序和办法是一贯的。据开元欠田簿,欠田丁所欠田地大多数是一二亩或三四亩,这和贞观请地簿中人得常田二亩、部田一亩也是一致的。值得注意的是:贞观请地簿中每人得常田部田的亩数似乎都是相同的,似乎是平均补授。不知是否如此?为什么如此?这有待于进一步探讨。

根据这一段的论述,联系下一段的论述,试具体描述唐每年冬季授田过程(或过程的一大部分)如下:在欠田簿上的欠地丁按照制度规定提出申请,上给县司请地牒、辞或请射地牒、辞,由县司一一批示。这些请地牒、辞和请射地牒、辞,以及对这些牒、辞的批示连制成簿,这就是请地簿,县司根据请地簿授田。以上是我的推测,不知能成立否?

4.4　百亩之田——应受田已受田制的渊源

4.4.1　隋开皇仁寿制及大业制

《隋书》卷 24《食货志》略云:

其丁男,中男永业露田,皆遵后齐之制。并课树以桑榆及枣。其园宅,率三口给一亩,奴婢则五口给一亩。(《通典》卷 2《食货二·田制下》同,但脱"奴婢则五口给一亩"一句)

按后齐之制见下文,大业田制与开皇仁寿田制的主要区别是,大业田制规定,妇人、奴婢、部曲不受田(见《通鉴》卷180),我推测,牛也可能不受田了,果如是,则唐制乃承袭隋大业制。这一区别很重要,它划分了均田制历史的前后两个时期。

4.4.2 北齐制

《隋书》卷24《食货志》略云:

> 其方百里外及州人,一夫受露田八十亩,妇四十亩。奴婢依良人,限数与在京百官同。丁牛一头受田六十亩,限止四牛。每丁给永业二十亩为桑田。其田中种桑五十根,榆三根,枣五根,不在还受之限。非此田者,悉入还受之分。土不宜桑者,给麻田如桑田法。(《通典》卷2《食货二·田制下》同,唯"妇"作"妇人")

又按《隋书》卷24《食货志》略云:

> 至河清三年定令,男子十八以上,六十五以下为丁,十六已上,十七已下为中,六十六已上为老,十五已下为小。率以十八受田,输租调,二十充兵,六十免力役,六十六退田,免租调。

> [隋]高祖及受禅,乃颁新令,男女三岁已下为黄,十岁已下为小,十七已下为中,十八以上为丁。丁从课役,六十为老,乃免。

据此,隋开皇仁寿制和北齐河清制有一点不同,即北齐制是66岁退田,隋制是60岁退田。

据上引史料,北齐和隋开皇仁寿年间,受田者有下列两种人和牛:

(1)18岁已上65岁以下的丁男丁女(北齐),18岁已上59岁已下的丁男丁女(隋);(2)奴婢;(3)牛。

但据《隋书》卷24《食货志》(《通典》卷2《食货二·田制下》同)云:

> 时天下户口岁增,京辅及三河,地少而人众,衣食不给。议者咸欲从就宽乡。其年冬,帝令诸州考使议之。又令尚书以其事,策问四方贡士,竟无长算。帝乃发使四出,均天下之田。其狭乡,每丁才至二十亩,老、小又少焉。

据此,在隋代,老、小受田。按唐制,老男受田有两种情况,一为老男受口分田 40 亩,二为老男当户,受田 50 亩,20 亩为永业,30 亩为口分。隋代的老男小男受田标准不知如何? 但老、小肯定是受田的。如老男受田,则 60 岁已上的老男是否退田? 这是要进一步研究的问题。隋开皇仁寿田制承袭北齐制,北齐是否也是老男小男受田? 也有可能如此。

据隋大业田制,受田者有下列三种人:

(1)18 岁已上至 59 岁已下的丁男;(2)老男;(3)小男。

唐田制直接承袭隋大业田制,但与大业田制有很大不同。首先唐代受田者有 17 种人之多(详见上文);其次,唐代中男 18 岁已上者也受田。这些不同,也可能由于史籍记载隋制有所脱落。

4.4.3　北周制

《隋书》卷 24《食货志》略云:

> 凡人口十已上,宅五亩,口九已上(下)宅四亩,口五已下,宅三亩。有室者,田百四十亩,丁者田百亩。(《通典》卷 2《食货二·田制下》下同,唯"口九已上"作"口七已上")

瓜州地区,据西魏大统十二年《瓜州效谷郡计帐户籍》(斯 613 号背)受田标准为:

丁男十八岁已上受田三十亩:二十亩正

十亩麻

丁女受田十五亩:十亩正

五亩麻

奴受田同丁男,婢受田同丁女

癃、老、中、小各受田十五亩:十亩正

五亩麻

牛一头受田十亩正

户受园宅地一亩

《隋志》和《通典》所载北周田制应是中央政权的规定,据宽乡立制,当时的瓜州效谷郡地区,可能是狭乡。因而应受田只有中央所规定的不足 1/3;田分正、麻,奴婢、牛皆受田,这和北齐田制基本上一致。

可注意的是,癃、老、中、小受田,这是临时照顾呢,还是经常的制度？如果是经常的制度,则与唐田制相同。这一问题应进一步研究。

4.4.4　北魏制

《魏书》卷110《食货志》略云:

[太和]九年,下诏均给天下民田:

诸男夫五十以上,受露田四十亩,妇人二十亩,奴婢依良。丁牛一头受田三十亩,限四牛。所授之田率倍之,以供耕作及还受之盈缩。

诸民年及课则受田,老免及身没则还田。奴婢、牛随有无以还受。

诸桑田不在还受之限,但通入倍田分。于分虽盈,没则还田,不得以充露田之数。不足者以露田充倍。

诸初受田者,男夫一人给田二十亩,课莳余,种桑五十树,枣五株,榆三根。非桑之土,夫给一亩,依法课莳榆、枣。奴各依良。限三年种毕,不毕,夺其不毕之地。于桑榆地分杂莳余果及多种桑榆者不禁。

诸应还之田,不得种桑榆枣果,种者以违令论,地入还分。

诸桑田皆为世业,身终不还,恒从见口。有盈者无受无还,不足者受种如法。盈者得卖其盈,不足者得买所不足,不得卖其分,亦不得卖过所足。

诸麻布之土,男夫及课,别给麻田十亩,妇人五亩,奴婢依良。皆从还受之法。

诸有举户老小癃残无授田者,年十一已上及癃者各授以半夫田,年逾七十者不还所受。寡妇守志者虽免课亦授妇田。

诸还受民田,恒以正月。若始受田而身亡,及买卖奴婢牛者,皆至明年正月乃得还受。

诸土广民稀之处,随力所及,官借民种莳。役有土居者,依法封授。

诸地狭之处,有进丁受田而不乐迁者,则以其家桑田为正田分,又不足不给倍田,又不足家内人别减分。无桑之乡,准此为法。

乐迁者听逐空荒,不限异州他乡,信不听避劳就逸。其地足之处,不得无故而移。

诸民有新居者,三口给地一亩,以为居室,奴婢五口给一亩。男女十五以上,因其地分,口课种菜五分亩之一。

诸一人之分,正从正,倍从倍,不得隔越他畔。进丁受田者恒从所近。若同时俱受,先贫后富。再倍之田,放此为法。

诸远流配谪,无子孙及户绝者,墟宅、桑榆尽为公田,以供授受。授受之次,给其所亲,未给之间,亦借其所亲。(《通典》卷1《食货一·田制上》同,唯"以供耕作"作"以供耕休",《通典》作"休"是,倍田是为了休耕的。又"非桑之土,夫给一亩"一句之下,《通典》有脱落。又"诸有举户老小癃残",《通典》"癃残"作"残疾";"及癃者",《通典》作"及残疾者";"亦授妇田",《通典》"授"作"受"。"役有土居者",《通典》作"后有来居者",《通典》是。)

史籍记载历代百亩之田及永业口分田制,魏制最为详备。丁(15岁以上)男丁妻受田,奴婢受田依良,丁牛受田,受田还田,露田桑田,桑田为永业田,凡此种都和北齐制以及隋开皇仁寿制相同。

关于小男、癃疾、寡妻受田以及年逾70者不还田,是特殊情况的特殊照顾,我们可以联系到上文已论及的西魏、北周制中的癃老、中、小受田,可能也是同样情况;我们还可以联系到唐代老男、笃疾、废疾、寡妻妾受田,虽然是从北魏制度发展来的,但已不是特殊照顾,而是经常制度了。

北魏制中的倍田,和唐制中的倍田基本相同。北齐制、北周制以及隋制没有说到倍田,可能是记载脱落。

最后,简要论述北魏均田制与汉化政策的关系。陈寅恪先生在《隋唐制度渊源略论稿》二"礼仪篇"指出:[1]

魏初宗主督护之制,盖与道武时离散部落为编户一事有关,实本胡部之遗迹,不仅普通豪族之兼并已也。李冲请改宗主督护

---

〔1〕陈寅恪《隋唐制度渊源略论稿》,上海古籍出版社1982年版,第40页。

制为三长制,亦用夏变夷之政策,为北魏汉化历程之一重要阶段,其事发于李冲,岂偶然哉!

均田制是中央集权国家管理私田的制度,均田制中的百亩之田和永业、口分制又是国家为了稳定和维持小自耕农经济而制定的,它实际上是儒家小自耕农经济思想的体现。北魏均田制中关于小男、癃疾、寡妻妾受田和年逾70者不还田的规定,也与儒家的思想有关。《礼记·礼运篇》略云:

> 大道之行也,天下为公,故人不独亲其亲,不独子其子,使老有所终,壮有所用,幼有所长,矜寡孤独废疾者,皆有所养。

中国古代国家把上述的儒家思想运用在对私有土地的管理制度上,允许没有劳动能力和失去劳动能力的人们也占有土地。西魏、北周田制中癃、老、中、小受田的规定,也同样是儒家思想的体现。到唐代,这种儒家思想的体现更完满了。北魏和西魏北周关于癃老等给田可能是特殊规定,而唐代老男、笃疾、废疾、寡妻妾的给田则是经常的制度了。

根据上述分析,在用夏变夷,改宗主督护制度为三长制之后,紧接着就实行体现儒家思想的均田制,不是偶然的,这是北魏汉化程度增高的必然表现。实行汉化的田制,就必然要实行汉化的三长制为其前提,在胡部之遗迹宗主督护制之下,汉化的田制是不可能实行的。

4.4.5 西晋占田制

《晋书》卷26《食货志》略云:

> [太康元年]又制户调之式,男子一人占田七十亩,女子三十亩。其外丁男课田五十亩,丁女二十亩,次丁男半之,女则不课。(《通典》卷1《食货一·田制上》,但"其外",《通典》作"其",即"其丁男课田五十亩",《通典》是。"其外丁男课田五十亩",文义难通。)

按西晋的男子占田70亩,女子30亩,即一夫一妻占田百亩,是晋代国家规定的农民占有土地的最高限额,不是他们实际已有的土地,其性质相当于北魏均田制中一夫一妻受田60亩,也相当于唐均田制中丁男受田百亩。至于一夫一妻课田70亩,是农民的已有土地,当然,不

·欧·亚·历·史·文·化·文·库·

可能所有的一夫一妻都已有 70 亩,不可能那样整齐划一,超过 70 亩的也只课 70 亩;不足 70 亩的也要课 70 亩,这样鼓励农民开垦荒地,或购买土地。

根据上述分析,西晋占田制,一方面,稳定小自耕农的一小块儿土地;另一方面,这一小块儿土地的数量又要在封建国家规定的限额之内,这样就维护了小自耕农经济,这和唐代的应受田、已受田的性质基本相同,同样是国家管理私有土地的制度。

上述百亩之田——应受田已受田制,包括唐田制、隋开皇仁寿田制及大业田制、北齐田制、西魏北周制、北魏田和西晋田制,把这六代田制综合起来,提出下列意见:

(1)明确分为应受田和已受田的是唐田制和西魏北周田制(据斯613号背文书),基本上分为应受田和已受田的是西晋田制,占田同于应受田,课田是已受田或基本上是已受田。

(2)只定出应受田的是隋田制、北齐田制和北魏田制。

(3)六代一丁男应受田的亩数是:百亩(唐)、百亩(隋)、百亩(北齐)、百亩(北周,据《隋书·食货志》)、60 亩(北魏)、70 亩(西晋)。

(4)应受田中分为永业和口分的是唐田制、隋田制、北齐田制、西魏北周田制(据斯613号背文书)、北魏田制。

(5)已受田中分为永业和口分的是唐田制、西魏北周田制(据斯613号背文书)。

(6)明确规定授(受)田、收(退)田的是唐田制、隋田制、北齐田制、北魏田制。

具备以上(1)、(4)、(5)、(6)项的只有唐田制,只具备(1)项的是西晋田制。据此,西晋田制是百亩之田——应受田已受田的最初形式,经过北魏、北齐、北周、隋到唐的发展,唐田制是百亩之田——应受田已受田制最完备的形式。当然,北魏、北齐、北周和隋的田制不完备,史籍失载可能是原因之一。

无论形式完备与否,这六代田制都是以农民占有一小块儿土地为核心,这表示了中央集权国家维护以一小块儿土地为基础的小自耕农经济。其次,这六代田制都规定了应受田限额,这表示国家既维护小自耕农经济又限制它,使它不要脱离小自耕农经济这个范畴。再其次,北魏田制、北齐田制、隋田制和唐田制都规定了授(受)田和收(退)田。这表示国家以行政手段对小自耕农之私有土地的干预管理。据上述,我们可以说,百亩之田——应受田已受田制定是中央集权国家管理自耕农私有土地的制度。

上文我们说,西晋田制是百亩之田——应受田已受田制的最初形式,已形成制度,但不完备。唐田制则极为完备,唐田制是西晋制经过四代几百年的发展而形成的,西晋田制是源,但也可能同时是流,在它之前还有本源。

4.4.6　西汉制的推测

《汉书》卷19上《百官公卿表》"监御史"条(《后汉书》卷28《百官志》"外州刺史"条引蔡质《汉仪》同)云:

> 武帝元封五年初置部刺史,掌奉诏条察州。师古曰:《汉官典职仪》云:刺史班宣,周行郡国,省察治状,黜陟能否,断治冤狱,以六条问事。非条所问,即不省。一条强宗豪右田宅逾制。

按武帝派部刺史以"六条察州",第一条便是强宗豪右占田逾制。可见当时汉代国家管理私田是有制度的。这个制度可能如西汉哀帝以后直至唐代的贵族品官占田制,也可能类似西晋占田制以后直至唐代的百亩之田——应受田已受田制。我认为后者的可能性更大。果如是,那就是西晋占田制的渊源了。

4.5　百亩之田——应受田已受田制与儒家小农经济思想的关系

百亩之田和应受田已受田制的渊源可追溯到战国,它的最初源应与儒家的小农经济思想有关。这一制度的形成和发展,也都和儒家的小农经济思想有关。兹阐述如下:

4.5.1　孟子、荀子关于小农经济思想的论述

《孟子》一书中多处记载关于小自耕农经济和它对于国家的重要

意义。兹先移录有关记载如下：

《孟子·梁惠王章句》上云：

五亩之宅，树之以桑，五十者可以衣帛矣。鸡豚狗彘之畜，无失其时，七十者可以食肉矣。百亩之田，勿夺其时，数口之家可以无饥矣。谨庠序之教，申之以孝悌之义，颁白者不负戴于道路矣。七十者衣帛食肉，黎民不饥不寒，然而不王者，未之有也。

据此，孟子认为，有了小农经济再加上教化，就可以王天下。百亩之田，五亩之宅，数口之家，耕织并饲养家畜，自给自足，正是小自耕农经济的典型。

同书又略云：

曰：无恒产而有恒心者，惟士为能。若民则无恒产，因无恒心。苟无恒心，放辟邪侈，无不为己，及陷于罪，然后从而刑之，是罔民也。焉有仁人在住，罔民而可为也？是故明君制民之产，必使仰足以事父母，俯足以畜妻子。乐岁终身饱，凶年免于死亡。然后驱而之善，故民之从之也轻。今也制民之产，仰不足以事父母，俯不足以畜妻子，乐岁终身苦，凶年不免于死亡。此唯救死而恐不赡，奚暇治礼义哉。王欲行之，则盍反其本矣。

据此，孟子认为，以百亩之田为核心的小农经济，加上教化是王政之本。

《孟子·滕文公章句》上略云：

滕文公问为国，孟子曰：民事不可缓也。民之为道也，有恒产者，有恒心，无恒产者无恒心。

据以上两条史料，恒产应是百亩之田，五亩之宅。

同上书又云：

夫以百亩之不易为之忧者，农夫也。

《孟子·万章章句》下云：

耕者之所获，一夫百亩。

《孟子·尽心章句》上云：

天下有善养老，则仁人以为已归矣。五亩之宅，树墙下以桑，匹妇蚕之,则老者足以衣帛矣。五母鸡,二母彘,无失其时,老者足以食肉矣。百亩之田,匹夫耕之,八口之家,足以无饥矣。所谓西伯善养老者,制其田里,教之树畜,导其妻子使养其老。五十非帛不暖,七十非肉不饥,不煖不饱,谓之冻馁。文王之民,无冻馁之老者,此之谓也。

归纳以上6条史料,孟子提出的小农经济蓝图包括以下3个因素:

(1)百亩之田生产粮食;

(2)五亩园宅地上盖房子植桑养蚕;

(3)畜养家畜——鸡豚狗彘。

具备上述经济情况的农民就可以自给自足,不饥不寒,也就是可以过着温饱的生活。

这3个因素中,主要是百亩之田,孟子称之为恒产。值得我们特别注意的是,孟子称这样的小农经济为王政之本,有了这样的小农经济,"然而不王者,未之有也。"所以明君要按照这样的小农经济来"制民之产"。

《荀子·大略篇》云:

不富无以养民情,不教无以理民性。故家五亩宅,百亩田,务其业而勿夺其时,所以富之也。立大学,设庠序,修六礼,明十教,所以道之也。诗曰:饮之食之,教之诲之,王事具矣。

荀子的话虽然简略,但也表明了他的小农经济思想。

这样的以百亩之田为基础的小农经济思想(或理想),绝不单纯是孟子、荀子头脑中的产物,而是有其社会经济背景的。以下我们考察比孟子、荀子为时更早或同时的有关百亩之田的记载。

4.5.2　战国时期其他关于小农经济的记载

《前汉书》卷24上《食货志》略云:

是时,李悝为魏文侯作尽地利之教。今一天挟五口,治田百亩,岁收亩一石半,为粟百五十石,除十一之税十一石,余百三十五石。食,人自一石半,五人终岁为粟九十石,余有四十五石。石三十,为钱千三百五十,除社间尝新春秋之祠,用钱三百,余千五十,衣,人率用钱三百,五人终岁用千五百,不足四百五十。不幸疾病死丧之费及上赋敛,又未与此。此农夫所以常困,有不劝耕之心。

李悝把百亩之田五口之家的小农经济说得如此具体,不可能是毫无根据的想象。应该说,当时社会上确有与李悝所说的小农经济相同或基本相同的情况。我认为,李悝所说的小农经济,基本上是当时的客观实际在李悝头脑中的反映。

《前汉书》卷29《沟洫志》云:

魏文侯时,西门豹为邺令,有令名。至文侯曾孙襄王时,与群臣饮酒,王为群臣祝曰,令吾臣皆如西门豹之为人臣也。史起进曰:魏氏之行田也,以百亩师古曰:赋田之法一夫百亩也。邺独二百亩,是田恶也。漳水在其旁,西门豹不知用,是不智也。

据史起所说的,百亩之田这一情况在魏相当普遍,从时间上来讲,也包括魏文侯之时。由于田恶,邺独二百亩,应是一易之田倍给。这条史料正可与上述李悝所描述的百亩之田的小农经济互相印证。二者在时间上也是相同的。

《周礼·地官》"大司徒之职"云:

凡造都鄙,制其地域,而封沟之,以其室数制之。不易之地,家百亩;一易之地,农二百亩;再易之地,家三百亩。

《周礼·地官》"遂人掌邦之野"云:

上地,夫一廛,田百计,莱五十亩,余夫亦如之。中地,夫一廛,田百亩,莱百亩,余夫亦如之。下地,夫一廛,田百亩,莱二百亩,余夫亦如之。

《前汉书》卷24上《食货志》云:

民受田,上田夫百亩,中田夫二百亩,下田夫三百亩。岁耕种者为不易上田,休一岁者为一易中田,休二岁者,为再易下田。三岁更耕之,自爱其处。农民,户已受田,其家众男为余夫,亦口受田如此。

就上下文义来看,《前汉志》的记载应取自《周礼》。《周礼》所记述的应是战国时的情况,一而再,再而三地说到百亩之田,即或是编纂者的理想,出现这样的理想也不可能是无因的。这三条史料的时间性,应与《孟子》、《荀子》所记载的大致相同。上文论述孟子、荀子的以百亩之田为核心的小农经济思想时,曾指出这一思想的社会经济背景,并以魏文侯时的两条史料为例证,《周礼》编纂者的小农经济理想,也应如此。

4.5.3 儒家小农经济思想是百亩之田
——应受田已受田制的思想渊源

这一以百亩之田为基础的小农经济情况,在西汉初年的历史中也有反映。如《前汉书》卷24下《食货志》云:

> 晁错复说上[文帝]曰:今夫农五口之家,其服役者不下二人,其能耕者不过百亩,百亩之收不过百石。春耕夏耘,秋获冬藏,代薪樵,治官府,给徭役;春不得避风尘,夏不得避暑熟,秋不得避阴雨,冬不得避寒冻,四时之间亡日休息;又私自送往迎来,吊死问疾,养孤长幼在其中。勤苦如此,尚复被水旱之灾,急政暴虐,赋敛不时,朝令而暮改。当具有者半贾而卖,亡者取倍称之息,于是有卖田宅鬻子孙以偿责者矣。

晁错描述的小自耕农的经济情况和李悝描述的小自耕农的经济情况基本上一样。这绝非偶然巧合,这正是中国古代社会初期,在社会上存在众多的小自耕农的表现。小自耕农是否普遍存在? 无从确定。但我认为一定为数众多,所以李悝和晁错才把这样的小自耕农经济上的贫困作为统治者必须重视的普遍问题。李悝比孟子、荀子早一百多年,李悝所说的小自耕农经济在孟子、荀子时仍然存在。这种客观存在反映在儒家思想家的头脑里,就构成了儒家的小农经济思想,他们把小自耕农经济作为王政之本。有了这样的自给自足的小自耕农经济,再加上教化,就"王事具矣"。儒家的小农经济思想,成为此后历代统治者制定以小自耕农土地所有制为主体的管理制度的指导思想。从西晋占田制直到唐代均田制的应受田就是这种指导思想的产物。当然,随着社会经济的发展,国家管理私田制度有所不同,但以儒家小农经济思想作为指导思想是一直贯彻下来的。

从西晋到唐,从国家管理私田制的内容,也可看出孟子、荀子思想中小农经济的轮廓:(1)百亩之男(百亩只是约数、数十亩、或百亩,或百余亩)。(2)五亩之宅(五亩也是约数)。(3)5口之家,或8口之家,或数口之家。(4)生产粮,植桑麻,织帛织布,畜养家畜,自给自足。上文曾详述的历代管理私田制度的内容和孟、荀思想中的小农经济,几乎是相同的。这种相同足以说明,历代的百亩之田——应受田制是渊源于自战国开始的小自耕农大量存在和儒家的小农经济思想。至于从战国到唐代的发展过程中有所变化,这是可以理解的。例如由于鲜卑拓跋贵族入主中原,传统的管理私田制度打上了落后经济的烙印,如奴婢、牛受田等等,那只是一时的,非本质的,随着社会经济的发展进步,到隋仁寿四年,这样落后的烙印,也就消逝了。

唐律说的"王者制法,农田百亩"(见《唐律疏议》卷13《户婚律》)应包括自战国秦汉到唐代,百亩之田和应受田制,源远流长。

以下再从另一方面,包括已受田,对国家管理私田制度的形成和发展做一简要论述。上文引录《孟子·梁惠王章句》上的"制民之产",已具有国家管理私田的涵义了。到西汉时,这一涵义无论从思想上还是从制度上都有了发展。据《前汉书》卷24上《食货志》云:

> 董仲舒说上[武帝]曰:古井田法,虽难卒行,宜少近古,限民名田,以澹不足。师古曰:名田,占田也,各为宜限,不使富者过制,则贫弱之家,可足也。塞并兼之路。

据颜师古注,限民名田,就是国家对私田的管理。同在汉武帝时,刺史以"六条察州",第一条就是强家豪右田宅逾制(《前汉书·百官公卿表》,上文已引)。"六条察州"的"逾制"和颜师古注文中的"过制"意义相类,都显示国家管理私田,或已有制度,或应立制度(董仲舒思想上的)。到西晋实行占田制,把"百亩之田"和"限田"结合起来,百亩之田成为一个农户占有土地的最高限额,这就是占田,也就是应受田;并把应受田与农户已有土地结合起来,农户的已有土地就是课田,也就是已受田。已受田可发展到它的极限,即应受田。这是国家管理私有土地制度的又一次发展。从北魏均田制直到唐代均田制,对已受田的授（受）、收（退），亦即对已受田的干预管理，使国家对私田的管理制臻于完善。国家对私田的管理制度，其形成和发展的情况大致如此，从思想上到具体规定，从简单到复杂完善。唐均田制这一部分，即百亩之田——应受田已受田制，它的渊源追溯到战国，从源到流都是儒家小农经济思想的实现。

·欧·亚·历·史·文·化·文·库·

5　唐后期管理私田的制度

在论述本章主要内容——唐后期管理私田的制度之前,简要说说唐前期和后期土地制度的变化。唐后期土地仍大致为两类,即官田与私田,与前期相同,唐后期官田中的公廨田、职分田、驿封田、屯田,已有专节论述。管理私田的贵族品官受永业田制,有关的史料很少,我推测,变化不大,与前期大致相同。管理私田的均田制,最迟到建中元年就不复存在了。有些研究者说,均田制到天宝末已完全崩溃,这是不确切的,因敦煌文书中《大历四年沙州敦煌县悬泉乡宜禾里手实》所显示的仍是均田制。虽然如此,天宝年间均田制已严重败坏,杜佑在《通典》卷2《食货二·田制下》的注文中说:

> 虽有此制(均田制),开元之季,天宝以来,法令弛坏,兼并之弊有逾于汉成、哀之间。

均田制的破坏是由于土地兼并,这在以土地为主要生产资料的中古社会中是不可避免的。在开元、天宝年间,货币使用范围扩大,商业有了进一步发展,社会经济发展的同时带来土地兼并的加速;从天宝末年起的安史叛乱和平叛的战争,延续了几十年,大批自耕农民失去土地流亡他乡,均田制终于崩溃。

由于均田制的崩溃,有两个问题需要回答:(1)在全国户口中,小自耕农户是否还是多数或大多数? (2)中央集权的国家,是否放弃了对私田的管理? 如果没有放弃,采取了什么办法来管理私田?

5.1　唐后期
小自耕农仍占全国总户数的多数或大多数

关于第一个问题,我的回答是:小自耕农户仍是全国户口中的大

多数,据《通典》卷7《食货七·历代盛衰户口》杜佑注云:

> 建中初,命黜陟使往诸道按比户口,约都得土户百八十余万,客户百三十余万。

客户是离开本乡本土流亡他乡的农户,130余万客户中的绝大多数是贫困的失去土地的小自耕农,这是可以肯定的。180余万土户中,无法确知小自耕农户有多少,约略以半数计,即90万户,则310万人户中,自耕农户约略为190余万户或200万户,占全国总户数中的大多数。这一点说明了,作为中央集权国家的两大支柱之一,自耕农户这一支柱依然维持。尽管经受了官僚地主的土地兼并、战乱和自然灾害的摧残,小自耕农户依然是农民阶级的主体,依然是中央集权国家的支柱。大唐帝国摇摇欲坠而未坠,这是主要原因之一。为了维持这根支柱,唐王朝采取了种种措施,如《唐会要》卷85"逃户"条云:

> 广德二年四月敕,如有浮客情愿编附,请射逃人物业者,便准式据丁口给授。如二年以上,种植家业成者,虽本主到,不在却还限。任别给授。

> 大历元年制,逃户失业,萍泛无依,时宜招绥,使安乡井。其逃亡复业者,宜给复二年,无得辄有差遣。如有百姓先货卖田宅尽者,宜委本州县取逃死户田宅,量丁口充给。

这就是实行均田制时,唐朝国家曾采用的手段,以此乡逃户的物业,给与来此乡为客户者或本乡甚贫困者,使自耕农户有一小块儿土地,以维持他们安居。其次,以给复的优待,鼓励逃户复业,又如《唐会要》卷85"籍帐"条云:

> 宝应二年九月敕,客户若住经一年以上,自贴买得田地有农桑者,无问于庄荫家住及自造屋舍,勒一切编附为百姓差科,比居人例量减一半,庶填逃散者。

据此,唐以变客户为土户的办法,增加官府所控制的小自耕农户。建中元年实行两税法时也使用了这一办法。值得注意的是:在庄荫家住的客户,勒编附为百姓,这是国家以行政权力从官僚或大地主手中把自耕农夺过来。总括上述,唐朝以种种办法维护自耕农户,也是维护小土地所有制,因为小自耕农的存在是以一小块儿土地为基础的。

建中以后至唐亡的一百多年中,小自耕农户是否还占全国总户数的多数或大多数,由于史料缺乏,不能确说。我推测,可能仍是如此。

5.2 唐后期控制私田争取自耕农民 以及管理私有土地的措施

从建中元年起实行的两税法,是租税制的改革,同时也是唐争取控制自耕农民以及管理私有土地的措施。兹分别论述如下:

5.2.1 争取和控制自耕农民

上文论述的建中初命诸道黜陟使按比户口,是为实行两税做准备。关于这一点,建中元年正月的敕文及二月的起请条说得更详细。按《唐会要》卷 83《租税上》云:

> 建中元年正月五日敕文,宜委黜陟使与观察使及转运所由,计百姓及客户,约丁产,定等第,均率作年支两税。如当处土风不便,更立一限。其比来征科色目,一切停罢,至二月十一日起请条,请令黜陟观察使及州县长官。据旧征税及人户土客定等第钱数多少,为夏秋两税。

据此,客户与土户一样,都要约丁数及产业多少定户等,也就是定纳户税的等第。这样就实现了两税法的原则:"户无土客,以见居为簿。""簿"即户籍簿。过去,土著居居登记在户口籍簿上,官府据户籍簿征税、派徭役,户籍簿是国家控制居民的工具;而客户的户籍在他们原居住地而不在现居住地,原居住地籍有而人不在,现居住地,人在而无籍。国家无法控制这一大批客户。现在,客户即在他现居地上籍,客户与土户无差别,都在国家控制之下。

以现居为簿的客户中,有一部分是从大地主荫庇之下争夺来的。上文引《唐会要》载"宝应二年九月敕文"所说的在庄荫门下居住的客户,勒为编户,即是一例。建中元年实行两税法,这类事例应该更多。就此点来讲,两税法的实行在一定程度上削弱了官僚大地主的势力,这对于中央集权国家维持地主阶级这根支柱也是必要的。官僚大地主庇荫的农户过多,势力无限制地扩大,就会形成妨碍中央集权的地方势力,就会从国家的支柱作用走向反面。据上述分析,两税法的实行是有重要意义的。

5.2.2　从经济上限制大地主占有土地

5.2.2.1　重税与均税

从建中元年开始实行的两税法是唐代前期地税、户税的继续和发展,和之前的租庸调制的重要区别之一是,租庸调制税定有不课户、不课口,和免课以及课户见不输。在不课口和不课户中,贵族品官大地主,也就是地主阶级上层占大多数。为了对这一问题的认识更为具体,兹举出下列数字。

《通典》卷7《食货七》"历代盛衰户口"大唐条略云:

> [天宝]十四载管户总八百九十一万四千七百九。不应课户三百五十六万五千五百一。应课户五百三十四万九千二百八十。管口总五千二百九十一万九千三百九。不课口四千四百七十万九千九百八十八,课口八百二十万八千二百二十一。此国家之极盛也。肃宗乾元三年见到帐百六十九州,应管户总百九十三万三千一百七十四。不课户总百一十七万四千五百九十二,课户七十五万八千五百八十二。管口总千六百九十九万九千三百八十六。不课口千四百六十一万九千五百八十七。课口二百四十七万七百九十九。

据此,天宝十四载时,不课户约占总户数的 2/5,不课口约占总口数的 4/5。经济上这样的特权直接增强了地主阶级上层的兼并自耕农民土地的经济能力。两税法及其前身地税户税,把贵族品官的不课特权取消了。这一方面削弱了贵族品官大地主兼并自耕农民土地的经济力量;另一方面,也就保护了自耕农民经济的基础,即他们的一小块儿土地。

唐代前期,地税户税在国家财政收入上还不占主要地位,上述削弱贵族品官大地主的经济力量以及保护自耕农民及其小块儿土地的作用还不显著。唐代前期,上自三公下至百姓,每亩税二升,约为每亩产量的 1/50,贵族品官大地主所有的土地多,要多纳,但由于税率很低,纳税数量不大,影响他们的经济力量也有限。

唐代后期,在实行两税法以后,有关土地税率的史料不多,兹引录两条如下:

《陆宣公集·均节税赋恤百姓六条》之六"论兼并之家私敛重于公赋"云:

> 今京畿之内,每田一亩,官税五升。(兴按:陆贽上疏在唐德宗贞元十年,地税率比唐前期增多一倍半。)

《元稹集》卷38《同州奏均田状》云:

> 右,臣当州百姓田地,每亩只税粟九升五合,草四分,地头榷酒钱共出二十一文已下。(兴按:元稹上奏在唐穆宗长庆三年,只地税税粟一项,已比唐前期地税率增多近5倍。)

由于地税税率大幅度提高,增加了耕种一小块儿土地的自耕农户纳税的数量,同时也增加了贵族品官大地主纳税的数量。但如与唐前期比较,贵族品官纳税的数量要更多一些,甚至多得很多。兹约略分析如下:

据《天宝六载敦煌郡敦煌县龙勒乡都乡里籍》所载两户应纳租调及地税数量如下:

> 刘智新户:一丁,应纳租粟二石,调布二丈五尺,调麻三斤。种地六十七亩,应纳地税一石三斗四升。

> 阴承光户:二丁,应纳租粟四石,调布五丈,调麻六斤。种地四十七亩,应纳地税九斗四升。

据《天宝四载河西豆卢军和籴会计牒》(伯3348号背):

> 壹万肆佰伍拾伍硕肆斗壹胜八合粟　　斗估二十七文

据天宝二年"交河郡市估案"(大谷文书):[1]

> 杂州布壹端　　上直钱肆佰伍拾文　　次肆佰文　　下叁佰捌拾文

刘智新、阴承光两户所纳调布都以次等计,则刘智新户的调布二丈五尺,即半端,折合钱二百文,每斗粟按二十七文计,则二百文折成粟

---

〔1〕池田温《中国古代籍帐研究》,第447－462页。

约为七斗八升,加租粟二石,地税粟一石三斗四升。调麻三斤不计,则刘智新户在天宝时应纳租、调、地税共合计粟四石一斗二升。如果长庆时与刘智新户种地亩数相同户,即种地 67 亩,据上引元稹《同州奏均田状》,纳草和地头榷酒钱不计,应纳地税约六石七斗粟。两个时期相比,类似刘智新的自耕农户租税负担增多约两石六斗粟,纳税率提高了约 50% 强。阴承光户的调布一端,折合钱四百文,每斗粟按二十七文计,折合成粟一石五斗六升,加租粟四石,地税粟九斗四升,调麻六斤不计,则阴承光户在天宝时应纳租、调、地税共合计六石五斗粟。如果长庆时与阴承光户种地亩数相同户,即种地 47 亩,据上引元稹《同州奏均田状》,纳草和地头榷酒钱不计,应纳地税约四石七斗粟,两个时期比较,类似阴承光的自耕农户,租税负担减少了一石八斗,纳税率降低了约 20% 弱。总之,举出这两个自耕农户在天宝年间和长庆年间的租税数量以及租税率的升降,我的用意在于说明:自耕农户的租税负担在唐代后期与唐代前期并没有很大的不同,有的重了一些,有的轻了一些。

我们再考察贵族品官大地主在前期和后期的租税负担。唐前期,贵族品官大地主中的绝大多数是不课户,即他们不纳租庸调。以中州别驾(正五品下)为例,他受永业田 800 亩,纳地税 16 石,但在后期(长庆年间)他要纳地税近 80 石,为前期所纳地税的 5 倍。其他贵族品官大地主,在前期和后期所纳地税的差别大致与此相同。

根据上述分析,我认为,实行两税法,停止贵族品官大地主不课的特权,因而几倍加多了他们所纳的地税,这样就使占有广大田庄的各种身份的地主,在土地上所得到的财富也要相应几倍的减少了。我认为唐后期国家重税措施的目的之一,是限制或抑制大地主兼并贫困农民的土地。这就是以经济手段来管理私有土地。

国家的企图是如此,但效果如何却难以肯定。贵族品官大地主向国家纳很重的地税,但他们却以比地税加重很多倍的地租去剥削租佃农民,如《陆宣公集》卷 22《均节赋税恤百姓六条》之六"论兼并之家私敛重于公赋"云:

今京畿之内,每田一亩,官税五升,而私家收租,殆有亩至一石者,是二十倍于官税也。降及中等,租犹半之,是十倍于官税也。

这是贞元年间的情况。

又如《元稹集》卷38《同州奏均田状》云:

其诸色职田,每亩约税粟三斗,草三束,脚钱一百二十文。若是京官上司职田,又须百姓变米雇车搬送,比量正税,近于四倍。

这是长庆年间的情况。元稹所说的是百官职田出租的剥削率,我推测,贵族品官大地主私有田出租的剥削率也应大致相同。这样,地税虽重,占有大量土地的官僚地主们仍可以土地为手段获得大量财富,兼并土地对他们还是有利可图的,很重的地税,即国家的经济手段对土地兼并很难起到限制的作用。

但是如果与前期相比,占有大量土地的官僚大地主享有不课的特权,不纳租庸调,他们可同样以很多倍地税的剥削率去剥削租细农民,他们在土地上获得的财富比后期还是要多一些,甚至多得很多。也就是说,在实行两税法以后,在贵族品官大地主失去不课的特权之后,在均税的原则下,这些官僚大地主们从土地上获得的财富比前期要少一些。就此点而论,均税的经济手段对土地兼并还是能起到一定程度的限制作用。

5.2.2.2 括田括户

括田括户是唐代前期限制土地兼并维护小自耕农经济的措施。大规模的括田括户可能始自武则天统治时期,现存《周长安三年(703)三月括逃使牒并敦煌县牒》(大谷2835号文书,见池田温著《中国古代籍帐研究》[1]和小田义久编辑的《大谷文书集成(一)》[2])就是一个例证。从开元九年开始的括田括户延续到天宝末年(见两《唐书·玄宗纪》、《宇文融传》、《通鉴》及《册府元龟·邦计部·田制门》)。

在实行两税法后的括田括户,主要目的是均税,但在客观上也起

---

〔1〕池田温《中国古代籍帐研究》,第342–343页。

〔2〕小田义久《大谷文文集成(一)》,京都:法藏馆1984年版。

了维护小自耕农经济的作用。

唐后期的括田括户,史籍文献上没有直接记载,但我们可依据有关记载间接推知。按《通典》卷7《食货七》"历代盛衰户口"云:

> 至大历中唯有百二十万户。建中初,命黜陟使往诸道按比户口,约都得土户百八十余万,客户百三十余万。(兴按:上文已引录,为了便于此处论证,兹重出。)

大历中只有120余万户,7、8年后,经过按比增加到310余万户,即增多了190余万户。这190余万户中的一部分,是经过严格的一般检查得出来的,但也有相当数量是从官僚地主的庇荫下括出来的。据《册府元龟》卷495《邦计部·田制门》略云:

> 天宝十一载十一月乙丑诏曰:如闻王公百僚及富豪之家,比置庄田,恣行吞并,致今百姓无处安置,乃别停客户,使其佃食,既夺居人之业,实行浮惰之端。

《陆宣公集》卷22《均田节赋税恤百姓六条》之六"论兼并之家私敛倍于公赋"云:

> 今制度弛紊,疆理堕坏,咨人相吞,无复畔限。富者兼地数万亩,贫者无容足之居。依托强豪,以为私属,贷其种食,赁其田庐,终年服劳,无日休息。

这两条史料所说的官僚地主兼并土地荫庇客户,前者是天宝末年事,在建中初按比户口前;后者是贞元年间事,在建中初按比户口后,而且都为时相距不久,则建中初年时,官僚地主荫庇大量客户,可以推知。而按比户口时,从官僚地主庇荫下括出大批客户,也可推知。

上述史料和分析没有说到括田,但在元稹的奏疏中实际上涉及括田,兹引录如下:

《元稹集》卷38《同州奏均田状》略云:

> 当州两税地
> 右件地,并是贞元四年检责,已今已是三十六年。其间人户逃移,田地荒废。又近河诸县,每年河路吞侵,沙苑侧近,日有沙砾填掩,百姓税额已定,皆是虚额征率。其间亦有豪富兼并,广占阡陌,

十分田地,才税二三,致使穷独逋亡,赋税不办,州县转破,实在于斯。臣遂设法各令百姓自通手实状,又令里正书手等傍为稳审。

百姓等皆知臣欲一例均平,所通田地,略无欺隐。臣便据所通,悉与除去逃户荒地及河侵沙掩等地,其余见定顷亩。然取两税元额地数,通计七县沃瘠,一例作分抽税。自此贫富强弱,一切均平,征敛赋税,庶无逋欠。三二年外,此州实冀稍校完全。

据上引,从豪富的"十分田地,才税二三"到"自此贫富强弱,一切均平,征敛赋租",必须把豪富不纳税的十分之七八的田地括出来,才能实现。奏疏中要百姓自通手实状以及里正书手傍为稳审,就是括检的手段,这样才能均税。

从理论上来讲,两税法优于租调制之处就在于均税,取消了不课特权,上自王公,下至百姓,都按现定顷亩纳税,无论贵贱富贫,土地多的多纳,土地少的少纳。这就是均税。据此推论,每3年一定两税时,不只是简定资财,也要简定田亩。按《册府元龟》卷488《邦计部·赋税二》略云:

[长庆元年]七月制曰:应河南河北等州给复限满处置,宜委所在长史审详垦田并桑见定数,均输税赋,兼济公私。每定税讫,具所增加赋,申奏。其诸道定户,宜委观察使刺史,必加审实,务使均平。京兆府亦宜准此。

据此,河南河北诸州给复限满定两税时,要审详垦田并桑,作到均税。其他诸道以及京兆府定户(也就是定两税)也"必加审实"。审实什么呢?我认为就是审实田亩和一般资财。审实田亩、括简田亩,就是国家对私有土地的管理,也就是对大地主经济的限制,对小自耕农经济的维护,对小自耕农土地所有制的维护。当然,大地主土地兼并和小自耕农失去土地并不会因此而停止,国家审实和括简田亩也就不断进行下去,使小自耕农(就整体而言)在贫困中继续维持下去,使中央集权国家这根支柱继续维护下去。

5.2.3 请地制度

唐代前期实行均田制,请地是给田(受田)过程中的必要手续,上

文已详备论证。唐代后期均田制已废止,但我推测,请地制度基本上延续下去了。如《册府元龟》卷495《邦计部·田制门》云:

> 广德二年四月敕:如有浮客情愿编附,请射逃人物业者,便准式据丁口给授。如二年已上种植家业成者,虽本主到,不在却还限,任别给受。

> 穆宗长庆元年正月敕节文,应诸道管内百姓,或因水旱兵荒,流离死绝,见在桑产,如无亲承佃,委本道观察使于官健中取无庄田及有人丁者,据多少给付,便与公验,任充永业。不得令有力职掌人妄为请射。其官健仍借种粮,放三年租税。

这两条史料中的"请射"一词,就是请地制的标志。在本书论述均田制的给田问题时已详释,此处不再赘述。

在敦煌文书中也记载了请地的具体事例,兹移录如下:

《唐大中六年(852)十月沙州百姓令狐安子状》(伯3254号背):

> [1]东渠请地壹段拾肆畦共肆拾亩 东至河　西至宝□泽　南至索颜子北至
> [2]子渠及济法陁
> [3]右通人户及田地一———□□　□如前,请处分。
> [4]牒件状如前,谨牒。
> [5]　　　　大中六年十月　日百姓令狐安子谨状。

这是一件自通手实状,前半人口部分已缺。处于东渠的40亩田,是经过请地而有的。这说明请地制度的存在。

《唐咸通六年(865)正月沙州敦煌乡百姓张祗三等状》(伯2222B号背)

> [1]敦煌郡百姓张祗三等　　状
> [2]　　　　僧词荣等北富(府)鲍(抱)壁渠上口地六十亩
> [3]　　右祗三等　司空准　敕郤判入乡管,未
> [4]　　请地水。其上件地主词荣口云,其地不办承料。
> [5]　　伏望

[6]　　　将军仁明监照,矜赐上件地,　乞垂处分。

[7]牒,件状如前,谨牒

[8]　　　　　　　　咸通六年正月　日百姓张祗三谨状

这是一件请射地状。"北富"的"富"应作"府",即北府渠,它是敦煌地区水利灌溉网的干渠,也称河母;"鲍壁"的"鲍"应作"抱",即抱壁渠,它是北府渠的支渠。

《唐咸通年间沙州僧张智灯状稿》(伯 2222B 号背)云:

[1]　　僧张智灯　状

[2]　　　右智灯叔姪等先蒙　尚书恩赐造令

[3]　　　将鲍壁渠地,通入玉关乡赵黑子绝户地永为口

[4]　　　分,承料役次,先请之时,亦令乡司寻□(问)实虚,两重判命。其

[5]　　　赵黑子地在于洞渠下尾碱卤□荒渐总佃种

[6]　　　不堪。自智灯承后,经今四年,总无言语。沙粪车牛人力不离田畔。

　　　　　　　　　　除练似将

　　　　　　　昨　　　言　　　嗨　□苗?麦
[7]　　　堪种。今被通颊□,我先请射忏愢 不 忏施功力

[8]不听判凭,虚效功力,伏望

这是一件不完全的文书草稿,它的内容是两方争一段田亩,可注意的是文书中"先请之时",及"我先请射"两句,它确切表明,直到唐末,请地制度仍然存在。

总括以上分析,唐代后期,中央集权国家仍然使用请地制度来管理私有土地。

第三编　吐鲁番田制文书录文及校注

6 佃人文书

6.1 《周天授二年(691)西州高昌县诸堰头申青苗亩数佃人牒》9 件

据池田温著《中国古代籍帐研究》及小田义久责任编集的《大谷文书集成(一)》移录,顺序据池田氏书,并据《大谷文书集成(一)》所载图版校勘。

6.1.1 龙图 大谷 2368 号

(前 缺)

[1]曹贞信贰亩_{自佃}陈胡子_{自佃}翟□□贰亩_{佃人}董永贞[顶]

[2]□□子贰亩_{佃人董永贞} 马英连贰亩_{佃人张满住}

[3]□□护叁亩_{佃人骨恶是} 康鼠子贰亩_{佃人康令子}

[4]□□进贰亩_{佃人张满住} 王绪仁壹亩[1]_{佃人张满住"半"}

[5]严君君贰亩_{自佃} 赵盲盲(?)肆亩_{自佃} 何阿谷盆贰亩_{佃人}

何元[师]

---

[1]小田氏在本文书录文前的说明中指出:亩数右侧均划朱,细审图版79·2368号文书照片影印,果均如是。第4行"王绪仁壹亩"下的"半"字,亦朱划。这些划朱与朱书,可能都是县司勾官所为。这应是当时的必要手续,堰头的牒文送到县司后,由勾官一一审核,划朱是审核的标志。审核中发现王绪仁所有地为壹亩半,堰头牒文所画漏少半亩,勾官以朱笔加"半"字。

·欧·亚·历·史·文·化·文·库·

[6] 安□信贰亩_{佃人何元师范信信}〔1〕贰亩自佃 赵才仁贰^{大 西}

[7] 亩佃〔2〕人囷□苟苟 宝海住贰亩_{佃人苏建隆?} 康父师贰^尚_{亩佃}人董玄护

[8] 安阿禄山半亩_{佃人董玄护} 赵定洛贰亩_{佃人康德集}^大

[9] 田德师贰亩_{佃人张屯子} 魏欢绪肆亩_{佃人张屯子}^西

[10] 匡海绪肆亩 匡駝子壹亩_{已上佃人苏建仁}〔3〕^大

[11] □ □□堰,〔4〕见种青苗亩数佃人,具件如前。如有 隐

[12] □ □罚车马一道远使。谨牒。

[13] □ □"成白。八日。"天授二年 月 日堰头骨恶是牒〔5〕

6.1.2 龙图 大谷 4044 号

（前 缺）

[1] □贰亩佃人令狐定通 卜居那叁亩_{佃人康守相囯}^顺

[2] □佃人杨鼠; 安伏力贰亩□^{顺 大}

[3] □令壹亩_{佃崇福寺僧建}□

---

〔1〕范信信（第6行）池田氏及小田氏录文均作"范住住"。细审图版79·2368号文书照片影印,"范"下一字与上文"安口信"的"信"字草书相同,而与同一文书中3次出现的草书"住"字均不同。据此,应作"范信了"。

〔2〕第6~7行池田温氏录文作"赵才仁贰囷 佃人囷口苟苟,"小田义久氏录文"赵才仁贰 □（尚）苟"。细审大谷文书集成壹图版79·2368号文书照片影印,第7行"苟;"之上卷纸折去,"苟"字上端右侧尚有残迹,似为"尚"字末笔,可录为尚。至于"苟;"之上应有4字,或录为"□□□□"或以意填"囷囲囚口"。

〔3〕"以上佃人苏建仁?"（第10行）:池田氏录文作"以上佃人苏建仁?"小田氏录文作"以上佃人作苏建信"。细审图版79·2368号文书照片影印,此句末一字与同一文书中两见"张满住"的草书"住"字极近似,我认为应作"住"。

〔4〕"□堰(第11行)":池田氏录文作"□堰",小田氏录文作"当堰",细审图版79·2368号文书照片影印,"堰"字上残存笔迹,虽不能断定为"当"字,但"当堰"云云,在佃人文书中常见,已是习惯用语,此处以意作"当",似无不可。

〔5〕为排版,文书中的武周新造字均改为通用字。

214

[4]　　　　| |

6.1.3　龙图　大谷 2369 号

···（背押署）

[1]匡□[1]堰头康毾子

[2]张贞子捌亩半州公廨地，公廨陆 亩

[3]佃人张习礼　樊父师贰亩_{自佃}赵惠 知 ?

[4]贰亩_{自佃}　司马拾贰亩[2]_{佃人范僧护}

[5]辛駒子肆亩佃人阚和达　一段陆亩半_{佃人康} 毾 _子

[6]牒，件通当堰状苗如前。谨牒。

（后　缺）

6.1.4　龙图　大谷 1214 号

（前　缺）

[1]辛定仁[3]贰亩 回分自营佃 [4]　黄 知

[2]万寿寺叁亩　麹仁表贰亩_{佃人}

[3]□　□师壹亩　赵 知 达壹亩　县 令

────────────

〔1〕第 1 行"匡"下缺一字，细审图版 80·2369 号文书照片影印，"匡"下尚存残迹氵，似为"渠"字残笔。按大谷 1217 号文书《周天授二年西州高昌县诸堰头申青苗亩数佃人牒》载有匡渠。据以上二点"匡"下缺字似应填"渠"。

〔2〕"司马拾贰亩"（第 4 行，池田氏录文）：小田氏录文作"司马拾壹亩"，细审图版 80·2369 号文书照片影印，应作"拾贰亩"。

〔3〕辛定仁（第 1 行，池田氏录文）：小田义久氏录文作"率定仁"。细审图版 75·1214 号文书照片影印，应作"辛定仁"。

"辛定仁"（第 1 行）"辛"字右侧，小田氏录文有"平"字。细审图版 75·1214 号文书照片影印，确有"平"字。池田氏录文脱"平"字。

〔4〕小田义久教授录文，"回团"等 5 字在一行前，其状如下：

·····················回团直图佃·····················

细审图版 75·1214 号文书照片影印，"回团"等 5 字在"贰亩"之下，似不应另为一行。"口分"之上似有折缝痕迹，其实乃"贰亩"右侧画朱，并非纸缝。据照片观察如此，不知原文书如何？

215

欧·亚·历·史·文·化·文·库

[4]□ 索 醜駝[1] 贰（亩）□

[5]□ □佃□ □

（后　缺）

6.1.5　龙图　大谷1212号

[1]□马寺子堰

[2]□忌住[2]二亩自佃练　大女寗爱连二亩佃人万寿寺

[3]万寿寺三亩自佃"半"　康德歪（正）二亩　普光寺一亩一百步

[4]□ □住六十步　周楼观六十步　氾居伦六十步

[5]□ □载六十步已上佃人成礼　康阿揽盆一亩[3]西佃人氾慈达乌麻

[6]□ □昌佃人张　邷替 积 [4]二亩　康咭仁[5]二亩已上佃人□

（后　缺）

6.1.6　龙图大谷2367号

（前　缺）

[1] □ 一 一 一

[2] □□□一亩半八十步佃人尉思谦

---

〔1〕"索醜駝"（第4行）："醜"字右侧，小田氏录文有"尚"字。细审图版75·1214号文书照片影印，确有"尚"字。池田氏录文脱"尚"字。

〔2〕"□忌住"（第2行，池田氏录文）：小田氏录文作"□圈？住"。

〔3〕康阿揽盆一亩（第5行，小田氏录文）：池田氏录文"一"作"二"，细审图版74·1212号文书照片影印，应作"一"。

〔4〕圈？智圈（第6行）：池田氏录文作邷替圈，小田氏录文作圈？智圈？。细审图版74·1212号文书照片影印，第一字残迹似"师"字右半，第2字"智"字清晰可辨，第3字残迹乃"积"字右半，左半亦有残迹，应作"积"。

〔5〕康祐仁（第6行，小田义久氏录文）：池田温氏录文作"康咭仁"。

又，池田温氏录文在第2行与后行"□苟子二亩"云云一行之间另有一行，小田义久氏录文无此一行。细审图版78·2367号文书照片影印，第2行与"苟子二亩"云云一行之间，空隙较宽，似应有一行，唯卷纸大半折去。

[3]　　　　　　

　　　　　　平
[4]苟？子[1]二亩　佃人尉思谦　赵亦□

　　　　　　　　　　　平　　　　　　化
[5]　　　　　四亩佃人尉屯亥　仓曹职官田七亩

[6]　　佃人朱贞行

[7][一十九亩][2]半八十步七亩官　一十二亩半八十步百姓

[8]　　　　　"连，公成白。

[9]　　　　　　　　　　　八㊀。"

6.1.7　龙图　大谷 3365 号

（前　缺）

[1]麴善？通？一[3]亩半自佃　氾？

　　　　□
[2]杨？□□二亩自佃

　　　　　　　　　　化
[3]西方力子一亩自佃　宋君□

[4]十二亩二亩官[4]一十亩并百姓

---

〔1〕第 4 行，池田温氏录文"苟？氵口子"细审图版 78 · 2367 号文书照片影印，"子"字笔迹粗浓，乃先写一字后又改写为"子"。池田氏录文在"子"字并列"氵口"，说明先写一字已注销。不知我的理解确否？恐读者见不到此文书原卷或图版，故不惮烦琐为之解说。

〔2〕第 7 行，池田氏录文开端有"一十九亩"4 字，这可能是池田氏据下文"七亩"加"十二亩"以意填补者。图版 78 · 2367 号文书照片影印无此 4 字，小田氏录文亦无此 4 字。

〔3〕据池田温氏录文，第 1 行"一"字右侧第及第二行"二"字右侧均有朱点。

〔4〕据上一文书第 8、9 两行，此文书第 4 行之后，亦应有类似记事。

6.1.8　龙图　大谷 1058 号

（前　缺）

[1]请求受重罪,被〔1〕▢

[2]　　　　　▢

[3]　　九十亩▢

（后　缺）

6.1.9　龙图　大谷 3752 号

[1]杜渠冯寺奇堰

[2]　　　　　城▢四▢

（后　缺）

6.2　《周天授二年(691)西州高昌县诸堰头申青苗亩数佃人牒》21 件

移录自池田温著《中国古代籍帐研究》及小田义久编辑的《大谷文书集成(一)》。

---

〔1〕这件文书是否是佃人文书? 因未见到文书原卷,也不知文书出土情况及伴随文物,不能断言。仅就第 1 行:"请承受重罪,被▢"而言,这不是佃人文书末部的文体格式及语气。就池田温氏著《中国古代籍帐研究》所载有结尾部分的 8 件佃人文书都不是这样。"请承受重罪,被",特别是这一"被"字,是辨辞或有类似涵义的公式行文文格式和语气。如上文移录的《周天授二年四月西州高昌县人康才智牒》(大谷 4908 号)的末两行:

如后虚妄,不依今款,求

受重罪。被问,依实,谨牒。

又如上文迻录的《周天授二年一月西州知田人郭文智辨》(大谷 4940 号)的末尾两句:

如后不依此

款,求受重罪,被问,依实谨辨。

大谷 1058 号文书,"被"下所缺第一个字,似应为"问"字,即"被问",这是辨辞特有的用语。据此,大谷 1056 号恐不是佃人文书。

又,细审图版 72·1058 号文书照片影印,"请"下乃"求"字,池田温氏、小田义久氏均录为"承",恐非是。

218

6.2.1 龙图 大谷 2372 号

[1]□索？渠〔1〕第一堰堰（头脱？）康阿战

[2]都？ 督？ 职田〔2〕捌亩半佃人焦智^昌通种粟

（都 and 督 boxed）

[3]都督职田拾壹亩半佃人宋居仁^昌种粟

[4]杜浮禄拾亩 ^化自佃种粟

[5]□仁王寺陆亩佃人张君行种粟

（仁 boxed）

[6]□寿寺贰亩佃人氾文寂^大种粟

（寿 boxed）

[7]□氾^大文寂贰亩 自佃种粟

（氾 boxed）

[8]县公廨柒亩壹伯步 佃人唐智宋^西种粟

[9]康索典壹亩半佃人唐智京^西种粟

[10]赵寅贞半亩佃人唐智宗^西种粟

[11]阚祐洛贰亩佃人康富多^昌

[12]张少府壹亩佃人康善隆^尚

[13]□相德壹亩佃人康善隆^尚

[14]□□战^{"昌？"}肆亩自佃种粟

（战 boxed）

[15]□ □自佃种粟

（佃 粟 boxed）

[16]□ □自佃种粟

（佃 boxed）

---

〔1〕□索？渠（第1行）：池田温氏录文作"□渠"小田义久氏录文作"圈"渠。细审图版80·2372号文书照片影印，"渠"上残留笔迹，以为"索"字。案大谷1213号佃人文书载有"索渠第一堰"，可能为同一水渠。

〔2〕圈？圈？职田（第2行）：池田温氏录文作"□都□督职田"，小田义久氏录文作"□□职田"。细审图版80·2372号文书照片影印，"职"上残迹可能是"督"字下半右部，似可填"督"字，其上可以意填"都"字。

·····················（缝背署）

（后　缺）

6.2.2　龙图　大谷2373号

（前　缺）

·····················（缝背署）

[1] 王阿利贰亩_{佃人左神感种粟}

[2] 侯除德贰亩_{佃人周苟尾种粟}

[3] 明府贰亩_{佃人周苟尾种粟}

[4] 妙德寺贰亩_{佃人周苟尾种粟}

[5] 何浮呴毗肆亩_{自佃种粟}

[6] 翟胜住贰亩_{佃人杨豕客种床}

[7] 曹射毗贰亩_{佃人史才金种缲}

[8] 张右相肆亩_{自佃种粟}

[9] 康隆仁肆亩_{佃人索武海种粟}

[10] 王屯相贰亩_{佃人康道奴种缲}

[11] 康道奴贰亩_{自佃种粟}

[12] 康呴尸毗贰亩_{自佃种粟}

[13] 王阿利贰亩_{佃人索武海种粟}

[14] 赵进进壹亩_{佃人匡海达种粟}

[15] □□□壹亩_{佃人匡海达种粟}

[16] □　　　□凵西

·····················（缝背署）

（后　缺）

220

6.2.3　龙图　大谷2375号

（前　缺）

[1]□　□　贰亩□种□

[2]□　□　佃人康富多 种 粟

[3]□　　□佃人朱文□

[4]□　　　　□

[5]□　　□ 佃 人 康富多 种 粟

[6]□　□亩佃人康富多种粟

[7]□　　□自佃种粟

[8]□　　□〔1〕佃 人 康富多

[9]□　　　□念感〔2〕已上佃？

[10]□　　　　□

[11]□　 肆？ 亩？〔3〕 陆？ 拾？□　□佃

[12]□　　　　□

（后　缺）

6.2.4　龙图　大谷3363号

[1]杜渠沪□桥南堰

[2]　□他那贰亩佃人张 崇城 敬种□

[3]　□　□□亩佃人张崇敬苜宿 康 □

（后　缺）

6.2.5　龙图　大谷2374号

　　·····························（缝背署）

---

　〔1〕第7行与8行之间，有朱书一字，已难辨识。池田温氏录文作"□"，小田义久氏录文作"粟"。

　〔2〕第9行，池田温氏录文为："□　　□國已上□　□佃"，小田义久氏录文为"□　□"细审图版84·2375号文书照片影印，"已上"之上似为"念感"二字。

　〔3〕第11行，池田温氏录文为："□　　　□佃"，小田义久氏录文为"□肆亩□佃"。细审图版84·2375号文书照片影印，"肆？亩？"之下似有"陆拾"二字。

221

[1]□渠第十三堰;头康力相　　　一　一　一

[2]田进通贰亩^昌自佃

[3]董定;贰亩佃人曹居记?

[4]康力相肆亩^昌自佃

[5]曹伏奴贰亩佃人白智海^昌

[6]麹武贞贰亩半佃人僧昌智达^昌

[7]□　□贰亩佃人康守相[1]　女又皆?　聪?^昌

[8]□　　□昌[2]

（后　缺）

6.2.6　龙图　大谷1215号

……………………………………………………………（缝背署）

[1]杜渠堰头迁绪

[2]黄亥? 大力（大）贰亩自佃

[3]□百海[3]肆亩佃人真宝（西）

[4]□　□逸（昌）陆亩自佃

[5]□　□;贰亩（平）自佃

[6]□　□;贰亩自佃

[7]□　□贰肆平亩[4]自佃

---

〔1〕第7行"康守相"后，池田温氏、小田义久氏录文均作"奴昌皆? 聪?"，细审图版83·2374文书照片影印，"康守相"后是3个字还是4个字? 很难确定。是否应作"奴皆聪"? 也有疑问，故据图版描写字形，存疑待考。

〔2〕池田温氏录文，在第8行后，录有"□□"，小田义久氏录文无。不知原文书如何?

〔3〕第3行开端3字，池田温氏及小田义久氏录文均作"□西? 海"，细审图版75·1215号文书照片影印，第2字不应作"西"，此字原形为"百"，似为"百"字，但"□"内已漫漶，是一短横，还是二短横? 不能辨识。

〔4〕第7行，池田氏录文在"□　□"之后为"贰肆平亩"，细审图版75·1215号文书照片影印，"肆"字乃在原"贰"字之上改写者，故"贰"、"肆"2字并列，而"贰"字左侧加注销号。不知这样理解确否?

[8]☐　　☐亩自佃[1]

（后　缺）

6.2.7　龙图　大谷1216号

（前　缺）

[1]张寺贰亩佃人^大辛神信

[2]严智智贰亩佃人康才连

[3]康君武肆亩佃人康^昌众生

[4]马☐　　☐[2]贰亩佃人竹^昌仕修?

[5]康☐　　　☐亩佃人^大辛神信

[6]☐　　☐贰亩佃人康^西道人?

[7]☐　　　☐亩半佃人康才连

昌

（后　缺）

6.2.8　龙图　大谷2370号

（前　缺）

[1]☐　　　☐贰亩[3]佃人☐　☐

[2]李秃子贰亩佃人成^西点仁

···（缝背署）

6.2.9　龙图　大谷1211号

（前　缺）

[1]竹未仁贰亩佃人成^西点仁

[2]白点仁贰亩佃人成^西点仁

---

〔1〕第8行末2字，小田义久氏录文作"圓田"，细审图版75·1215文书照片影印，似应仍作圓圙。

〔2〕第4行，池田温氏录文作"马之?　☐"，小田义久氏录文作"马圙?　☐　☐"，细审图版76·1216号文书照片影印，"马"下一字恐不作"之"，亦不作"康"。

〔3〕第1行，池田温氏录文在"贰亩"上作"☐圙?　圙?"，"比?润?"二字恐非是。

223

[3]牒,件通当堰秋青苗亩数,具主佃人姓名

[4]如前。如后有隐没一亩已上,请依法受罪。

[5] 谨 牒 。

(后　缺)

6.2.10　龙图　大谷 1218 号

…………………………………………………………………………

[1]塞渠

[2]合当堰见种 田 ？ □

　　　　昌
[3]　曹惪惪二亩 种□

[4]　辛君贞一亩□

　　　　昌
[5]　万寿寺昌一亩□

[6]　□　□达二 亩 □

(后　缺)

6.2.11　龙图　大谷 1219 号

(前　缺)

[1]张尾达半亩 佃人 崇 宝 寺 □

　　　　　　　　　　　　昌
[2]雷海进贰亩 佃人崇宝寺僧康

　　　　　　　　　　　　昌
[3]康小进壹亩 佃人崇宝寺僧康

…………………………………………………………………… (缝背署)

6.2.12　龙图　大谷 2371 号

(前　缺)

[1]　　　　等爱寺六亩 佃人赵子德

[2]　　　　弘宝寺六亩 自佃

[3]　卅七亩半 十亩官　十六亩寺　十一亩半百姓

6.2.13　龙图　大谷 1217 号

…………………………………………………………………… (缝背署)

224

[1] 匡渠堰头氾嘉祚

[2] 县公廨柒亩^西佃人氾嘉祚　更叁亩佃人氾嘉祚

[3] 牛叁军陆亩佃人索定刚

[4] □？亩[1]定肆亩自佃　（平）

[5]□　　　　　　　　　　　　□ 前，谨牒

（后　缺）

6.2.14　龙图　大谷3158号

（前　缺）

[1] 　　　　　□堰头氾嘉祚牒

[2] 　　　　"□

[3] 　　　　　　　八○。"

6.2.15　龙图　大谷1213号

·····································（缝背署）

[1] 索渠第四堰

[2] 县公廨十七亩佃人梁端康粟德二_{自佃}（西）

[3] 匡隆绪肆亩_{自佃}（大）　李庆惠"六亩"（化，_{自佃}）

[4] □进？达一亩半_{自佃}（昌）　白子海二亩_{自佃}（化）

[5] □　□肆亩_{自佃}（昌）　翟是是二亩_{自佃}（△）

[6] □　　　□庆德二亩_{自佃}（△）

[7] □　　　□最 德 二亩_{自佃}（"戎"）

（后　缺）

---

〔1〕第4行第1个字,池田温氏录文作"囷?",细审图版76·1217号文书照片影印,此字残存上部两笔迹,作"二"形,非"牛"字。

6.2.16　龙图　大谷3364号

（前　缺）

[1]　□　　□　　　　　　　万寿寺二亩 僧 智□□

[2]　□　　□巩元达佃　　□路寺一亩 平/自佃

[3]　□　　□ 佃? 人□鼠?子　　"昌" 孟 立?表一亩自佃

[4]　□　　□ 观 ?佃

[5]□　　　□亩数并地 主 佃□　　　　　□,谨牒。

[6]　　　天授二年七月　日,堰头□□(路)寺家人举子

[7]　　□一亩 官　□□百姓□ 分

[8]　　　"连,公成白。"

6.2.17　龙图　大谷3361、1065号

（前　缺）

[1]　　　　观 ?□

[2]　□阳观一段柒亩佃人□□□

[3]　　更一段柒亩佃人赵忠 成

[4]　　更一段陆亩佃人巩(顺)"□□一亩弘宝寺"

[5]牒,件通当堰青苗亩数佃人姓名如前,谨牒。

[6]廿亩□□□寺　　天授二年九?□

[7]　　　　"连,公成白。"

6.2.18　龙图　大谷1258号

（前　缺）

[1]□　　　　　　　□如前,谨牒。

[2]　　天授二三七月九日,堰头康文海 牒

[3]　　廿?四亩并百姓

[4]"□　　□

226

[5] 　　　　　　　　　　　八日"〔1〕

6.2.19　龙图　大谷1047号

(前　缺)

[1] □　　　　　　　　□ 如 前,谨牒。

[2] 　　 年 七月　日,堰头何浮知牒

6.2.20　龙图　大谷1255号

·······························(缝背署)

[1] 　　　　□月　日堰头董达□

[2] 　　　"连,公成白。"

[3] 　　　　　　　　八日。"

6.2.21　龙图　大谷1059号

(前　缺)

[1] 　　　　□色秋□

[2] 　　　天授二年 七 月　九日□

[3] 　　　□半六亩荒　廿九亩半并百姓床粟。

6.3　《周如意元年(692)西州高昌县诸堰头申青苗亩数佃人牒》6件

其中第2~6件年代不确定。

6.3.1　龙图　大谷2842号

(前　缺)

[1] 淳渠石德贰亩 佃人索西信　东渠　西渠　南渠　北□

[2] 左通通贰亩"半" 自佃　东豪　西渠　南淳污?宝樟　北

---

〔1〕永兴按:这件残文书是前件文书的尾部,应在前件文书第5行"□　　　□前,谨牒"之后。第2、3两行可能是县司判语及年月日部分,"八〇"尚残存。据此,第17、18两件文书应拼接为一件,恢复原貌。

索□

[3]索小护壹亩_{自佃}　东豪　西渠　南左通；北赵 洛□

[4]赵洛胡贰亩_{佃人左慈海}　东豪　西渠　南索小护□

[5]范令德贰亩_{佃人左堂?智}　东社　西郑?恶奴　南渠
北□

[6]孟乾感壹亩"半"_{自佃}　东豪　西道　南范令德　北何
禅□

[7]何禅师壹[1]亩半_{自佃}　东豪　西道　南孟乾感　北索□

[8]康相女壹亩_{佃人张绪丰}　东豪　西道　南何禅师　北□

[9]索石德半亩_{佃人张绪丰}　东豪　西道　南何师　北□

[10]索康师贰亩苜蓿_{自佃}　东慧灯寺田　西塞　南县（令）
北□□□

[11]县令陆亩苜蓿_{自佃}　东慧灯寺　西塞　南寺　北□

[12]牒，件通青苗如前。谨牒。

[13]"连。公成白。十一日"如意□（元）幸八月　日索酉信
妻姜□

[14]　　　　　　　　　　　　　　　　　　　通人张□[2]

---

〔1〕第7行：池田温氏录文在"壹"字右侧作"西"字，小田义久氏录文作"西"，细审图版86·
2846号文书照片影印，应作"西"。

〔2〕第13行末载"索酉信妻姜□"，第14行末载"通人张□"，不知何义？"索酉信妻姜"是否
为淳渠的管理人？在"信妻姜"右侧有三指画，是否为管理人的指印标志？何以又书"通人张
□"？这都是其他文书没有的。姑记存疑于此，留待再考。

6.3.2　龙图　大谷 1209 号

（前　缺）

[1] □□□□□ 亩 麦[1]　东部田　西渠　南大女□

[2] 曹 ? 思 敬 ?[2] 贰 ? ^大日竹君行麦 东万石奴　西渠　南荒
北□

[3] 万石奴贰□ □ 芘[3]　东康伏食　西曹思敬　南荒　北
窦 ? 父 ? 师 ?

[4] 大女康伏食 贰 亩 ^大佃人吴西贞一亩芘一亩麦 东白朝仁　西万石
奴　南张安海　北窦 父 师

[5] ^尚窦父师贰亩 自麦佃 　东安浮　西康伏食[4]　南白朝仁
北张安

[6] ^平白朝仁贰亩 自佃麦 　东安颠? 西康伏食 ^南西荒　北窦父师

[7] □□ 贰 亩 [5] 贰亩 自佃一芘一麦 东部田　西白朝仁　南
荒　北窦父师

---

〔1〕第 1 行：池田温氏录文在"圙麦"之上记有："（自佃一□　□□　□）"，小田义久氏录文此处作"　　□亩麦"。细审图版 72・1209 号文书照片影印，"麦"字几乎完整保存，"麦"字上有残迹如囟形。应为草书亩字左半末部，可录为圙，但此上卷纸全折断不存。不知原文书如何？

〔2〕第 2 行：据图版 72・1209 号文书照片影印，第 2 个字作"思"，完整保存，其上残迹，似为"敬"字末部，故录为"圙? 思敬"。圙? 下残迹，似为"贰"字开端，故录为圙。池田温氏录为"圙思圙圙圙"，小田义久氏为"□思□□"。但池田温氏在"竹君行麦"之上以意填"佃人"二字。

〔3〕第 3 行："万石奴贰□　□□芘"池田温氏录文为："万石奴贰圙　□□（自佃）芘"。细审图版 72・1209 号文书照片影印，"芘"字大半残存，但其上至"贰"字，卷纸皆已折去，池田氏以意填"亩"及"自佃"。小田义久氏录文则作"万石奴贰亩□　　□"。

〔4〕第 5 行、第 6 行的"康伏食"，墨色浓重，细审图版 72・1209 号文书照片影印，这是在原"吴西贞"之上改写的。池田温氏录文作两个"康伏食　吴；西；贞；"。

〔5〕第 7 行"贰亩"之上，细审图版 72・1209 号文书照片影印，虽有残迹，已难辨识为何字。池田氏录文作"□□（委浮）颠?"，小田义久氏录文作"安? 颠?"。

229

6.3.3　龙图　大谷 2845、2851 号

（前　缺）

[1]白苟始田肆^{佃人杨　辈　子〔1〕}东桓王寺　西县公廨佐史田　南王赤奴
北渠

[2]王赤奴田壹亩^{佃人"尚"王　孝道}　东桓王寺　西县公廨佐史田　南康多允
北白苟始

[3]康多兄田贰亩^{佃人"化"索　武海?}　东桓王寺　西县公廨佐史田　南和隆子
北渠

[4]和隆子田壹亩^{佃人"化"索　武海?}　东桓王寺　西县公廨佐史田　南渠　北
康多允

[5]县公廨佐史田拾亩^{佃人氾义感}　东康多允　西康倚山　南渠　北渠

[6]县令田贰亩^{佃人奴集聚}　东县公廨佐史田　西安文通南渠　北宋神 托 ?

[7]康倚山田贰亩佃人奴集聚　东　　　西　　　南　　　北

[8]安文　通　四贰亩^{"西"自佃}　　　东　　　西　　　南　　　北

[9]朱神托田壹亩^{佃人"顺"高　君定}　东县公廨佐史田　西罗行感　南安文通
北索粟? □

[10]罗行感田贰亩^{佃人"顺"高　君定}　东宋托　西和隆定　南安文通　北匡
点子

[11]和隆定田贰亩^{佃人"西"匡　鼠辈}　东罗行感　西道　南县令　北申屠
大 韵 ?〔2〕

・・

[12]白未隆田贰亩^{佃人"西"苏　感达}　东　　　西　　　南　　　北

---

〔1〕据图版 85・2845 号文书照片影印，第 1 行"佃人杨辈子"右侧，"杨"字侧残留笔迹，似有
一字；"辈"与"子"间右侧，朱书"西"字左半尚可辨识；故录为佃人杨□? 辈子"西"。池田温氏录
文作佃人"杨（□）辈子"。小田义久氏录文"佃人? 杨辈子"。
〔2〕第 11 行末一字，池田温氏录文作"智?"，小田义久氏录文作"韵?"。细审图版 85・2845
号文书照片影印，似应作"韵"。

[13]白赤奴田叁亩佃人 史 行成 "西" 东 西 南 北

[14]县令田贰亩自佃 东白赤奴 西道 南张子仁 北和隆定

[15]张子仁田贰亩佃人 赵 "戍" 孤诺 东白赤奴 西道 南渠 北县令

[16]□牒,件通当堰青苗埒段四至亩数佃人具[1] 主 ?

(后　缺)

6.3.4　龙图　大谷2847号

[1]成家堰王渠　堰头竹辰住

[2]"竹达子" 昌 亩竹辰住佃 东吴德？师 南竹住 西渠 北
丁尉

[3]"竹辰住" 昌 二亩自佃 东康海善 西渠 南道？ 北竹
达子

[4]"康海善 昌 四亩自佃 东索僧奴 西竹住 南张汉姜 北马
才仕

[5]"张汉姜 昌 二亩竹住佃 东索僧奴 西渠 南湖[2] 北康善

[6]"索僧奴 昌 二亩佃人竹辰住 □

(后　缺)

6.3.5　龙图　大谷1210、2366号

[1]□ 　□司马堰头

[2]□ 　□肆亩荒[3] 东焦才感 西范守雪 南孙阿駞

---

〔1〕第16行末,"佃人具"下,池田温氏及小田义久氏录文均作"□□",细审图版85·2851号文书照片影印,"具"字字下残迹"ㄥ",似为"主"字上半。"主",田主也。

〔2〕据图版83·2847号文书照片影印,第5行"南"字下一字形为"沏",池田温氏、小田义久氏均录为"衡?",我诊断,似应作"湖?"。
又,每一田主姓名上,皆有墨句,除竹住住外,其他四位田主姓名第2字侧均有墨点。

〔3〕第2行,池田温氏录文作"□ □(焦才感?)肆亩圜",细审图版73·1210号文书照片影印,"肆亩"上卷纸全析丢无存,不知池田氏填"焦才感?"的根据为何？也不知文书原件如何？其次,此行下文有"东至焦才感",则此肆亩田主不可能是"焦才感"。

北渠

尚

[3] 焦才感贰亩_荒　东竹住住　西焦感　南康父师　北渠

[4] 竹住住贰亩_{自佃种穊}　东渠　西焦才感　南严弘信　北渠

（中　缺）

[5] 康父师贰亩_荒　东严弘信　西石阿腾[1]　南康百？

海　北 焦 ？ □

（后　缺）

6.3.6　龙图　大谷3139号

（前　缺）

[1]　　　　　　□年八月　　日史玄？敛　牒

[2]　　　　　"连，公成白。

[3]　　　　　　　　　·十一日。"

---

〔1〕据图版79·2366号文书照片影印，康父师二亩田的四至，"西石阿腾"，"腾"是"䐑"的异体字。池田温氏和小田义久氏录文均作"西石阿膢"，误。

7　欠田文书

《唐开元二十九年前后(741)西州高昌县欠田簿》,共 29 件。

第 1 件　大谷 2893、2906 号

（前　缺）

[1]　　　　　□□西□□□□部田二亩　　　　□□

定　部田□□□□□

[2]　　　　　□欠常田一亩部田二亩郭什奴　丁欠常田

□□□（部田）四亩“二三”〔1〕

---

〔1〕欠田文书上的朱字、朱色符号和朱点：以上第 1 件欠田文书录文,即大谷 2893、2906 号文书,对照小田义久编集的《大谷文书集成(一)》图版 71,其中有朱字者,有下列五项：

□□□顷丁欠常田一亩部田六亩

卫令公丁欠常田二亩　部田四亩

王天保三丁欠常田五亩

□部田七亩

卜师奴　丁欠常田一亩　部田四亩

以上各行右侧的“□三”、“一”、“二”、“一”都是朱书。“□三”西嶋定生氏录文(见西嶋氏著《中国经济史》第二部分第四章)和池田氏录文作“二三”,图版上一字可能是“二”字的连笔,西嶋氏、池田氏录为“二三”是有理由的。但我怀疑,也有可能先写了“二”字,后又在“二”字左端划了一下,意为取消了这一“二”字,为什么这样做呢? 请见下文。

首先要明确这 5 项朱字是谁写的? 据《唐六典》卷 1“尚书都省左右司郎中员外郎”条云：“凡文案既成,勾司行朱讫,皆书其上端,记年月日,纳诸库。”我认为朱字与行朱的意义相同,都是勾官行使其职能的标志。在拙著《唐代勾检制研究》一书中,我有详说,请读者参阅。上列五项朱字,我认为是勾官写的。根据勾检制,从中央到地方诸官府的文案都要由勾官勾检,县的勾官是主簿和或录事(见《唐六典》卷 303《府及地方官》)。这 5 项朱字是县主簿或录事,在审核欠田簿后写的。第一项,在“部田六亩”的“六”字右侧朱书“三”,其意思为,经过检查,此户所欠部田不是 6 亩而是 3 亩,故在“六”字右侧,改朱书“三”。西嶋氏、池田氏录为“二三”虽有理由可据,但欠部田至 23 亩之多,在全部欠田文书所记欠田数量中太特殊,恐不可能。当然,“二三”亦可解释为“二”亩或“三”亩。第二项,在“部田四亩”的“四”字右侧朱书“一”,其意为,经过检查,卫令公户所欠部田不是 4 亩而是 1 亩,故在“四”字右侧改朱书“一”。第三项,在“常田五亩”的“五”字右侧朱书“二”,其意思为,经过检查,王天保户所欠常田不是 5 亩而是 2 亩,故在“五”字右侧改朱

（未完,转下页）

· 欧 · 亚 · 历 · 史 · 文 · 化 · 文 · 库 ·

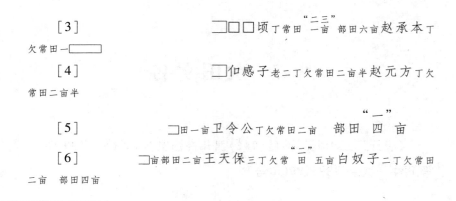

〔3〕　　　　　　　□□□顷丁常田"二三""一亩部田六亩赵承本丁

欠常田一□□□

〔4〕　　　　　　　□仆感子老二丁欠常田二亩半赵元方丁欠

常田二亩半

〔5〕　　　　　　□田一亩卫令公丁欠常田二亩　部田"一"四亩

〔6〕　　　　□亩部田二亩王天保三丁欠常"二"田五亩白奴子二丁欠常田

二亩　部田四亩

（接上页注〔1〕）

书"二"。第四项，在"部田七亩""七"字右侧朱书"一"，其意为，经过检查，某户所欠部田不是7亩而是1亩，故在"七"字右侧改朱书"一"。第五项，在"部田四亩"的"四"字右侧朱书"一"，其意为，经过检查，卜师奴所欠部田不是4亩而是1亩，故在"四"字右侧改朱书"一"。类似上述情况，在大谷欠田文书中也有。如大谷2368号：

　　　　　　尚
王绪人壹亩佃半入张满住

大谷1212号：

万寿寺三亩自佃半

据《大谷文书集成（一）》图版74及79，两个"亩"字下分别有朱书"半"字，我认为这也是县勾官写的，经过检查，王绪仁佃给张满住的田地不是"一亩"，而是一亩半，故朱书"半"字。同样，经过检查，万寿寺自佃的田地不是"三亩"，而是三亩半，故增朱书"半"字。

西嶋定生氏早已注意到大谷欠田文书上的5处朱字，他论定："文书的这种朱笔数字似乎是按缺田数记入了当年要给的授田数。"西嶋氏论述颇详，与我的意见不同。请读者参阅他的《中国经济史研究》第二部第四章。

大谷2895欠田文书（见本书附录部分录文）上有朱色符号者如下：

　　　　　　△
竹小感二丁欠常田三亩　部田一亩半

　　　　　　　△
张才富二丁欠常田二亩半　部田四亩

　　　△
□丁欠常（田）二亩　部田七亩

我认为这3个朱色"△"是县勾官画的。3个"△"所在的位置都不同，但3个"△"所附着的"二丁"、"欠常田二亩半"、"欠常田二亩"，在欠田文书上也多见，并无什么特殊之处。因此，勾官划这3个朱色△的用意，很难推测。

大谷2897号、2892、2900号3件残欠田文书上记载完全的和半完全的人名25个，其中人名右侧有朱点的18人，朱点绝大多数在一个人姓名的第二字或第三字右侧，因此，一个人只残存姓在文书上，名字全残缺了，也有可能在第二个字或第三个字右侧的朱点也随之残缺了。如大谷2892号文书第4行的："王□　□　□　□"，第5行的："李□　□　□　□。"

因此，也有可能这25个人名中，20个人的名字的右侧有朱点，只有5个人名字的右侧没有朱点。我认为这些朱点也是县勾官加的，表示里正上报的这些欠田户经过审核，户主姓名及所欠田均无误。5户未加朱点有两种可能的原因，一为遗漏了，一为是否无误尚不能定。西嶋定生氏认为这些朱点可能与授田有关，但也不能确定。

[7] 　　　　　□部田 七亩 索小圈 三丁 欠部田五亩 马孤易 丁 欠部田一亩

[8] 　　　　　　□□□忠 二丁 欠常田二亩　部田四亩　　卜师

奴 丁 欠常田一亩　部田"一"四亩 崔仙望[1] 三丁 欠常田四亩　部田六亩

[9] 　　　　　□第　　　八　　　□

[10] 　　　　　　　　　　□□ 四丁 欠常田三亩半　部

田□

（后　缺）

第 2 件　大谷 2897、2892、2900、2895 号

……………………………………（缝背署"元"，以下同）

[1]□　　□

[2]□　　　　　　□

[3]□　　　　　　□　　　　第　九　户

[4]□　　□□□□亩四亩 王□　□□　□□□睦 丁 欠常田一

亩半

[5]□　　□□常二亩□□二亩（部田）李□　□□　□□□迩 丁 欠常

田部田二一亩（亩）

[6]□　　□　　　□ 张仁恭 丁 □　□□□奴二丁一老 欠常

田三亩　部田七亩卅步

[7]□　　□　　　□ 曹 履祎 老 □(欠常田)□亩　部田五亩半　张真

如 欠部田一亩

[8]□　　□　　　□□(半亩)索文感 老二丁 欠常田三亩半

[9]□　　□　　　　□左元旨[2] 丁 欠常田一亩 孙□保 丁 欠常田一

亩　部田二亩

[10]□　　□　　　　□张孝感 一丁 欠常田一亩　部田一亩　郭虔

宗 一丁 欠常田三亩半　部田五亩

---

〔1〕崔仙望（大谷 2893 号）：池田氏录文作崔仙望，小田义久氏录文作催仙望。细审图版 71，
应作崔仙望。

〔2〕左元旨（大谷 2892 号）：池田温氏录文、小田义久氏录文，末一字作"旨"，细审图版 68，此
字下部作"日"，不作"目"，应录为"旨"。

235

[11]□　　□欠常田一亩卅步　张孝侯二丁欠常田二亩七步

[12]□　　□欠常田一亩　白敬仙丁欠常田一亩　部田二亩刘善保

丁欠部田二亩半

[13]□　　□欠常田二亩　部田三亩　赵才感丁欠部田四亩王后

吉丁欠常田一亩

[14]□　□欠常田四亩　李定富丁欠常田一亩半　部田一亩

魏茂仙□　　□

[15]□　　□欠常田一亩　部田三亩　周洪善丁欠常田一亩　部田四

亩　侯保通□　　□亩

[16]□　　□丁欠常田三亩半　部田四亩吕嘉允二丁欠常田三亩　部田

五亩□□□　　□□亩

[17]□□□丁欠常二亩　李思亮丁欠部田四亩　员□□□

[18]李□□丁欠常田一亩　部田一亩　竹小感"△"二丁欠常田三部　部

田一部半郭忠□□□

[19]安六?□二丁欠部田三亩马玄?□□欠常田□□

[20]张才富二丁欠"△"常田二亩半　部田四亩□

[21]索君丁欠部田一亩　部田三亩　康□□

[22]□□□二丁欠常一亩半　部田一亩□

[23]□□□丁欠常田二亩　部田七亩

（第八户）

[24]□　□　　　□　　　　　□

[25]□□恩五丁欠常田□　□

[26]□定□□

（后　缺）

第 3 件　大谷 2905 号

（前　缺）

[1]　　　　　　　　　　　　　　　□欠常田□

[2]　　　　　　　　　　□□欠常田二百步　□田一亩

[3]　　　　　　□彦？一男丁欠常田一亩　　部□

[4]丁欠常田一亩

（后　缺）

第4件　大谷2889号

（前　缺）

[1]□　　□欠常田卅步部田四亩　　宋放生[1]□

[2]□　□丁一寡欠常田二亩　部田七亩　　　曾行感老二男丁欠常□

[3]□　□欠常田一亩　　　　　　白荆山丁母寡欠常田一亩

[4]□　□丁一男丁田三亩　部田六亩　　　　王黄徼？丁母丁[2]欠常田

一亩部田一亩

---

〔1〕宋放生：池田氏录文作"宋放生"，小田氏录文作"宗放生"，细审图版67·2889)号文书
照相影印，我认为应作"宋放生"。

〔2〕在欠田文书上记载田令中未规定受田者母丁、母老等等，兹统计如下：

大谷2889号文书：

王黄徼？丁母丁欠常田一亩部田一亩

张　　质丁　母老欠常田一亩部田七亩

王主？方　丁母丁欠常田二亩

侯义方中母丁欠常田□□

大谷2888号文书：

吴元休丁母丁欠常田二亩　部田三亩

吴小忠丁母老欠常田七亩部田四亩

阴奴奴二丁母老欠常田二亩　部田三亩

李嘉宜丁母老欠常田二亩部田七亩

赵九如丁母老欠常田□□步部田五亩

阴小胡？丁母老欠常田二亩部田二亩

樊古丁母老欠常田一□亩□

大谷2890号文书：

□忠善二丁母老欠常田二亩二百步　部田九亩

大谷2904号文书：

□　　□丁母老欠常田□□　部田三亩

□孝忠丁母老欠常田□一亩　部田五亩

大谷2949号文书：

丁母丁　欠常田一百八十步

据唐田令，只有两类妇女能受田，即寡妻妾和大女当户，母老（老年之母）、母丁（丁年之母）
不能受田。不能受田，又怎能有欠田呢？如果说，此"母老"、"母丁"是附属并说明其上的"丁"或
"中"的，即此"丁"或此"中"有老母或丁母，也于理难通。丁男、中男（18岁以上者）据田令可以
受田，受田不足，故有欠田，和他们有无老母或丁母毫无关系。为什么在欠田文书多处记载"母
老"、"母丁"呢？其用意何在？姑记于此，留待进一步研究。

[5] □神感? 丁欠常田八十步部田四亩　曹小礼丁欠常田一亩部田一亩

[6] 张虔质丁　母老欠常田一亩部田七亩　　唐祥运二丁欠常田二亩部田五亩

[7] 王主?方丁　母丁欠常田二亩部田七亩　　　　侯义方中母丁欠常田□

[8] □□□丁　一弟废疾欠常田二亩部田五亩半魏延□□

[9] 　　　　　□亩部田八亩□

（后　缺）

第5件　大谷2899号

（前　缺）

[1] 韩无□废疾□

[2] 曾才本老四□□（欠常）田一亩□

[3] 周祝子三丁欠常田二亩

[4] 冯忠礼丁一男中欠常田□部田五亩

[5] 王顺忠二丁欠常□

[6] 张审言丁欠□

（后　缺）

第6件　大谷2888号

·····················（背缝署）

[1] 史赤奴欠常田一亩部田四亩白天奴丁欠常田一亩部田一亩

[2] 吴元休丁母丁欠常田二亩　部田三亩　　吴小忠丁母老欠常田二亩部田四亩

[3] 李礼感二丁欠常田三亩部田四亩　贾敬法二丁欠常田一亩部田三亩

[4] 阴奴奴二丁母老欠常田二亩　部田三亩　康通礼丁欠常田八十步

[5] 李嘉宜丁母老欠常田二亩　部田七亩　高小买二丁欠常田二亩

[6] 张孝顺丁欠部田五亩　张大吉丁欠常田半亩部田半亩

[7] 赵九奴丁母老欠常田□□步部田五亩　王政道丁欠常田一亩部田一亩

[8] 王泥奴 丁欠常田二亩部田三亩　　桀师奴[1] 丁欠常田半亩部田六亩

[9] 韦玄寿 丁欠部田六亩　　田苾山 丁欠常田一亩　　冯定才 二丁欠常田五亩

[10] 阴小胡？ 丁母老欠常田二亩部田二亩　　卜小感 丁欠常田三亩部田七亩

[11] 吴犊子 一丁一中欠常田二亩部田七亩　　郑酉□□

[12] 樊坚古 丁母老欠常田一亩　　　□

[13] 郑宜富 丁欠常田一亩部田□　　□

[14] 邵智其 老一男丁欠□　　　□

第 7 件　大谷 2890 号

[1] □　　　　　□忠善 二丁母老欠常田二亩二百步部田九亩

[2] 王树立 二丁欠常田二亩廿步部田七亩　　邓酉通 丁欠常田一亩

[3] 周忠耀 丁欠常田二亩部田三亩　　魏仁裕 二丁欠常田二亩部田五亩

[4] 严小诠？ 丁欠常田半六十步　　张和义 二丁欠常田一亩

[5] □　□　　□欠常田一亩　　马和直□

[6] □　□　　□男丁欠常田二亩　　魏感通

[7] □　□　　　　□三亩

第 8 件　大谷 2940 号

[1] □　□丁母老欠常田□□部田三亩□

[2] □孝忠 丁母老欠常田一亩部田五亩

[3] □当乡第八第九户、欠田□

[4] 　　　　　　　开元

（后　缺）

第 9 件　大谷 2894 号

（前　缺）

[1] 　　　　□□□

[2] 　　□常田一亩部田五亩□

──────────────

〔1〕桀师奴：池田氏录文和小田氏录文皆作"康师奴"，细审图版66（2888号）文书照相影印，"师奴"上一字并无残损，笔迹清晰，字形与"康"字相差甚多，今据图版录出原字"桀"。

[3] □欠常田二亩部田八亩 康 渐 □

[4] □常 四亩部田一亩 张令英 丁—中欠部田五亩 罗仙奉 丁
欠常田一亩

[5] □亩部田一亩 高永？仙—丁—中欠常田四亩

[6] □亩 何伯通 丁欠田四亩 麴大昭 二丁欠部
田五亩

[7] □丁欠部田五亩 张元要—丁—中欠常田三亩

（后　缺）

第 10 件　大谷 2903 号

[1] □□□□

[2] 严执珪 二丁□

[3] 翟武琮 丁欠部田 六 ？□

[4] 张玉山 丁欠部田六亩　康 田 ？□

[5] □　□丁 欠常田 □

（后　缺）

第 11 件　大谷 2908 号

（前　缺）

[1] □□□

[2] □常田三亩半部田四亩　氾洪讬—□

[3] □（常田）三亩部田九亩　范善藏 老二□

[4] □ 三 亩□

（后　缺）

第 12 件　大谷 1458 号

[1] □二丁欠部田五亩　马处立 三□

[2] □欠□田一亩　□鼠 丁欠 部 田 四□

（后　缺）

第 13 件　大谷 2376 号

[1]　　　　　　　　　　　□欠常田二亩　　范□

[2]　　　　　　　　　　　□苏老一丁一中□

[3]　　　　　　□□　赵运恽老四□丁□□

[4]　　　　　　□□　范行琮二丁□

[5]　□一中欠常田九亩八十步　部田十二亩

[6]　　□誉二丁欠常田三亩八十步〔1〕部田四亩张□□〔2〕

[7]　　□□泥？四丁欠常田十三亩部田十五亩　范义琮三丁□

[8]　　□质丁欠常田□　　　　□老三丁欠部田十一亩□

[9]　　□二丁一中欠常□　　　□四丁欠常田七亩□

[10]　　□老四丁欠常□　　　□

[11]　　□第九第□　　　　　　□谨牒。

[12]　　　　　　　　　　　□张阿麴牒。

第 14 件　大谷 2912、2886、2891 号

‥‥‥‥‥‥‥‥‥‥‥‥‥‥‥‥‥‥‥‥‥‥‥‥‥‥‥‥‥‥‥‥‥

---

〔1〕三亩八十步：池田氏录文作三亩八田囲，小田氏录文"步"字误为"囲"。细审图版63（2376）号文书照相影印，此字虽大半残缺，但残留笔迹仍可辨识为草写"步"字的末部，与前一行草字"步"字的末部相同。

〔2〕张（啬）：池田氏、小田氏录文"张"下皆未填字，细审图版63（2376）号文书照相影印，此字字形为"啬"，明晰可辨。

[1]宁昌乡〔1〕

[2]合当乡第九第八户欠田丁中总一百人

[3]　　八　　　十　　　　七人　　　第九户

[4]　　　康大智二丁欠常田二亩　部田四亩　刘威？感二丁欠常田二亩　部田三亩　申屠嗣嘉丁欠常田二亩部田四亩

[5]　　　□□□□欠常一亩　杨孝忠丁欠常田一亩　康神奴二丁欠常田一亩部田一亩

[6]　　　□□□□　　　□半　赵素才丁欠常田二亩　部田一亩

　　王定远丁欠常田一亩部田二亩

[7]　　　□宝子丁欠常田一亩半部田一亩　张思礼二丁欠部田十亩□□□一丁一中欠常田一亩

[8]　　　张宝顺二丁欠常田四亩部田四亩　白小师老二丁　欠常田二亩半　部田二亩

[9]　　　张仁煦丁欠常田二亩　康慈敏丁欠部田四亩　李休之丁欠部田四亩

[10]　　　张日光一丁一中欠常田五亩　部田六亩　郭思行丁欠常田二亩　王知之丁欠部田二亩

---

〔1〕欠田文书的形成：大谷2912号是一件欠田文书完整的首部：

宁昌乡

合当乡第九第八户欠田丁中总一百人

　　八　　　十　　人　　　第九户

大谷2904号文书是一件欠田文书不完整的尾部：

□当乡第八第九户欠田□□

　　　　　开元□□

大谷2376号文书是另一件欠田文书不完整的尾部：

□第九第□　　　　　□谨牒

　　　　　　□张阿麴牒

这两件不完全的尾部合在一起，可为一件相当完全的尾部：

□当乡第八第九户欠田(总若干段亩)

　　　开元(年、月、日)谨牒

　　(里正四人)张阿麴牒

把这一尾部和上述完全的首部合并观之，欠田文书是乡里正给县司的牒文。这些牒文由县司连接起来制成欠田簿。两幅纸缝背有"元"的签署，"元"就是开元二十九年前后西州高昌县令元宪。

[11]　　　　令狐忠节_{丁欠部田二亩}　麹虚？己_{丁欠常田一亩}　康鼠

子_{丁欠常田一亩}

[12]　　　　贾忠礼_{丁部田二亩}　康翻缲_{二丁欠常田三亩部田四亩}　张

皎子_{二丁欠常田二亩部田四亩}

[13]　　　　曹六六_{丁欠常田一亩部田一亩}　画僧奴_{丁欠常田四亩}　曹

实都_{丁欠常田一亩}　_{部田一亩}

[14]　　　　侯善义_{丁欠常田一亩半部田三亩}　董仙福_{丁欠部田三亩}

□□□□

[15]白思握？_{二丁欠常田一亩半部田二亩}　常思孝_{丁欠常田四亩}　白

祝祝_{二丁}□□□□（_{欠常田　亩部田　亩}）

··（缝背署）

[16]　　　　令狐思慎_{丁欠部田二亩}　康敬忠_{丁欠常田一亩部田三亩}

赵乞善？_{丁欠常田二亩部田一}亩

[17]　　　　张希祐_{丁欠部田四亩}　曹怀子_{老一丁欠常田一亩半}

樊□

（后　缺）

第 15 件　大谷 4043 号

··（缝背署）

[1]　　　　　　　　　　□应_{二丁欠常田二亩}

[2]　　　　　　　　　　□田二亩　部田一亩

[3]　　　　　　　　　　□田四亩　部田十六亩

[4]　　　　　　　　　　□亩　部田六亩

[5]　　　　　　　　　　□_{二丁欠常田五亩　部田□亩}

[6]　　　　　　　　　　□田一亩七十步

[7]　　　　　　　　　　□义忠_{三丁欠常田四亩}

[8]　　　　　　　　　　□一_{丁欠常田二亩　部田一亩}

[9]　　　　　　　　　　□　　　□

（后　缺）

第 16 件　大谷 2948—55 号中一片

（前　缺）

[1]　　　　　　　　　　▢欠▢

[2]　　　　　　　　　　▢丁母丁欠常田一百八十步

（后　缺）

第 17 件　大谷 2887 号

··（缝背署）

[1]▢▢　　　　　　▢常田一亩部田一亩　辛珎之丁欠　▢

[2]　▢▢　　　　　▢▢▢明四丁　部田十亩　目彦仙二丁欠常六亩

[3]▢▢　　　　▢田一亩　杜会宁丁欠部田三亩　韩荀子丁欠▢

[4]骨不当二丁欠常田四亩部田四亩　竹玄嶷丁欠常田一亩　马忠诚丁欠常田一亩　部田二亩

[5]尉嘉实丁欠常田半亩一百步部田三亩　张阿勋（勒）丁欠常田一亩半部田三亩

[6]辛胡子丁欠常田一亩半　柳天寿丁欠常田一亩部田四亩　曹天保二丁常田五亩　部田四亩

[7]耿思顺二丁欠常田一亩部田五亩　阴祀？虚[1]丁欠常田二亩部田三亩　白怀寿丁欠部田二亩

[8]白善生丁欠部田二亩　孙鼠居[2]丁欠常田一亩　白善住一老四丁欠常田二亩部田十一亩

[9]贺质都丁欠部田五亩　曹长寿丁欠常田一亩部田二亩　目赤奴二丁一中欠常田四亩部田二亩

[10]史莫延丁欠常田一亩半部田一？亩　孙知礼丁欠常田三亩部田四亩　田家生丁欠常田一亩　部田四亩

[11]冯破头丁欠常田▢亩部田四亩　康胡胡丁欠常田一亩部田四亩

---

〔1〕阴祀虚：池田氏录文作"阴祀虚"，小田氏录文作"阴祀虚"，细审图版 65（2887）号文书照相影印，第 2 字左边从"礻"，不从"衣，衤"，似应作"祀"。

〔2〕孙鼠居：此人名见大谷 2855 号退田文书，又见大谷 3487、3008 号两件文书（据池田温著《中国古代籍帐研究》），乃一里正也。

244

[12] 唐奴子 丁欠 常 田 □亩部田四亩　　何哥会 三丁欠常田六?亩部田

七亩

[13] 　　　　　　　　　□第　八　　户

[14] □　　　　　　　　□一亩　　康乌则 丁欠常田二亩　部田二亩

· ·（缝背署）

第 18 件　大谷 2902 号

（前　缺）

[1] 　　　　　　　　　　　　□常田一亩□

[2] 　　　　　　　　□骨义方 二丁欠常田二亩　部田二亩

[3] 　　　　　　　□田二亩□部田五亩　麹简意 二丁欠部田

三亩

[4] 　　　　　　　　□丁欠部田二亩　颜如珪 丁欠常田二亩□

[5] 　　　　　　　□欠常田一亩八十步部田四亩　范□

· ·（缝背署）

第 19 件　大谷 2909 号

（前　缺）

[1] 　　　　　　　　□部田五亩　索□

[2] 　　　　　　　　□亩　和大义 丁欠常□

（后　缺）

第 20 件　大谷 2907 号

（前　缺）

[1] 　　　　　　　　　　□欠常田一亩□

[2] 　　　　　□二亩　□四亩　白行思 丁一中□

[3] 　　　　　　　□欠常田四亩　部田六亩

[4] 　　　　　　　□部田二亩　尚顺 礼 ?□

[5] 　　　　　　　　　　　□部田四□

（后　缺）

245

第 21 件　大谷 2896 号

（前　缺）

[1] 李浮？ 子 二丁欠常田五亩半一百一十步　白浮□

[2] 欠常田一亩半一百步　部田二亩半　　白六 六丁欠常田一亩半卅步

刘□

[3] 张希乔 丁欠常田一亩　曹方素 二丁欠常田二亩　部田六□

[4] 欠常田一亩　康小感 一丁欠常田一亩　部田一亩[1]　贾真泰　二

丁一中欠常次亩　田□

[5] 一　　　十　　　四　　　户□

（后　缺）

第 22 件　大谷 2910 号

（前　缺）

[1] 　　　　　　　　　　　□五亩

[2] 　　　　　　　　　　　□□

[3] 　　　　　　　　□□田一亩半　部田一亩

[4] 　　　　　　　□礼？ 凉 丁欠常田二亩　部田五亩

[5] 　　　　　　　　　□部田六亩

[6] 　　　　　　　　　　□六亩

[7] 　　　　　　　□二丁欠部田四亩

[8] 　　　　　　　□欠常田二亩　部田二亩

（后　缺）

第 23 件　大谷 2911 号

···（缝背署）

[1] 　　　　　　□匡什差？ 一丁□

[2] 　　　　　　□曹怀彦□

---

〔1〕康小感……部田一亩：池田氏录文在“康小感”名下作“部田一亩”，小田氏录文作“部田二亩”。细审图版 69（2896）号文书照相影印，应作“部田二亩”。

[3]　　　　　　　　　　⼰部田一亩⼰

[4]　　　　　　　　⼰四亩　龙⼰

[5]　　　　　　　⼰中欠常田⼰

[6]　　　　　　　⼰常田一亩 部 ⼰

[7]　　　　　　　⼰欠部田⼰

[8]　　　　　　⼰丁欠部 田 ⼰

[9]　　　　　　　⼰欠常田二亩⼰

（后　缺）

第 24 件　大谷 2898 号

（前　缺）

[1]　　　　　　　　　　　⼰部田 六 ?　萨奴 辈 ⼰

[2]　　　　　　　　⼰丁欠常田二亩部田六亩　吕钦明⼰

[3]　　　　　　⼰酉奴丁欠常田一亩部田六亩　康 元 ? ⼰

[4]　　　　　　⼰ 力 ?丁欠常田一亩部田六亩　王天保 丁 ⼰

[5]　　　　　　　　　　⼰亩　李孝顺欠 常 田 一

亩 ⼰

（后　缺）

第 25 件　大谷 2901 号

（前　缺）

[1]　　　　　　　　　　⼰亩　 张 承 ⼰ ?

[2]　　　　　　⼰ 欠常 田一亩部田二亩　程奉仙丁二丁⼰

[3]　　　　　　⼰欠常田二亩六十步部田四亩　安忠亮丁二⼰

[4]　　　　　　⼰ 欠 常田二亩部田二亩　尚仁药丁欠常⼰

（后　缺）

第 26 件　大谷 4042 号

（前　缺）

·欧·亚·历·史·文·化·文·库·

[1]　　　　　　　　　　□部田六亩　唐和和丁一中欠常田□

[2]　　　　　　　　□常田二亩部田一亩　赵什奴丁欠常田一亩部□

[3]　　　　　　　□常田二亩部田四亩　陈英奴丁欠部田□亩□□□

[4]　　　　　　□修?二丁欠部田七亩　高仁节二丁一老欠常田一亩部
田三亩

[5]　　　　　　　　□田三亩部田一亩　张元祚丁一中欠常田□

（后　缺）

第 27 件　大谷 4378 号

[1]　□

[2]　□

[3]　　□　　　　　　（第）　　　九　　　　　（户）

[4]　　　　　□丁欠常田一亩　左忠□□

[5]　　　　　　　　□丁欠常田□□

（后　缺）

第 28 件　大谷 2938—47 号中一片

（前　缺）

[1]　　　　通□

[2]　　　□伽三丁□

[3]　　孝通(?)□

[4]　　　□乡欠□

第 29 件　大谷 2938—47 号中一片

（前　缺）

[1]　　　□田一十二亩

[2]　　　　　　□欠数如□

8　退田文书

　　《唐开元二十九年前后(741)西州高昌县退田簿》及有关文书(附开元二十五年文书)共计65件。

　　日本学者池田温著《中国古代籍帐研究》,著录了《唐开元二十九年前后西州高昌县退田薄及有关文书(附开元二十五年文书)》76件。这76件文书皆残,除其中第54~63件和第72件共11件文书残缺太甚,不录,余65件记都据池田氏录文移录。这65件大谷文书,在3000号以内者,都以小田义久教授责任编辑的《大谷文书集成(一)》所载原文书图版和小田氏的录文校勘。

　　为了便于研究者使用这一批退田文书,我撰写了一些简要注释,论述了与退田有关的问题。其中不少意见,日本学者西嶋定生已有论述,[1]我结合唐《田令》提出一些意见,做了一些补充。

　　由于文书残缺极甚,无法计算所记载的退田户的总数,只能基本上辨识退田者的姓名、身份等等的有49户。其中主要为死退、剩退,还有出嫁退和未注明退者等等。

　　死退25户:

　　大女赵大观、赵质子、□阿?观、赵善忠、赵秃子、焦敬及、大女康屯胜、员奉讬母、大女氾小贞、大女周贞胜、大女康浮□、□是子、(匡保)、□□诠、氾潼子母、大女辛那戒、____意、张丑奴、曹□□、康龙仕、周英尶、大女阴五娘、史阿堆、鄙索师、和静敏。

　　剩退13户:

　　张师训、张阿苏、王义质、吕申住、大女张保叶、韩思忠、曹屯屯、石奴奴、郭奴奴、曹天智、白黑奴、竹定师、阴久讬(死无籍)。

---

〔1〕西嶋定生著,冯佐哲、邱茂、黎潮合译《中国经济史研究》,农业出版社1984年版。

未注明退者 10 户：

大女白端姜、大女赵潘师、大女龙阿连、曹海资、张调君、周恒爽、麴佳敬、苻龙海、卜□志、田小眼。

出嫁绝退 1 户：

车寿持。

（1）何谓死退？按唐"武德七年田令"（《旧唐书》卷 48《食货志》、《唐会要》卷 83《租税》上）略云：

> 世业之田，身死则承户者便授之，口分则收入官，更以给人。

吐鲁番退田簿中所记的死退，就是上引田令的具体实施。

（2）何谓剩退？"武德七年田令"（见《唐会要》卷 83《租税》上、《旧唐书》卷 48《食货志》、《新唐书》卷 51《食货志》）和"开元七年田令"（见《唐六典》卷 3"户部郎中员外郎"条）都没有说到剩退。"开元二十五年田令"（见《通典》卷 2《食货二·田制下》）说到剩退：

> 若当家之内有官爵及少口分应受者，并听回给，有剩追收。

从官府的角度讲，"有剩追收"，从田主的角度讲，就是有剩退还给官府了。但这里所讲的是贵族官吏的剩退，和吐鲁番退田簿上的剩退是两回事。总之，唐代前三次《田令》中没有一般受田农民剩退的规定。退田簿中的"剩退"怎样解释呢？我的推测如下：

《隋唐》卷 24《食货志》（《通典》卷 7《食货七·丁中》及《通典》卷 2《食货二·田制下》同）略云：

> 河清三年定令：
>
> 男子六十六已上为老。
>
> 率以六十六退田免租调。

这是北齐制度。《隋书》卷 24《食货志》（《通典》卷 2《食货二·田制下》同）又说："其（隋）丁男中男永业露田，皆遵后齐之制"，隋亦有年老退田的规定，但隋的丁中制以 60 岁为老（《隋书》卷 24《丁中制》及《通典》卷 7《食货七·隋丁中制》），男子到 60 岁要退田。北齐和隋的这种制度，应叫作老退。唐《田令》中没有老退的规定（见上文所说的 3 次田令），同时，老男可以受口分田 40 亩，老男当户受田 50 亩，其中 20

亩永业,30亩口分。按"武德七年田令"(《新唐书》卷51《食货志》)略云:

> 授田之制:老及笃疾废疾者人四十亩,寡妻妾三十亩,当户者增二十亩,皆以二十亩为永业,其余为口分。

又按"唐开元七年田令"(《唐六典》卷3"户部郎中员外郎"条)略云:

> 凡给田之制有差,老男、笃疾、废疾以四十亩,寡妻妾以三十亩。若为户者则减丁之半。凡田分为二等,一曰永业,一曰口分。

又按"开元二十五年令"(《通典》卷2《食货二·田制下》)略云:

> 大唐开元二十五年令:老男笃疾废疾各给口分田四十亩,寡妻妾各给口分田三十亩。黄小中丁男子(兴按:此句有误,见本书第4章校勘)及老男笃疾废疾寡妻妾当户者,各给永业田二十亩,口分田二(按"二"当作"三",见本书第4章校勘)十亩。

都是可信的证据。

由于唐《田令》中没有老退的规定,又有老男可以受田40亩或50亩的规定,则从丁男(21岁到59岁)进为老男(60岁以上)时,就要由受田100亩改变成受田40亩或50亩,这样就有了60亩或50亩的差数。我认为吐鲁番退田簿中的剩退就是指的这个差数。一个年届60岁的老男,除他应受的40亩或50亩外,还有剩田60亩或50亩,要退还给官府。

以上是据唐中央政府规定的应受田的数目来推测的。但实际上,吐鲁番退田簿上的剩退田都为数极少,最多一人剩退8亩,这可能是于西州地区,除唐中央规定的应受田限额外,还有本地区的应受田限额。这一点在本书第4章中已论及,于此不再重述。

(3)出嫁剩退:我推测,此户可能只"大女车寿持"一人,她出嫁后,户内再无人,故将在她名下的一亩常田退还官府。

(4)死无籍剩退:大谷3377号文书曾记载阴久讬没落,这一文书又记载阴久讬死无籍剩退。据"开元二十五年田令"(《通典》卷2《食货二·田制》下):

> 诸因王事没落外藩(蕃)不还,有亲属同居,其身分之地,六年

·欧·亚·历·史·文·化·文·库·

乃追。

阴久讬没落外蕃几年不得而知,但如在没落中身死,则必然超过 6 年,被削籍,在他名下的 60 步菜田,据田令退还官府。

(5)未注退者及其他情况者 9 户:大女白端姜、大女赵潘师,虽没有注明退田,但同在一张退田牒上,也应是退田户。未注明退田但是退田户的例证很多,如大谷 2382 给田文书上记载:

> 大女李妙金一段一亩 部田城东三里俗中潢　东荒　西渠
>
> 南樊默 子□
>
> "给赵忠感充"
>
> 大女令狐和娘一段贰亩 常田城北半里土地渠东渠□
>
> "给杨大方充"

大女李妙金的一段一亩部田,大女令狐和娘的一段二亩常田,虽然都未注明退田,但已分别给予赵忠感和杨大方,这可证明,它们虽未注明退田,实际上是退田。大女龙阿连、麴嘉静、曹海资、张调君、周恒爽的退田也是同样情况。大女田小眼、苻龙海、卜□志、曹思□等户记事,残缺太甚,推测,可能都是退田。

这 65 件文书在末尾有里正署名及年、月、日者计 6 件:

(1)大谷 1222 号:□年四月　日,里正贾思义牒

(2)旅顺博物馆旧藏:开元二十九年三月　日里正阛□□

(3)大谷 4927 号:开元二十九年 四□(月)　日里正张□

(4)大谷 3487 号:开元廿五年四月　日里正孙鼠居牒

(5)大谷 3008 号:□□　□□(开元廿□)年四月　日里正孙鼠居牒

(6)大谷 3152 号:开元廿五年四月　日里正索□□牒

这 65 件文书,其末尾推测有里正署名及年、月、日者计 13 件:

(1)大谷 2883 号:牒件通□□□(这显然是牒文末部,其下的年、月、日及里正署名均残缺。)

(2)旅顺博物馆旧藏:牒件通当乡开元廿九年死及剩□□(同前

件,年、月、日及里正署名均残缺。)

（3）大谷2867、2875号：牒件通当乡□□　□□□件通　□□□
□□□（开元廿）九年四月□□（同前件,年、月、日几全存,里正署名
残缺。)

（4）大谷2882号：□(里) 正 李德 子 □□（年、月、日全缺,但里正
署名仍在。)

（5）大谷2939、3164号：□李德子牒（同前件。)

（6）大谷3377号： 右 件地,户主没落,有继后。伏听□□（从文义
和语气来看,这显然是里正的申请,但里正的署名和年、月、日都残
缺了。)

（7）大谷2913号：授,请处分。（结合上文文义,这也是里正申请
牒文的末部,不过年、月、日和里正署名都残缺了。)

（8）大谷2855号：□田□　□是身死,合（结合上文文义,这也是
里正申请牒文的末部,不过年、月、日和里正署名都残缺了。)

（9）大谷2936号：　　　□□谨 牒 ?（年、月、日和里正的署名都
残缺了。)

（10）大谷4901号：□□ 前 ? 谨牒。

　　　　　　　　开元廿九年十二月□□□（年、月具在,日及里正
署名均残缺。)

（11）大谷2996号：状如前,谨牒。

　　　　　　　　□(开)□□□（年、月、日及里正署名均已残。)

（12）大谷2938—47号中一片：□□件□□处分□□子牒（年、月、
日均缺,"子牒"上缺字,可能是"里正李德",大谷2939、3164号文书可
资参证。)

（13）大谷2948—55号中一片：□□□张志？斌牒（年、月、日均
缺,张志？斌可能是里正。)

据以上19件文书的末部的分析,可以看出,这批文书是里正上给
县司的牒文。由此,我推测,除第69件(大谷4926号)外,其余的50件

253

也是里正给县的牒文,但又可分为 4 类:

（1）记载一个乡几个里若干退田人户及退田段亩等等的牒文。如第 24 件(大谷 2862 号):

[1]太平乡

[2]忠诚里

　　　　"同惟　安"

[3]　　户主曹天智剩退一段壹亩薄田城东卌里柳中县东荒西□□□

（中 5 行略）

　　　　"同惟　安"

[7]　　户主曹□□死退一段贰亩常田城南贰里□　　□东唐秃子　西曹礼□"安"

　　　　　（后　缺）

这是这一类一件牒文的前一部分,有完事的首部,有乡名、里名、退田人户户主姓名等等。

第 16 件(大谷 2867、2875 号)是这一类另一件牒文的后一部分,共 12 行,前 10 行记载了 4 名退田者的姓名、退田段亩等等,最后两行是:

牒件通当乡□□　　□□□件通□□

□□□(开元廿)九年四月□□□

虽然在年、月、日下里正署名残缺了,但仍不失为这件牒文完整的末部。

把第 24 件文书和第 16 件文书合并起来,就成为这一类一件完整的文书,就是里正给县司的一件普通的退田牒。我认为从第 1 件至第 46 件文书都属于这一类。这些里正上给县司的退田牒,粘连成册就是退田簿,这是县司制造的。两幅纸缝押署的"元"字,是开元二十九年前后西州高昌县县令的署名,这在当时有关高昌县的其他官文书上也是常见的。缝背朱署"云"字,是勾官的署名。此人即退田牒上勾官批示短句中"同云　安"的"云"。关于勾官批示和勾官在缝背上押署的意义,请读者参看我撰著的《唐代勾检制》,于此不详说。

第 49、50 件文书也是退地牒,但牒文上没有写"死退"、"剩退"等,已见上文考释。

（2）第47、48、51、74件文书是里正上给县司的特殊退田牒,本书第4章已有详细考释,请读者参阅。

（3）第64、67、68、69件文书也可称之为里正上给县司的特殊退田牒,兹一一说明如下:

第64件文书末两行是:

⬚当乡剥籍地如前,谨牒。

开元廿九年三月　　日里正阚⬚

上文第48、51件文书记载太平乡大女史阿堆和大女车寿持退田,第51件文书末行云:

右件地,所由里正阚孝迁。

我推测第64件文书的"里正阚⬚",即是里正阚孝迁,如此推测不误,则"当乡剥籍地"的"当乡",应是太平乡。

怎样解释"剥籍地"? 剥,意为削去、除去;籍,即户籍;"剥籍地",意为某一户或某几户在太平乡的户籍被除掉,他或他们耕种的土地为官府收回。这种剥籍地,也可称之为特殊剩地,是特殊的剩退。

第67件文书末3行:

⬚身死⬚地 合 ⬚ 前? 谨牒

开元廿九年十二月⬚

意为某某身死,他的土地合应如何处理? 这显然是有些特殊情况,否则,一般身死退田,用不着里正特别申请行牒了。

第68件文书记载的"漏籍剩地",怎样解释? 漏籍,意为某人居住在太平乡,但在太平乡无籍,他所耕种的土地就是漏籍剩地,应退还官府,故文书下文云"漏籍令退"。这种情况相当于黄文弼著《吐鲁番考古记》所记载喀喇和卓出土勘田文书中的有田无籍。

第69件文书:"⬚上件废⬚",我推测,所说的可能是有关废疾者的受田(按《通典》卷2下"唐开元二十五年田令",废疾可受口分田40亩),下文"⬚毗畔不委",毗,意为附;畔:田界也。总之,所说的都是有关田地之事。我推测,这也是一件特殊退田牒。

·欧·亚·历·史·文·化·文库·

第 1 件　大谷 2854、2851、2853 号

（前　缺）

［1］　□□□□□□贰亩永业□城西拾里武城渠　东至渠
西至道　南□□□□□

"立"

［2］　壹段壹亩永业部田城西八里白渠　东至渠　西水田
南索父罗　北司空

"立"

［3］　壹段壹亩永业部田叁易城西拾里　东张斌　西水田南
至塞　北至渠

"立"

［4］　壹段壹亩亩永业部田叁易城西拾里南鲁坞　东范默
奴　西至渠　南至渠　北至渠

"立"

［5］　户张师训剩退壹段叁亩永业部田叁易城东肆拾里柳中
县　东至渠　西至渠　南梁住　北至道

"立"

［6］　户张阿苏剩退壹段壹亩永业常田城西拾里武城渠　东
至道　西张伯　南至道　北靳阿患

"立"

［7］　壹段叁亩永业常田城东肆拾里柳中县屯续渠　东范
西至渠　南至渠　北王素

·····················"元"·····················（押缝"元"，以下同）

"立"

［8］　户大女赵大观死退壹段贰亩永业常田城西贰里孔进渠
东赵住子　西严君住　南至渠　北至渠

"立"

［9］　壹段贰亩永业部田城西拾里芳其渠　东至渠　西至

256

渠　南易田　北麹延亮

"立"

[10]　壹段壹亩永业_{部田}城西柒里坚石渠　东赵横　西至
渠　南麹悦　北至渠

"立"

[11]　户赵买子死退壹段肆拾步永业_{常田}城西拾里武城渠
东张延　西长地　南张文　北□

"立"

[12]　壹段贰拾步永业_{常田}城西拾里武城渠　　东张文
西□

"立"

[13]　壹段陆拾步永业_{常田}城西十里武城□

"立"

[14]　壹段贰拾步永业_桃城西拾里武城渠　东自至　西至
渠　南至道　北赵洛富

"立"

[15]　壹段肆亩永业_{部田叁易}城北贰拾里新兴尉将潢[1]
东赵龙达　西至渠　南亭田[2]　北至渠

────────────────

〔1〕新兴尉将潢:按《册府元龟》卷958《外臣部·国邑门》略云:"高昌国置四十六镇,交河、
田地、高宁、临川、横截、柳婆、洿林、新兴、鄯宁、始昌、笃进、白刀(力)皆其镇名。"贞观十四年唐灭
高昌建置西州,包括新兴在内这些旧镇仍然存在,这件退田文书中的新兴当即新兴镇,高昌旧日
四十六镇之一。

《说文》:潢,积水池,从水黄声。"尉将"一名,不详所出。"新兴尉将潢"之上有"城北贰拾
里"一句,可知新兴镇及新镇尉将潢皆在高昌县城北20里处。

〔2〕亭田:按《西州高昌县退田文书》(大谷2914号)有"城北廿里新兴屯亭"的记载。这里的
"亭"应即新兴屯亭。"屯"当指军屯。按《唐六典》(南宋本)卷7"屯田郎中员外郎"条略云:"凡
天诸军州管屯总九百九十有二河西道二十安西屯。"新兴屯可能是安西二十屯之一。又按《前汉书》
卷69《赵充国传》略云:

遂上屯田奏曰:计度临羌东至浩亹,羌虏故田及公田民所未垦可二千顷以上,其间邮亭多
坏败者。愿罢骑兵留弛刑应募及淮阳汝南步兵与吏士私从者合凡万二百六十一人,分屯要
害处,冰解漕下,缮乡亭浚沟渠治湟陿以西道桥七十所。

我认为唐代军屯境内的屯亭,有类于汉赵充国屯田奏内的乡亭或邮亭。亭田,属于屯亭之
田,亦即屯亭之公廨田。

257

　　　　　　　　　　"立"

[16]　　壹段贰亩永业_{部田叁易}城西拾里南鲁坞　东至渠

西至荒　南王隽二护　北至渠

　　　　　　　　　　"立"

[17]　　　壹段壹亩永业_{部田叁易}　城西拾里南鲁坞　东至渠

西至渠　南至渠　北至卤

　　　　　　　　　　"立"

[18]　　贰 亩 永业_{部田参易}城西柒里树石渠　东至渠　西

至渠　南至渠　北至渠

[19]　　　　　　　　　　　　　　西至渠　南张

龙　北至渠

（后　缺）

第2件　大谷 2376、2990、2995 号

（前　缺）

[1]　　　　　　　户侯[1]？ 东 曹 ？ 海定　西张"元"

龙龙　南田

　　　　　　　　"同 立"

[2]　　一段贰亩　　　　　　　　西渠 南

　　　　　　　　"同立"

[3]　　一段贰亩陆拾 步 　　　　　　　西渠

南街

　　　　　　　　"同立"

[4]　　　贰亩陆拾步　　　　东 渠 西渠 南

[5]　　　　　亩_{部田}城南　　　　渠 东水田

---

〔1〕户侯：池田温氏录文作"户侯？"，小田义久氏录文作"户焦？"细审图版28，似应作"户焦"。

258

西荒

[6] 户傅□□□ 退 一段肆亩 部田 城西八里枣树渠　东荒

西□

[7] 户张天□□ 退 贰亩[1] 常田 城东廿里柳中县　东渠

西渠

[8] 一段 壹 亩 □亩 城南五里马堆渠　东渠　西□

[9] 一段□亩 部田 城西五 里 □

[10] 一段□亩 部田 城南五□

"同立"

[11] □段 参亩 部田 城□

"同立"

[12] □段 贰亩 部田

"同立"

‥‥‥‥‥‥‥‥‥‥‥‥‥‥‥‥‥‥‥‥‥‥‥‥‥‥‥‥‥‥

[13] 一段壹亩 常 田□

"同立"

[14] □□ 阿 观死退□

"同"

（后　缺）

第3件　大谷1221、2380**号**

（前　缺）

[1] □左 部渠　东至渠　西索相憙

---

〔1〕户张天□□囷贰亩（池田温氏录文）：小田义久氏录文作"户张天□"（大谷2990号）及
"贰亩"（大谷2376"11"号）。池田氏将2990号文书及2376号文书缀合为一件录文，小田氏则分
别为两件录文。池田氏录文有"退"字，细审图版28（大谷2376"11"号）原件照相影印，"贰亩"上
所缺一字的末笔有"之"形残迹，似是"囷"字的末笔，池田氏录为囷，不知是否根据此点？

259

南至□

　　[2]　　　　　　　　□柒里[1]左部渠　东至渠　西宁明

南辛护　北益[2]□

　　[3]　　　　□　　　□

　　[4]　　　　　　　□杜渠　东长史　西至道　南马

达　北赵钵

　　[5]　　　　　　□屯头渠　东胡麻　西白海祐

南胡麻　北至渠

　　[6]　　　　　　□白渠　东常田　西麹达　南自

至　北东?[3]□

………………"元"…………（押缝、缝背朱署"云晏"）

　　[7]　　　　　　□捌里白渠　东至荒　西至渠　南魏

秃子　北张德[4]

　　[8]　　　　　　□南鲁坞　东至荒　西至渠　南

至荒　北张□

（后　缺）

第4件　大谷2379号

（前　缺）

　　[1]　　　　　　　　　　（东□）分　西分　南

口分　北还公

---

〔1〕囷柒里：池田温氏录文末填"囷"字，细审图版26（大谷1221号）原件照相影印，"柒"上有"小"形笔迹，乃"东"字的末部，应填"东"字。

〔2〕北益：池田氏录文作"北益"，小田氏录文作"北至"，细审图版26（大谷1221号）原件照相影印，似应为"北益"。

〔3〕北东：小田氏录文作"北□"，池田氏录文作"北东?"细审图版26（大谷1221号）原件照相影印，此字左部上端尚存残迹，作囷形，按照唐代田亩四至书写惯例，此字的位置或应填"至"，或应某某人之姓。囷形肯定不是"至"字残迹，我认为乃"韩"字残迹，乃"韩"字左部之上端。

〔4〕北张德：小田氏录文作"北张□"，池田氏录文作"北张德"，细审图版26（大谷2380号）原件影印，"北张"下残存"凹"形，据此，很难断言是否"德"字。

[2]　　　　　　　　　　　　　　（东）□□至 道　西至渠

南至荒　北易田

[3]　　　　　　　　　　　　　　（东）□□渠　西至荒　南

管曹　北自至

[4]　　　　　　　　　　　　　　□□西孙子　南至

道　北至渠

　　　　　　　　　　　　　　　　"洪"

[5]　　　　　　　　　　　　　　□□西李　政　南

至渠　北焦延

[6]　　　　　　　　　　　　　　□南□?□

（后　缺）

第5件　大谷2865号

（前　缺）

[1]赵善忠死退

　　　　"同云　安　会先给赵思礼讫。泰"

[2]壹段壹亩永业桃城北贰里孔进渠　东至道　西自至

南李

　　　　"同云　安"

[3]壹段壹亩永业薄田城东二拾里柳中县界　东至渠　西竹

未子　南至渠

　　　　"同云　安"

[4]壹段贰亩永业部田叁易城东贰拾里高宁城　东至荒　西至

荒　南至荒　□

　　　　"同云　安"

[5]壹段一亩永业部田叁易城西五里枣树渠　东和武　西骨石

贞　南至道

　　　　"同云　安"

[6]壹段壹亩永业_{常田}城南壹里索渠　东王住海　西竹蒲利

南曹奴子　□

　　　　　"同云　安"

[7]壹段贰亩永业_{部田}城东肆拾里柳中县　东至道　西辛孝

忠　南至渠　北至渠

[8]赵秃子死退

　　　　　"同云　安"

[9]壹段贰亩永业_{常田}城东贰里石宕渠　东张志满　西至道

南杜海仁　北康阿盲

　　　（慕）

[10]　暮義里

[11]焦敬及死退

　　　　　"同云　安"

[12]壹段贰亩永业_{常田}城西拾里　□□　[东]范相　西范

申相　□

　　　　　"同云　安"

[13]　□　　　　　　　　　□西至

[渠]　□

　　　　　（后　缺）

第6件　大谷4382号

　　　　　（前　缺）

……………………"元"……………（押缝、缝背朱署"云"）

[1]归化里王羲质剩退

　　　　　"同云　安"

　　　（拾）

[2]壹段陆□[步]永业_菜城西十里武城渠　东

　　　　　"同[云]　[安]"

[3]壹段□[亩永业]_{部田}城西伍里屯头渠　东至渠

262

"同云　安"

[4]壹段壹亩永业部田城西柒里沙堰渠　东至渠　☐

[5]吕申住剩退

"同云　安会☐　☐充 府田[1] 讫泰"

[6]壹☐貳亩永业☐　☐　☐　壹里张渠　东吕秃子　西

龙沙子　南杨延 寿

"同云　安"

（后　缺）

第7件　大谷2870号

（前　缺）

[1]　☐　　☐ 城 西柒里榆树渠　☐☐

[2]　☐　☐死退

"安"

[3]　☐☐亩永业 常田 城东贰拾里柳中县　东魏秃子

西至渠　南冯☐

"安"

[4]　壹段贰亩永业 秋潢田 城南伍里上营部

"同　云"

（后　缺）

第8件　大谷2871号

（前　缺）

[1]　☐　　☐

"安"

[2]　　☐　☐永业 常田 城东肆拾里柳中县　东索禅赶

---

〔1〕府田：西州都督府之公廨田，《新唐书》卷40《地理志》云：西州交河郡中都督府；《唐六典》卷3"户部郎中员外郎"条略云："凡天下诸州公廨田，中都督府三十五顷。"文书中的府田应指此。

263

西□

　　　　　　　　"安"

［3］　　□　□永业^{常田}城东肆拾里柳中县　东王波斯　西

　　　　　　　　"安"

［4］　　□　□亩永业^{常田}城东贰拾里柳中县界　东益连积

西□

　　　　　　　　"云安"

［5］　　□　□亩永业^{潢田}城东肆拾里柳中县　东至渠

西□

［6］　□　　　　□退

［7］　□　　　□^{常田}城西贰里□

［8］　□　　□常田　城□

　　　　　　　　（后　缺）

第9件　大谷2883号

　　　　　　　　（前　缺）

　　　　　　"同云"

［1］　壹段壹□

［2］　牒件通□

　　　　　　　　（后　缺）

第10件　大谷2866号

　　　　　　　　（前　缺）

［1］　一段贰亩^{部田三易}城西五里胡麻　渠　东尚宽　西渠

南高规　北张师

　　　　　　"安"

［2］　　　　　　　□柳中县界　东渠　西冯长　南

潘裴　北李相

264

[3]　　　　　　　　　　▢横截城[1]　东至荒　西荒

南还公　北渠

[4]　　　　　　　　　　　　　　▢渠[2]　东▢　　▢[3]

西▢[4]　南周妃娘　▢

（后　缺）

第 11 件　大谷 2869 号

（前　缺）

[1]　　一段▢

　　　"同云安"一会先给▢▢

[2]　大女康屯胜七十八死退一段贰亩_{常田城西}▢[5]

　　　"同云　安"

[3]　　一段壹亩_{部田城东三里谷中渠}　东至渠　西至荒

　　　"同云　安"

[4]　　一段　壹亩_{部田城西}　▢　　　　　　　▢　西至

渠　南至▢

　　　"同云　安"

[5]　　一段壹亩_{部田叁易}

　　　"同云"

[6]　▢　▢死▢

（后　缺）

---

〔1〕横截城：横截城即横截镇，乃高昌旧四十六镇之一。见《册府元龟·外臣部》。

〔2〕渠：池田氏径录为"渠"，小田氏未录，细审图版 36（大谷 2866 号）原文书照相影印，"渠"字下部部分残，应作▢渠▢。

〔3〕东▢　▢：池田温氏录文作"东▢▢"，小田氏录文作"困国？王伏延"。细审图版 36（大谷 2866 号）原文书照相影印，"王伏延"3 字清晰无缺，池田氏脱漏未录。"王"之上只残存一点点笔迹，可认为"东"，小田氏在"东"下填国？，似可不必。

〔4〕西▢：池田温氏录文作"西▢"，小田氏录文作"西道"。细审图版 36（大谷 2866 号）原文书照相影印，"道"字清晰无缺，池田氏漏录。

〔5〕城西：池田氏录文作"城西"，小田氏录文作"城西▢一里▢"。细审图版 37（大谷 2869 号）原文书照相影印，"西"字下虽有残迹，但是否为"一"不能断定。其下一字，以意填"里"。

·欧·亚·历·史·文·化·文·库·

第 12 件　大谷 2873 号

（前　缺）

　　[1]　高昌里

　　　　"同云晏"

　　[2]　　员奉讬母死退一段壹伯步_{常田}城□

　　　　"同云　晏"

　　[3]　　　一段壹亩_桃城东卅里柳中县　东张明愿　　西□

　　　　"同 云 晏 "

（后　缺）

第 13 件　大谷 2877 号

（前　缺）

　　[1]　　一段□

　　[2]　净泰里

　　[3]　　大女氾小贞死退一段壹 亩 □ 　□ 　 城 西 六 十 里

　　交 河□

　　　　"同云　安"

　　[4]　　　 一 □

（后　缺）

第 14 件　大谷 2874 号

（前　缺）

··

　　　　"同 云　晏"

　　[1]大女周贞胜死退一段壹亩_{部田}城东五里左部渠　东 官 田

　　西□

　　[2]　　　　　　　　□□（城）南六里　东官田

　　西至 渠□

266

　　　　　　　　　　　　　　　　　　□田　西□

（后　缺）

第 15 件　旅顺博物馆旧藏

（前　缺）

［1］　　一段壹亩部田城西七里□□

［2］投化里

"同云"

［3］　　大女张保叶剩退一段壹部田□□

"同云"

［4］　　一段壹亩常田城东□里柳中县

"同云"

［5］　　一段壹亩薄田城东□里柳中县　　东□□

"同云"

［6］　大女康浮□死退贰亩部田□易城南五里□□

"同云　会先□"

［7］　高□　　□一段壹亩常田□□

［8］　　□一段□壹亩秋潢田城南五里□□

［9］　牒件通当乡开元廿九年死及剩□□

（后　缺）

第 16 件　大谷 2867 号

（前　缺）

"同云"

［1］　□□是子死退一段贰亩常田城东卅里柳中县　　东曹□

"同云"

［2］　　□一段叁亩部田城东卅里柳中县　东曹姜德　西□

"同云"

267

（匡保）

[3]　　□□ 诠死退壹段壹亩[1] 常田城南一里杜渠　　东 荒

　　　　　　"同云"

[4]　　　一 段壹亩 常田城西一里左官渠　　东索富□

　　　　　　　　"同云 会已上两段先给匡保诠。泰"

[5]　　　一段贰亩 部田城西七里榆树渠　　东麹欢住　　□

　　　　　　"同云"

[6]　韩思忠剩退一段贰亩 部田城西五里榆树渠　　　东□

　　　　　　"同云"

[7]　　　一段贰亩 部田城西五里榆树渠　　东官□

　　　　　　"同云"

[8]　　　一段壹亩 部田城东七里左部渠　　　东□

　　　　　　"同云"

[9]　　　一段壹亩 部田城东五里胡道渠　　　东□

　　　　　　"同云"

[10]　　　一段贰亩 部田城□四里胡麻　渠　　 东 □

[11]　　　牒件通当乡□件通□

[12]　　　　　　　　　　　　（开元廿） 九年四月□

第 17 件　大谷 2868 号

（前　缺）

[1]　　尚贤里户□□

----

〔1〕□□（匡保）诠死退壹段壹亩：池田氏录文为"□□（匡保）诠死退壹段壹亩"，小田氏录文为" 匡保 ？诠死退壹段壹亩"。总之"诠"上所空，他们都填"匡保"。但细审图版 36（大谷 2867 号）原文书照相影印，此文书第 4、5 行之间有朱笔字一行云：

　　会已上两段先给匡保诠　泰

这一行字是县勾官所书，"会"，勾会也。其意为经过勾会，第 3、4 行所载的两段田地，亦即"□□诠死退"的两段田地，先给了匡保诠，"泰"为勾官签署。如果第 3 行行首"诠"字前所空 2 字填"匡保"，则其意为匡保诠死退的两段田地，经过勾会，给了匡保诠，文义难解。匡保诠死退的两段田地又给了匡保诠，这是不可能的。据此，第 3 行首端空二字，似不宜填"匡保"。

"同云"

[2] 一段壹亩壹拾□□□

"同云"

[3] 曹屯屯剩退一段壹亩部田城西七□□□

"同云"

[4] 石奴奴剩退壹段壹亩常田城东□□□

"同云"

[5] 一段壹亩部田城东卅里柳中县□□□

"同云"

[6] 一段壹亩部田城西五里□□□

"同云"

[7] 一段壹亩部田城西七里□□□

"同云"

[8] 一段□亩枣 城东卅□□□

"同云"

[9] □□死退一段□□□

（后　缺）

第 18 件　大谷 4377 号

（前　缺）

[1] 氾童子母死退一段□□□

"同云"

[2] 一段伍亩部田城□□□

"同云　□"

[3] □大女辛那戒死退一段□□□

"同□"

[4] 一段叁□□□

（后　缺）

第 19 件　大谷 2878 号

（前　缺）

[1]　　　　一段壹▢

　　　　　　"同云"

[2]　▢▢意死退一段贰亩▢

　　　　　　"同云"

[3]　　　　　　　▢里孔进渠　东▢

[4]　　　　　　　　　　▢东马建论？　▢

……………………………………………………（缝？）

（后　缺）

第 20 件　大谷 2876 号

（前　缺）

[1]　　　　一段壹▢

　　　　　　"同云"

[2]　一段贰亩部田三易　城东？▢

　　　　　　"同云"

[3]　一段贰亩部田三易城西伍里▢

　　　　　　"同云"

（后　缺）

第 21 件　大谷 2885 号

（前　缺）

[1]　　　▢退▢

　　　　　　"云"

[2]▢（一）段贰亩▢

　　　　　（后　缺）

第 22 件　大谷 2880 号

（前　缺）

［1］　一段壹亩贰伯□

　　　　　“同云”

［2］　曹思□

［3］　　一段□

［4］　　一段壹□

（后　缺）

第23件　大谷2863号

（前　缺）

……………………“元”……………（押缝、缝背朱署“□□”）

［1］　　一段壹亩部田城西五里屯头　东渠　西麹仕义
南□

　　　　　“同惟　安　会先给张寺讫〔1〕）

［2］　大女白端姜一段贰亩常田城西一里杜渠　东道　南史
石？□□

　　　　　“同惟　安”

［3］　　一段叁亩部田叁易城东五里左部渠　东荒　西渠　南
荒　北荒

　　　　　“同惟　安”

［4］　郭奴奴剩退一段壹亩桃城西一里孔进渠　东渠　西荒
南刘海富　北张海富

　　　　　“同惟　安”

［5］　张丑奴死退一段半亩六十步常田城西一里左官渠　东
骨海琮　西道　南道　北令狐武

　　　　　“同惟　安”

［6］　　一段柒拾步常田城南三里樊渠　东范安护　西渠

---

〔1〕张守讫：池田氏录文作“张守”，但他在注文中说：西嶋定生录文作“张寺”；小田义久录文
示作“张守”。细审图版34（2863），应为“张寺”。按大谷1216个人文书有“张寺贰亩”，池田氏、
小田氏录文皆同，细审该文书原照相影印（见图版76）两“寺”字书法同，唯前者为朱书，后者为
墨书。“同惟安会给张寺讫”，是勾官勾检的批语。

271

南渠　北张玄敏

　　　　　　　　　　"同惟　安"

　　[7]　大女赵潘师一段壹亩_{常田}城□□　　□□西道　南官田
北孙仕恭

　　　　　　　　　　"同惟　安"

　　[8]　　　一段壹亩_{常田}城东廿里柳中县界　　□□　　□□北
至渠

　　　　　　　　　　"同惟　安"

　　[9]　　一段贰亩_{部田}城东五里左部渠　东荒　西张贞　□□
　　　　　　　　　　"同惟　安"

　　[10]　　　　□□_{部田}城南五里蒿渠　东渠　西荒　南麹
达?　□□

　　[11]　□□　　□□一里孔进渠　东渠　西渠　南道　□□
　　[12]　□□　　　　　□东荒　西渠　□□

　　　　　　　　　　（后　缺）

第24件　大谷2862号

　　·····························

　　[1]　太平乡
　　[2]　　忠诚里

　　　　　　　　　　"同惟　安"

　　[3]　　户主曹天智剩退一段壹亩_{薄田}城东卅里柳中县东荒
西

　　　　　　　　　　"同惟　安"

　　[4]一段贰亩_枣城东卅里柳中县　东还公　西至柒　□
　　　　　　　　　　"同惟　安"

　　[5]　　　一段一亩捌拾步_{横田折常田}城东廿里□与　东至渠
西至渠　□□
　　　　　　　　　　"同惟　安　会先给王忠顺?讫?"

〔6〕 　　　一段貳 [亩] [常] [田] 城東壹里匡□ 　□東蔡海相 　西
縣令 　南□□

　　　　　　　"同惟 　安"

〔7〕 　　户主 [曹] □□死退一段貳亩 [常] [田] 城南貳里□ 　□ 東
康禿子 　西曹礼□

　　　　"安"

　　　　（後 　缺）

第25件 　大谷2872号

　　　　　（前 　缺）

〔1〕 　　　　　　　　　□里□ 　□ 　[东] 翟善女
西 　康元足 　南焦寺 　北渠

　　　　　　　　　　　　　　"□ 　云"

〔2〕 　　　　　　　　　□ 　东□ 　西張延
欢 　南渠 　北韩祐

〔3〕 　　　　　　　　[□] [阿] [绪] [1] 　西
渠 　南尉大令 　北渠

〔4〕 　　　　□ 　北? 城廿五里[2] 寧戎低苦具 [谷]
□ 　□ 　南荒 　北袁弥弥

〔5〕 　　　　□

〔6〕 　　　　　□新与北渠 　东渠 　西渠 　南康黄
头 　北渠

─────────────

〔1〕□阿圈:池田氏录文作"□阿圈",小田氏录文作"□阿?圈?"细审图版38(大谷2872号)原文书照相影印,这一位置约有4字,第2字为"东"尚可辨识,第1、3二字虽残迹多存,但难辨识,第4字似只残存头一笔,不知为何字。此位置之残留笔迹,再三审辨,似并非"阿圈"2字。

〔2〕宁戎城苦具圈:池田氏录文作"宁戎低若'具谷'",小田氏录文作"宁戎低?若具谷",细审图版38(大谷2872号)原文书照相影印,"宁戎"之下应为"城"字,按高昌县有宁戎乡,可能是过去的宁戎镇,宁戎镇亦可称为宁戎城。如大谷2865号文书有"城东贰拾里高宁城",此高宁城当即上文第一件文书注(1)所引《册府元龟》载高昌置四十六镇中的高宁镇。

273

（后　缺）

第 26 件　大谷 2861 号

（前　缺）

"立"

［1］　仁义里

"同惟"

［2］　　大女龙阿莲一段壹亩^{常田}城东三里辛渠　东魏愿欢

西赵相龙　南渠　北索住

"同惟"

［3］　　　一段半亩^{部田}城东七里左部渠　东朱怀达　西

王安德　南翟龙　北卫武□

"同惟"

［4］　　　　　□^{常田}城西十里武城渠　东□

□　伍里田?□

（后　缺）

第 27 件　大谷 2938 号

（前　缺）

［1］　　　　　□海藏　西张　憧惮　南至荒　北孙海藏

（后　缺）

第 28 件　大谷 3068 号

（前　缺）

［1］　　　一段□一亩□

"同惟"

［2］　　　一段一亩^{部田}城北柒里榆树渠　□

［3］　　　　□五里左部渠

······

（后　缺）

274

第 29 件　大谷 2864 号

[1]　　　卜? □志　▭

　　　　　　　"同惟"

[2]　　　▭一段

　　　　　　　　　（后　　缺）

第 30 件　大谷 2860 号

　　　　　　　　　（前　　缺）

　　………………………………"元"………………………………

[1]　　▭业_{部田壹易}城东拾里屯亭　　东至渠　　西至渠　　南
韩丰醜　　北唐黄头

[2]　　　▭

[3]　　　▭_常　城东贰拾里柳中县界　　东至渠　　西至道
南至荒　　北至渠

[4]　□亩永业_{常田}城东伍里罍底渠　　东至渠　　西至渠　　南
李庆海　　北樊守洛

　　　　　　　"同惟"

[5]　□亩永业_{部田}城东拾里屯亭　　东至渠　　西至亭田　　南
亭田　　北官田

　　　　　　　"同惟"

[6]　□永业_{部田叁易}城东贰里俗尾潢　　东至荒　　西至渠　　南
康辰住　　北至渠

[7]　　　▭

[8]　　　　　▭土门谷　东至渠　　西至渠　　南至荒
北至荒

[9]　　　▭

[10]　　　　　　　□东马□　　西冯父师　　▭

　　　　　　　　（后　　缺）

第 31 件　大谷 1220 号

　　　　　　　　　（前　　缺）

275

[1]　　　　　　□□□

[2]　　　□亩□　□　城北叁里□

[3]　　　□枣　城北壹里满水[1]　　东孙泥面　　西魏

令·南至渠　北阴感

[4]　　　　□□

[5]　　　　　　　　　　□南至渠　北至道

[6]　　　　□□

[7]　　　　　　□东至道　　西至渠　　南至潢　　□

[8]　　　　　□蒿渠　　　东至渠　　□

[9]　　　□城西柒里白渠　□

[10]　　　□部田城西柒里□

（后　缺）

第 32 件　大谷 1248、1251 号

（前　缺）

[1]　　　　　　　　　□西刘小　南渠　北渠

[2]　　　　　　　□东卤　西渠　南樊奴　北普明寺

[3]　　　　　□(柳)中县　东还公　西渠　南渠　北

还公

[4]　　　　　□　东吴仁　西贾弟　南荒　北官田

……………………………"元"………（押缝、缝背朱署"□"）

[5]　　　　　□　□□□

（后　缺）

第 33 件　大谷 1223 号

（前　缺）

[1]　　　　　　　　□□　西渠　南□□

---

〔1〕满水:应即满水渠,也可能是满水潢。此文书中的"满水"在城北一里,大谷 2996 号文书有"漏籍剩地一段一亩常田城北一里满水渠。城北一里"。但大谷 2388 号给田文书又说:满水渠在城南六里。此外,大谷 3377 号文书记载,满水潢在城北 20 里,有可能是从城北 1~20 里的长潢。

[2]　　　☐新兴　东渠　西荒　南道　北梁婆洛

[3]　　　　☐　东还公　西卤　南卤　北渠

[4]　　　☐渠　东阚海海　西妙德寺　南妙德寺
北渠

[5]　　　☐　东渠　西荒　南渠　北麹仕义

[6]　　　　　　　☐　北新田

（后　　缺）

第34件　大谷2599号

（前　　缺）

[1]　　　　　　☐渠　南夏阿智　北渠

[2]　　☐东廿里柳中县界　东至荒　西渠　南令狐
黄头北张相欢[1]

[3]　　☐柳中县　东史申潘　西杨小　南渠
北康申

[4]　　　☐屯头渠　东渠　西赵仕义　南渠
北荒

[5]　　☐七?里白地渠　东渠　西道　南贾如
北串祐

[6]　☐卅里☐东县令　西还公　南渠　北还公

（后　　缺）

第35件　大谷1418号

（前　　缺）

[1]　　　　　　☐东西塔寺　西☐

[2]　　　　　　☐　东符玄爽　西普照☐

---

〔1〕北张相欢：小田义久录文作张相观，细审《大谷文书集成（一）》图版32，我认为应作张相
欢。

[3] 　　　　　　　　　□东李金远　□

[4] 　　　　　　　　　□东还公　□

[5] 　　□

[6] 　　　□里蒿渠　东渠　西渠　南麹遮　□

[7] 　　　□□石渠　东渠　西杨悦　南渠　北□

[8] 　　　□里蒿渠　东刘石仁　西□　□　南 夏 ?□

………………"元"…………（押缝、缝背朱署"□"）

（后　缺）

第36件　大谷2881号

（前　缺）

[1] 　　　 柳 中县界　东郭庆?□　□富多　南□

[2] 　　　　　　　　　□县　东还□

[3] 　　　　　□横截城　□

[4] 　　　　　□□洛部　□

[5] 　　　　　　　□□部渠　□

（后　缺）

第37件　大谷2858号

（前余白）

[1]归政里白黑奴剩退

"安"

（后　缺）

第38件　大谷2879号

（前　缺）

[1]　　□□□

[2]　　大女田小眼□

[3]　　安义里

"同"

（后　缺）

278

第 39 件　大谷 4379 号

[1]　　　　　　　□田城□

　　　　　　"□母□□"

[2]　　貳亩永业□

（后　缺）

第 40 件　大谷 2856 号

··

[1]　德义里

[2]　康龙仕死退壹段壹亩部田叁易城南伍里□

[3]　　壹段壹亩部田叁易城东肆拾里柳中县　东□

[4]　　竹定师剩退壹段叁亩部田叁易城西□里枣树渠

东水田　西□

[5]　　周英𬺓死退壹段贰亩常田城西贰里□　□　东□

[6]　　壹段贰亩部田叁易城西柒里枣□□

　　　　"会开廿六年给　王道俊讫典"

[7]　曹海资壹段贰亩常田城西叁里□□

[8]　　壹段叁亩部田叁易城西柒里沙堰渠□□

（后　缺）

第 41 件　大谷 2857 号

（前　缺）

[1]　成化里

　　　　"会先给充府田泰"

[2]　张调君壹段贰亩常田城北贰拾

　　　　"会廿六年给主"

[3]　周恒爽壹段壹亩部田城北壹里满□□

[4]　大女阴五娘死退壹段壹亩常田□　□　里□□

[5]　　壹段壹亩常田城东伍里□□□

279

[6]　　　壹段壹亩_{部田壹易}城北壹里□□□

··（缝背署"□"）

（后　缺）

第 42 件　大谷 2859 号

（前　缺）

[1]　　　　　　　　━━━

"先给张亲仁 泰 "〔1〕

[2]　　　□□ 常 田城东伍里 北 渠 □

（后　缺）

第 43 件　大谷 1249 号

（前　缺）

[1]　壹□

[2]　符龙海□□

"同"

[3]　　壹□

（后　缺）

第 44 件　大谷 1222 号

（前　缺）

[1]　　　　　　　　□ 东□ □　 西至□ □

[2]　　　　　　　□ 里　东李文　西自至　南□

[3]　　　　　　　□□ 地　如　前、谨　牒。

[4]　　　　　　　□年四月　日、里正贾思义牒。

（后　缺）

───────────

〔1〕先给张亲仁圈：池田氏录文作"先给张亲仁圈"，小田氏录文作"圈？给张亲仁圈？"，细审图版 32（大谷 2859 号）原文书照相影印，"先"字右半已损去一小部分，但可辨识为"先"字无误。"先"字之上已全折损，无从辨认。但此行第 6 字为朱笔，其所在的位置乃勾官句检后的批语。句检批语行文惯例，常以"会"字为勾首，如大谷 2857 号退田文书所记："会先给充府田泰。"又如大谷 2856 号退田文书所记："会开廿六年给王道俊讫圈"皆是也。"会"、勾会也。据此，"先给"上以意填"会"字。

280

第 45 件　大谷 2882 号

（前　　缺）

[1]　　　　　　　　　　　　　　□ 数 如前□

[2]　　　　　　　　　　　□（里）正 李德 子 □

（后　　缺）

第 46 件　大谷 2939 号

（前　　缺）

[1]　　　　　　　　　　　　□张龙仁□

[2]　　　　　　　　　　　□行？北□□

[3]　　　　　　　　　　□洛　北冯 点 仁

[4]　　　　　　　　　□ 南 道　北冯阿武

[5]　　　　　　　　　　□分

[6]　　　　　　　　　　　　　　□

[7]　　　　　　　　　　□李德子牒

第 47 件　大谷 3377 号

（前　　缺）

[1]　　　　　　　　　　□ 新 兴屯亭□ 渠 □

[2]　　　　右 件 地 先　出　给、请　付　高□　　□

[3]　　鄯索师一段二亩 常 田城北廿里新兴满水潢　　　东

□佃？子 西渠 南 大 忠 北渠〔1〕

────────────

〔1〕涉及是否按《田令》给田的几件特殊的退田文书的分析。在大谷退田文书中,有些退田记载,再三重复出现,很特殊。为什么这样重复? 不易理解。其中又涉及是否按《田令》给田等问题。今试图考证分析如后:

大谷 3377 号退田文书的第 3、4、5 行云:

[3]鄯索师一段二亩常田城北廿里新兴满水潢东□佃(?)子　西渠　南　大　忠　北渠

[4]⊡阴 久讬一段六十步菜步城北廿里宁戎苦　具谷东渠　西道　南荒　北□□

[5]⊡右件地　户主没落　有继后　伏听□□

（后　缺）

大谷 3855 号退田文书的第 2、3、4 行云:

[2]⊡鄯索师死退一段二亩常田城北廿里□

[3]阴久讬死无籍剩退六十步　菜□

[4]右件地所由里正索□

前一件文书是退田记载的特殊形式,文书中没有记载死退剩退或其他原因退田等等,但它是退田文书。文书第 5 行有"户主没落"的记载,"户主没落"是否要退田? 下文还要研究。但这是这件文书作为退田文书的一种可能。按大谷 2383 号给田文书的第 6、7、8 行云:

[6]大女白浮罗祝一段半亩常田　城东一里　土门谷　东至渠　西至渠　南至荒　北至荒

[7]尚　给张西曾充无

[8]⊡大女曹定娘一段四亩部田城南五里土营部　东至渠　西至渠　南百姓　北百姓

[9]□孝天忠　令城狐婆奴各二亩充天

据此,给予张西曾的半亩常田是原属于白浮罗祝的,给予□孝忠、令狐婆奴各二亩部田是原属于曹定娘的,当然都是她们的退田,虽然没有写明死退剩退等等。这些可能不是一般的死退剩退,而是由于某种特殊情况。大谷 3377 号文书所记鄯索师、阴久讬的退田可能是同类特殊情况,都是退田。

大谷 3377 号退田文书第 5 行的"右件地,户主没落,有继后,伏听□□"一句很应注意。据《通典》卷 2《食货二·田制下》载"唐开元二十五年田令"云:"诸因王事没落外藩(蕃)不还,有亲属同居。其身份之地,六年乃追。身还之后,随便充给。即身死王事者,其子孙虽未成丁,身份地勿追。"大谷 3377 号退田文书应是里正的牒文。据里正所说"鄯索师及阴久讬没落",是否因王事或其他原因没落,没有说。里正牒文所说的可理解为:两个户主没落了,他们的口分地也没有主人了,但这两个户主家内有继后,应该给他们的继后,伏听县司裁决。这也就是说,这两份口分田留在户内,不要另行给授。里正的意见是有依据的,按(日本)《令集解》卷 2《田令》云:

问:唐令云:其退田户内有合应受者,虽不课役,先听自取。有余收授者。（又见仁田陛著《唐令拾遗》）

鄯索师及阴久讬虽然没落,但户内有继后,也就是田令中的"有合进受者"。根据田令精神,里正提出,把这两份口分田给予他们的继后,不要另行给授。但大谷 2855 号退田文书载:鄯索师死退,阴久讬死无籍剩退。这两个人由没落成为死和死无籍,这是为什么呢? 这两件文书的时间,池田温氏都定为开元廿九年前后。我同意这一意见,或同是开元廿九年的,或相距时间很短。

（未完,转下页）

282

[4]　　　　　　阴 久讬？一段六十步莱城北廿里宁戎苦具谷

东渠 南荒　　西道　　北□□

先知这两个人没落了，是否因王事没落？可能不是，如因王事没落，虽死，"其子孙虽未成丁，身份地勿追"（见上引令）。但大谷2855号文书却记此二人一为死退一为死无籍剩退。可见这两个人不是因王事没落。虽然如此，没落与死不同，没落与逃走也不同，在不太长的时间内，他们的口分地可以给予他们的继后，留在户内。里正向县司请示的意见，可能就是这种情况吧，不知是否？但接着又知道这两个人在没落中死了，里正前面的请示就没有了理由，只能以死退、死无籍退另行牒上县司以备授予其他欠地丁了。这就是大谷2855号退田文书。

与上述情况相类似的是关于和静敏退田的记载。兹移录有关的4件文书如下：

〔1〕尚贤乡

〔2〕和静敏一段二亩　常田　城东二里七顷渠　东渠　西翟大索　南驿田　北渠

〔3〕　　一段三亩常田城北廿里新兴屯亭　东荒　西渠　南张守悦　北荒

（后　缺）

大谷2855号退田文书的第8～12行云：

〔8〕和静敏死退二亩常田　城东二里七顷渠　东渠　西翟大索　南驿田　北渠

〔9〕　　一段二亩部田城北廿里新兴屯亭　东荒　西渠　南张守悦　北渠

〔10〕　　右件地所由里正孙鼠居

〔11〕　□□归？身？是　军兵贫弱？　口分田地　比来

〔12〕　　□田是　□□是身死合

（后　缺）

大谷3487号退田文书云：

〔1〕□　　□籍帐未除，户俱第六。家有母及叔母

〔2〕二人身寡　　合授常田三亩　部田五亩　所合退地请

〔3〕追静敏母问　即知退地中　□请处分

〔4〕牒　件状如前　谨牒。

〔5〕　　　开元七五年四月　日里正孙鼠居牒。

大谷2987号给田文书云：

〔1〕　□　□敏死退一段二亩常田

〔2〕尚给　李□

〔3〕卜礼□

（后　缺）

（未完，转下页）

283

[5]　　　　　　　　　右　件地、户主没落、有继后。伏　听□□

　　　　　　　　　　　　　　　（后　缺）

（接上页注）

大谷 2914 号退田文书末部缺，我推测所缺部分可能类似上文所引大谷 3377 号退田文书第 5 行以下，即记载里正对和静敏的某种特殊情况以及对所退地的处理意见。紧接着，和静敏死了，因而就有了大谷 2855 号退田文书第 8～12 行的记载。这件文书第 10 行："右件地所由里正孙鼠居"，第 11、12 两行虽很残缺，但其内容可能是里正对和静敏死退口分田的处理意见。这一文书可能是里正孙鼠居的牒文。大谷 3487 号退田文书也是里正孙鼠居的牒，从"所合退地，请追静敏母问"一句来看，牒文的内容大致是：和静敏家有母及叔母二人丁寡，和静敏死后，此二人合应受常田 3 亩、部田 5 亩，关于和静敏的退地，请追静敏母问。把大谷 2855 号和大谷 3487 号两件文书合并起来看，提出意见如后：从大谷 2855 号文书第 11、12 行残留的"口分田地"、"比来"、"田"、"身死合"以及大谷 3487 号所记"家有母及叔母二人丁寡"云云来推测，其意为和静敏死后的户内田地合应由她的寡母、寡叔母受田，也就是上文所引田令所说的"其户内有合进受者，虽不课役，先听自取"。和静敏似乎是以大女身份为户主，她死后，应由她的寡母当户。此寡母的应受田就应由其寡妻的地分增加到寡妻当户的地分，即一丁男应受田的一半，她就是合进受者。

上述推测只是里正的意见，不是最后决定。县司的最后处理似乎没有接受里正的意见，或者没有完全接受里正的意见。这样就有了大谷 2987 号给田文书。这件文书第 1 行"敏"字之上所缺字应为"和静"二字，因上引第 2855 号退田文书中，和静敏死退两段，其中一段是两亩常田，这件文书一行残留的恰恰是一段两亩常田。我认为这就是和静敏死后的退田。据这件给田文书，和静敏死后所退这一段两亩常田，没有按照里正孙鼠居的意见，留给本户内的寡母、寡叔母，而另行授予李某了。至于和静敏退的另一段 3 亩部田，是否按田令留给户内的两个丁寡，就无从考知了。

与上述两类退田情况相似同时也涉及给田问题的，还有关于史阿堆，车寿持退田的记载。兹迳录有关两件文书如下：

大谷 2913 号退田文书：

[1] 太平乡

[2] 史阿堆死退一段二亩常田城北廿里新兴　东　　西　　南　　北

[3] 车寿持出 嫁 　退一段一亩半常田城东四里　石宕渠　东渠　西渠　南翟玄？

北渠

[4] 右件地，其阿堆等地，先通状入口，充 孙 ？□

[5] 　替讫，今贾九配？请□

[6] 授，请处分。

　　　　　　　　　　　　　　　（后　缺）

大谷 2855 号退田文书的第 5、6、7 行云：

　会先给郭 奴 奴 讫云

[5] 大女史阿堆死绝退二亩常田城北廿里□准前先给　鞠盲子讫云

[6] 大女车寿持出嫁绝退一亩常田城东四里石宕渠　东渠　西渠　南翟素　北渠

[7] 　右件地　所由里正阚孝迁

（未完，转下页）

第 48 件　大谷 2913 号

（前　缺）

……………………□（押署）…………（縫上署［背无署］）

[1]　　太平乡

[2]　　　史阿堆死退一段二亩^{常田}城北廿里新兴　　东　　西

南　　北

[3]　　　车寿持出 嫁□　　□（退一段）亩半^{常田}城东四里石宕

渠　_{东渠　北渠　西渠　南翟玄？}[1]

[4]　　右 件 地、其阿堆等地。先通状入□、充 孙□

[5]　　　　　替讫。今贾九配？请□

（接上页注）

　　这两件文书反映了退田给田中更为复杂的情况。前一件文书第 4、5、6 行的内容大意如下：有人通状请史阿堆、车寿持所退地，似乎已被授予，今贾九又请。里正请求县司处理。后一件文书第 5、6 两行右侧的两个短句应是勾检者的批语。《大谷文书集成（一）》第 116 页，主编者对这件文书的注文说，这两个短句都是朱笔所著。朱笔应是勾检的标志。按《唐六典》卷 1 "尚书都省左右司郎中员外郎"条云："凡文案既成，勾司行朱讫，皆书其上端，记年月日，纳诸库。"勾司勾检完一件文案，要行朱，据此推测，勾官勾检完一件文书的批语，也应朱书。同时，第一个短句以"会"字为首，"会"意为计会核算及检比。"会先给郭奴奴讫云"意为，经过计会核算检比，史阿堆死绝退的二亩常田，已先给予郭奴奴，"云"是句检者的署名。第二个短句"准前"，即准前同样核算检比。全句意为：经过同样核算检比，车寿持出嫁绝退的一亩常田已先给予魏盲子，"云"是同一勾检者署名。如果以上论证不误，则可增多我们对唐代前期每年冬季授田的新认识，即授田的根据之一的退田簿，必须由勾官勾检。这样，我们对授田过程的理解更完全了，更具体了，也更符合当时的实际了。

　　根据这两句勾官批语，史阿堆和车寿持的退地分别给予了郭奴奴和魏盲子。这两个人是否就是大谷 2913 号退田文书第 4、5 行所记先通状并已被授予土地的请地者呢？我认为，很可能是。大谷 2913 号退田文书和大谷 2855 号退田文书之间的关系，两件文书的内容互相联系，必须合并分析。大谷 2913 号退田文书第 5、6 行所记，贾九又请史阿堆和车寿持的两个退田，里正请求县司处理。我推测，县司可能拒绝了贾九的请地要求，两段退地仍给予郭奴奴和魏盲子，因此才有了大谷 2855 号退田文书上的两句勾官批语。

　　[1] 翟玄？：池田氏录文作"翟玄？"，小田氏录文作"翟素"，细审图版 40（大谷 2913 号）原文书照相影印，"素"字不清晰，似"玄"。但据图版 32，大谷 2855 号原文书影印，同一车持持，同一地段，"翟素"二字甚为清晰，则大谷 2913 号文书所记者，应为"翟素"。

　　此件文书第 4、5、6 行所记内容，应是里正向县司的请示。这一大批退田文书均残，但据尚存的记载看，多数为里正给县司的牒文。这件文书即是。关于牒文内容的分析，请参看本书第 4 章。

285

[6]　　　　　授、请处分。

（后　缺）

第49件　大谷2914号

（前　缺）

……………□（押署）………（缝上署［背无署］）

[1]　尚贤乡

[2]　　和静敏一段二亩 常田 城东二里七顷渠　东渠　西
翟大索　南驿田[1]　北渠

[3]　　　一段三亩部田城北廿里新兴 屯 亭　东荒　西渠
南张守悦　北 荒 ?

（后　缺）

第50件　大谷2915号

（前　缺）

………………□（押署）…………（缝上署［背无署］）

[1]　 归 ?德乡

[2]　　麴嘉敏一段二亩常田城东二里七顷渠　东翟善女
西康元是 南 渠 ?北渠

[3]　　　一段二亩部田城东廿里□□□　　　□□西张?
延欢　南渠　北韩祐

[4]　　　　　□□□　　　　　　□□ 检 案、

[5]　　　　　□□□　　　　　　□□南?□

（后　缺）

第51件　大谷2855号

（前　缺）

------

[1]驿田:按《通典》卷2《食货二·田制下》略云:

　大唐开元二十五年令:诸驿封田随近给,每马一匹,给地四十亩,若驿侧有牧田之处,匹
各减五亩。其传送之马,每匹给田二十亩。

文书中的驿田即《田令》中的驿封田。

　　　　　　　"准前年□"

[1]　　　□二亩_{部田}城东廿里□

[1] 　　　□二亩部田城东廿里□

[2]　　郎索师死退一段二亩_{常田}城北廿里□□

[3]　　阴久讬死无籍剩退六十步_菜□□

[4]　　　　右件地、所由里正索

　　　　　"会先给郭奴奴讫云"〔1〕

[5]　　大女史阿堆死绝退二亩_{常田}城北廿里□□

　　　　　"准前先? 麴盲子讫云?"

[6]　　　大女车寿持出嫁绝退一亩_{常田}城东四里石宕渠　东
渠　西渠　南翟素　北渠

[7]　　　　右件地、所由里正阚孝迁。

[8]　和静敏死退二亩_{常田}城东二里七顷渠　东渠　西翟大
索　南驿田　北渠

[9]　　一段三亩_{部田}城北廿里新兴屯亭　东荒　西渠　南
张守悦　北渠

[10]　　　　右件地　所由里正孙鼠居。〔2〕

[11]　　　□□归? 身? 是军后贫弱?　口分田地
比来

[12]　　　　　　　□田□　　□是身死、合

　　　　（后　　缺）

第52件　大谷2925号

　　　　　（前　　缺）

---

〔1〕会先给郭奴奴讫：按大谷2863号退田文书云：
　　郭奴奴剩退一段壹亩_桃
　　郭奴奴受田同时又剩退，这是不可能的。我的解释是：这是两件不同年的文书，给郭奴奴田
在前，后因某种原因，如郭奴奴年已及老，按丁男已受田份，就多出来了。多出来的就是剩，按田
令应退还官府。
　　〔2〕这一文书是里正孙鼠居等人的牒文，牒文内容涉及均田制中的给田问题。

···································（缝上署"元"）

　　[1]　　　　　　□南二里索渠　东辛歌罗禄　西官田

南渠　北令狐黑是

　　[2]　　　□□□　　　　　　　　□□　西令狐孝

顺　南赵□

　　[3]　　　　　　　　　　　　　□□□

（后　缺）

第 53 件　大谷 2931 号

···································（缝上署"元"缝背署"云晏"）

　　[1]　　　　　　□　南至渠　北赵元叡

　　[2]　　　　　□荀　南至渠　北康欢悦

（后　缺）

第 54 件　旅顺博物馆旧藏

（前　缺）

　　[1]　　　□部田城东五里□

　　[2]　　　□□田城东五里左部渠　东白祐　西渠　南张

□明　□□

　　[3]　　　□□田城西五里屯头渠　东张斌　西渠　南渠

北□

　　[4]　　　□当乡剥籍地如前　谨牒。

　　[5]　　　　　开元七十九三月　日　里正阇□

第 55 件

（前　缺）

　　[1]　　　　　　　　□□　西渠□□

　　[2]　　　　　　　□□　东王明观　西张□□

　　[3]　　　　　　　□□　东渠　　西张□□

　　[4]　　　　　　　□□谨　牒？

288

（后　缺）

第 56 件

（前　缺）

[1]　一段壹亩_{赐田}城西二里☐

（后　缺）

第 57 件

（前　缺）

[1]　☐城西十里☐

[2]　☐里左部渠　东荒　西张伯　南☐

（后　缺）

第 58 件

（前　缺）

[1]　☐　北渠

（后　缺）

第 59 件

（前　缺）

[1]　☐☐

[2]　一☐

（后　缺）

第 60 件

（前　缺）

[1]　☐如意　西令狐☐

[2]　☐　东至渠　西卜☐☐

[3]　☐　西至渠　南☐

（后　缺）

第 61 件

（前　缺）

[1]　☐　南李憙　北樊鼠

....（缝背署"元"）

（后　缺）

第 62 件

（前　缺）

[1]　　　　　　　　　　　　　　□　北王惠
[2]　　　　　　　　　　　　　　□　北张达
[3]
[4]　　　　　　　　　　　□　南至荒　北伏奴

（后　缺）

第 63 件

（前　缺）

[1]　□东至渠　西李欢　南杜住　北苻思
[2]　　　□士　西赵？□　南□

（后　缺）

第 64 件

（前　缺）

[1]　□部田城东五里□
[2]　□□田城东五里左部渠　东白祐　西渠　南张□

明　□

[3]　□□田城西五里屯头渠　东张斌　西渠　南渠

北□□

[4]　□当乡剥籍地如前，谨牒。
[5]　开元廿九年三月　日里正阚□□

第 65 件　大谷 4927 号

（前　缺）

[1]　　　　　　　□□如前□
[2]　开元廿九年四□（月）　日　里正张□

290

第 66 件　大谷 4930—2 号

[1]　安西乡

[2]　　　安□

[3]　　　　□

[4]　　　安□

（后　缺）

第 67 件　大谷 4901 号

（前　缺）

[1]　　　　□田

[2]　　□□部田城 东 □

[3]　　□□部田城东 五 □

[4]　　□□身死□地 合 □

[5]　　□□ 前 ?谨牒。

[6]　　　　　　　开元廿九年十二月□□

第 68 件　大谷 2996 号

（前　缺）

[1] 漏籍剩地[1]一段一亩 常 田城北一里满水渠　东□

[2]　　右件人地　漏剩令退　请 处 □（分）

[3]　　状如前、谨牒。

[4]　　　　□（开）□

第 69 件　大谷 4926 号

（前　缺）

---

〔1〕漏籍剩地：按《唐天宝六载敦煌郡敦煌县龙勒乡都乡里籍》（伯 2592 号等）载郑恩养户：

女罗娘载壹拾壹岁　小女天宝四载帐后漏附空

女罗娘载壹拾　岁　小女天宝三载帐后漏附空

女妃娘载　陆　岁　小女天宝四载帐后漏附空

此处的"漏"即漏籍,不过,此三小女都不是受田口。这一大谷文书所载者是受田口漏籍,故有剩地。

[1]　　　　　　　　□上件废□

[2]　　　　　　　　□毗畔不委。望乞商□

[3]　　　　　　　开元廿九年十二月□

[4]　　　　　"□"

第 70 件　大谷 2938—47 号中一片

（前　缺）

……………………………………………………（缝上署"元"）

[1]　　　　　　　　□纪地南里□□□

（后　缺）

第 71 件　大谷 2938—47 号中一片

（前　缺）

[1]　　　　　　　　　　　□件

[2]　　　　　　　　　　　□处分。

[3]

[4]　　　　　　　　　　　□子牒

第 72 件

残缺不录。

第 73 件　大谷 2948—55 号中一片

（前　缺）

[1]　　　　　　　　　　　　　□

[2]　　　　　　　　□□张志？斌牒。

第 74 件　大谷 3487 号

[1]　　□　　　□籍帐未除　户俱第六　家有母及叔母

[2]　　二人丁寡　合授常田三亩　部田五亩　所合退地请、

[3]　　追静母问　即知退地中？□请处分

[4]　　牒　件状如前　谨牒。

292

［5］　　　　　　　　开元廿五年四月　日　里正孙鼠居牒
（以下余白）

······························（缝上署）

第 75 件　大谷 3008 号

［1］　　　　　　□□□数具通如前　谨牒。

［2］　□　□（开元廿□）年四月　日　里正孙鼠居牒

第 76 件　大谷 3152 号

（前　缺）

［1］　□□□　　　□□□

［2］　　　　　开元廿五年四月　日里正索□□牒。

（余　白）

······························（缝上署）

9　给田文书

《唐开元廿九年(741)西州高昌县给田簿》,共 64 件。

这 64 件给田文书据池田温氏录文移录,但由于印刷条件,文书上原有的特殊标志无法标出,而这些特殊标志,又是理解文书本身和有关的制度必不可缺少的。因此,只能在注释中加以说明。

文书在"给某某充"一句之末,也就是在"充"字之下都有朱书"泰"字或"天"字;在这一批语之上有朱书的"昌"或"戎"或"西"或"城"或"尚"或"顺"或"大"或"归"等字;在受田者姓名的右侧和给田段亩的右侧,绝大多数有朱点。西嶋定生氏在他的《中国经济史研究》第二部第四章第二节指出:

> 如果认为在下边所记载的泰、天两个字是在文书制成后作调查或者核对的人的简略签字,他们可能是县衙的官吏,但是还没有找到合适的人名。

西嶋氏的意见是对的。我还可提出补充的意见"作调查或者核对的人"就是县官府的勾官。据《唐六典》卷 303"府及其他地方官"略云:

> 诸州上县:
> 主簿一人,正九品下。
> 录事二人。
> 主簿常付事勾稽,省署抄自。
> 录事掌受事发辰,检勾稽失。

县司勾官是主簿和录事。据《元和郡县图志》卷 40"陇右道西州"条,前庭县(天宝年前为高昌县)为上县,应有主簿一人、录事二人。据大谷 4879 号文书、大谷 3149 号文书,大谷 3155 号文书都记载开元二十九年时高昌县的主簿名盈,可见审核给田文书的两个勾官"泰"和"天"不是高昌县主簿,我推测,"泰"和"天"是当时高昌县的两个录事。

在"给某某充"这一给田批语之上朱书的"昌"、"戎"、"西"、"城"、"尚"、"顺"、"大"、"归"等，西嶋定生氏已考定为乡名的略写。"昌"即"宁昌乡"，"戎"即"宁戎乡"，"西"即"安西乡"，"城"即"武城乡"，"尚"即"尚贤乡"，"顺"即"顺义乡"，"大"即"宁大乡"，"归"即"归德乡"。除上述 8 乡外，西嶋氏还考定高昌县所属的崇化乡、太平乡以及属于交河县的安乐乡、永安乡、龙泉乡。这些对研读大谷文书都是有用的知识，因此，简要抄录西嶋氏的考证如上，并向他表示感谢。

至于在受田者姓名右侧和给田段亩的右侧所加的朱点，我认为也是勾官"泰"、"天"所加的，其意为：受田者以及给田段亩等已勾检过了。

第 1 件　大谷 2396、2392、1225、2388 号

（前　缺）

[1] 　　　　　　　　　　　　　　　　　　　□ 南 □（安）？ 阿智　北渠

[2] "□充'泰'"

[3] 　　　　　　　　　　　□县界　东至荒　西渠　南令狐苗头　北张相观

[4] 　　　　　　"□"

[5] 　　　□

[6] 　　"给张英彦充'泰'"

[7] 　　　一段壹亩部田城西五里屯头渠　东渠　西赵仕义
南渠　北荒

[8]

[9] 　　　一段壹亩部田城西七里白地渠　东渠　西道　南贾
如　北串祐

[10] 　　"昌""已上雷承福充'泰'"

[11] 一段贰亩　枣　城东卅里柳中县　东县令　西还公
南渠　北还公

[12] 　　"戎""给王泥奴充'泰'"

[13] 　　曹善八一段叁亩部田城西五里胡麻　渠　东渠　西张

龙虎？　　南张钦　北田种欢

・・・・・・・・・・・・・・・・・・・・・・・・・・・・・・・・・・・・（缝背署"元"〔以下同〕）

　　　　　　"西"

〔14〕　　"给马难当充'天'"

〔15〕　　郭智 果 死 退 一段贰亩常田城西五十里交河县界

东渠　西渠　南宋惠　北□

〔16〕　　"戎""给令狐义□"

〔17〕　　一段壹亩部田三易城东七里左部渠　东渠[1]　　西□

□　南 道 北□

〔18〕　　"给'西'马祐益充'天'"

〔19〕　　一段壹亩部田三易城南六里满水渠　东渠　西渠

南官

〔20〕　　　　　　　　　　　　　　　田　北渠

〔21〕　　□　□部田城东卅里柳中县界对渠　东杨连子

西荒　南渠　北渠

〔22〕　　　　　　　　"'西'□充'天'"

（后　缺）

第 2 件　大谷 1229、2975 号

（前　缺）

〔1〕　　　　　　"□ 德 充"

〔2〕　　　　　□里武城渠　东至渠　西范进　南刘龙堆

北至渠

〔3〕　　"给巩娄子？充""天"

〔4〕　　一段贰亩部田三易城西十里南路坞　东至卤　西至渠

---

〔1〕东渠：池田氏录文为："东渠西□图图田□"，小田氏录文在左部下只有"□"，均未录字。
细审图版 44（大谷 1225 号）原文书照相影印，"左部渠"下"东渠"二字尚可辨识，以下则残留数点
笔迹，无从辨识为何字，只能定为西、南、北 3 里。

南张阿黑[1]　北至渠

[5]　"西""给裴祐谏充""天"

[6]　一段壹亩薄田城东廿里柳中县界　东至渠　西奴典
保　南至道　北至道

·······················（缝背署）

[7]　"□　顺城马德充""天"

[8]　　　　　东州公廨[2]　西□□

（后　缺）

第3件　大谷 2383、2391 号

（前　缺）

[1]　一段壹亩常田城东五里垒底渠　东至渠　西至渠

[2]　"准上充'天'"　　　　　　　南李庆海　北□□□

[3]　一段壹亩部田城东拾里屯亭　东至渠　西至渠
南至亭田　北官田

[4]

[5]　一段壹亩部田三易城东贰里俗尾潢　东至□　西至
渠　南康辰住　北至渠

[6]　城"已上给刘智古充'天'"

[7]　大女白浮罗祝一段半亩常田城东壹里土门谷　东至
渠　西至渠　南至荒　北至荒

[8]　尚"给张西曾充'天'"

---

〔1〕南张阿黑：池田氏录文作"南张阿黑"，小田氏录文作"南阿阿里"，细审图版46（大谷
1229 号）原文书照相影印，"南张阿"下是"黑"字，非"里"字。

〔2〕东州公廨：公廨田也。按《唐六典》卷3"户部郎中员外郎"条略云：

凡天下诸州公廨田，上州各三十顷，中州二十顷，下州各十五顷。

又按《旧唐书·地理志》（《新唐书·地理志》略同）云：

西州中都督府

据此，西州应有公廨田 20 顷。

297

［9］ 大女曹定娘一段四亩部田　城南五里土营部〔1〕
东至渠　西至渠　南百姓　北百姓

"天"

［10］ "□孝忠令狐婆奴各贰亩充"
·······································（缝背署）

［11］ □里胡道渠　东至渠　西李洪政　南至渠　北□□
戎

［12］ □"虔威充'泰'"

［13］ □城□　□里柳中县　　东索禅尪　西
至道　南至道　北官□

［14］

［15］ 亩常田城东卅里柳中县　东王波斯　西潘通
南至道　北潘通

戎

［16］ "□给龙羊皮充'泰'"

［17］ □柳中县界　东孟还积　西李
酉海　南刘海子　北王龙智

［18］ "□文用充'泰'"

［19］ □　东至渠　西至渠　南至渠　北至荒

［20］ "□壁充'泰'"

［21］□　东赵毳子　西史有住〔2〕　南　道　北张龙
住

［22］ "　□充'泰'"

［23］ □　西司马　南□钵信　北徐养公

――――――――――

〔1〕城南五里土营部：池田氏录文作"城南五里土营部"，小田氏录文作"城南土营部"，无"五里"2字，细审图版52（大谷2383号）原文书照相影印，"里"字明晰，"五"字虽残仍可辨识。小田氏录文脱"五里"2字。

〔2〕西史有住：池田氏录文作"史有住"，小田氏录文作"史少住"。细审图版55（大谷2391号）原文书照相影印，"史"下乃"省"字，此字下部作"目"，不作"月"，明晰可辨。

[24] □ "充'泰'"

························ （缝背署）

（后　缺）

第4件　大谷1238、2604号

（前　缺）

[1] 　　　"给 □ □ "

[2] 曹定德死退□

[3] 　　　"给　　□ "

[4] 　　一段壹亩部田三易□

[5] ··············"给康 □ "··············

[6] 一段贰亩部田三易城西五里胡麻　渠　　　□ □ 　西追永
寺　南□

[7] "昌""给翟思□充'泰'"

[8] 　　　一段叁亩薄田城东六十里横截城阿魏渠　东至渠
西至道　南至渠　　□

[9] "壹亩给安忠'大'秀'天'贰亩给"

[10] "'戎'义仙充'泰'"

[11] 　康虵子死退一段贰亩常田城东廿里高宁　东申德　西
李秋　南安僧伽　北竹乌□
　　　　　　　　"大"

[12] "昌"2"给史尚宾充'天'"2人？

[13] 　　　一段壹亩部田城东五里左部渠　东至荒　西安守
相　南至渠　北至渠

[14] "昌""给史尚宾充'天'"

[15] 　　　一段贰亩部田城西七里白渠　东麹明瑶　西贾海
仁　南至荒　北□

[16] "昌""给康忠□ ""泰"

[17] □思讷死退一段壹亩部田城西一里马

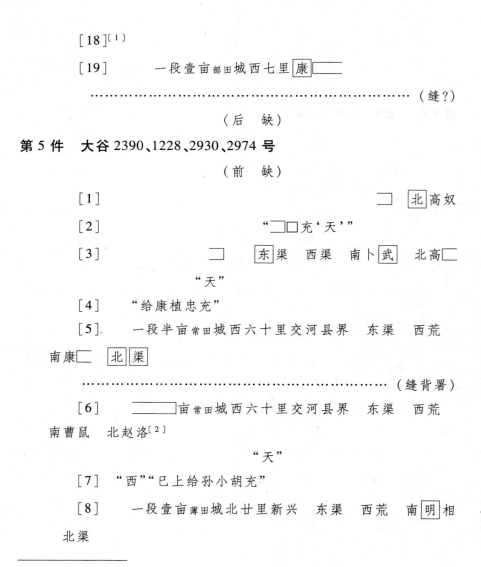

[18]〔1〕

[19]　　　一段壹亩部田城西七里 康□□

…………………………………………………………（缝？）

（后　缺）

第5件　大谷2390、1228、2930、2974号

（前　缺）

[1]　　　　　　　　　　　　　　　　　　　□ 北高奴

[2]　　　　　　　　　"□□充'天'"

[3]　　　　　□　　 东渠　西渠　南卜武　北高□
　　　　"天"

[4]　　"给康植忠充"

[5]　　　一段半亩常田城西六十里交河县界　东渠　西荒
南康□　北渠

…………………………………………………………（缝背署）

[6]　　　□亩常田城西六十里交河县界　东渠　西荒
南曹鼠　北赵洛〔2〕
　　　　　　　　　　"天"

[7]　"西""已上给孙小胡充"

[8]　　　一段壹亩薄田城北廿里新兴　东渠　西荒　南明相
北渠

---

〔1〕大谷2604号文书：细审图版49原文书照相影印，最末1行与倒数第2行之间，空隙较宽，此其一；其次，倒数第2行为：
　　□思讷死退一段壹亩部田城西一里　　□
　按照给田文书书写惯例，此较宽空隙处，应写给某某充，这里没有写，并保留空白，可能由于这一亩部田给谁还未决定，因而保留空白未填，一俟决定，就在此空白处填写给某某充。由此可见给田文书的制作，乃先书写退田者及退田地段等等，其后留有空白，备填写给某某充之用。池田氏录文在这两行之间注明一行号码，是对的。
　　〔2〕赵洛：池田氏录文作"赵洛"，小田氏录文作赵路。细审图版45（大谷2930号）原文照相影印，"赵"字下显系"洛"字。

〔9〕 "顺""给张令㺹充'泰'"

〔10〕 　　一段贰亩部田城东卌里柳中县界对渠　东渠　☐
　　　　　　"大"

〔11〕 "大""给王神龙"

〔12〕 　　一段半亩枣　城东卌里柳中县　东白海　☐

〔13〕 "顺?""给张令㺹充"

〔14〕 ☐　　　☐半亩☐　　　　☐高宁城鲁渠　☐

〔15〕 　　　　　　　　"☐充'泰'"

　　　　　　　　（后　缺）

第6件　大谷1232、2384号

　　　　　　　（前　缺）

〔1〕…………"☐　　　☐充"…………（缝背署）

〔2〕　☐　　☐城东七里左部渠　东范鼠　西裴龙　西
荒　北宁明

〔3〕

〔4〕　☐　亩部田三易城西七里枣树渠　东贾海　西渠
南王德　北张仲

〔5〕　　"已上高阿七充'泰'"〔1〕

〔6〕　☐一段贰亩常田城东廿里柳中县界　东董绪其　☐

---

〔1〕已上高阿七充"泰"：池田氏录文作"已上高（戎）阿七充（泰）"，小田氏录文作"☐上高（戎）七充（泰）"，细审图版47（大谷2384号）原文书照相影印"上"字最上端已因纸折损缺，但可辨识为"上"字，不误。"上"字之上无纸，但据给田文书书写惯例其上应为"已"字，可以意填已字，即已。

　　这一行之前，池田氏录文有3行，即第2、3、4行。第2、4行所记与小田氏录文同，第3行乃空白。细审上述图版，第2、4行之间，空隙较宽，似应有一行。但此文书的情况与上文第4件文书注（第300页注〔1〕）所记的不同。此一较宽空隙并非保留备填写"给某某充"。据池田氏、小田氏全部给田文书录文中有"已上"云云共9例，其中7例皆是"已上"云云一行之前有两行，每行记一段退地，此文书所记者正是这种情况。另外两例，一例是"已上"云云一行之前只残存一行；另一例是"已上"云云一行之前全部残缺。根据上述分析，此文书"已上"云云之前两行之间较宽空隙并非留作填写"给某某充"者。至于为什么留有较宽空隙？俟再考。

☐ 南荫寺　北索憧护

[7]　"给赵駈化眼'泰'充"

[8]　一段贰亩部田城东卅里柳中县　东汜仁　西至渠

☐　☐☐奴

"戎"　"泰"

[9]　"戎""给黄陡利充"

[10]　一段壹亩部田城东卅里

[11]　"给李☐"

[12]　一段壹亩部田城☐

[13]　"昌""给　曹　☐　"

[14]　☐一段贰亩常田☐

[15]　"给　☐　"

（后　缺）

第7件　大谷2381、1246号

（前　缺）

[1]　"给阚希进☐"

[2]　一段贰亩部田城西五里屯头渠　东胡麻☐

[3]……………………"给鄯南☐"…………………………

[4]　一段贰亩部田城南四里白渠　东常田　☐

[5]　"　　　　"

（后　缺）

第8件　大谷1231、2932号

（前　缺）

西　"天"

〔1〕　"给赵宅？□充"〔1〕

〔2〕　张阿苏剩退一段壹亩常田城西拾里武城渠　东至道
□　□　南至道　北靳阿忠

昌

〔3〕　"昌""给竹南祥充'泰'"

〔4〕　一段叁亩常田城东卅里柳中县屯续渠　东范　西至渠
南至渠　北王素

〔5〕　"昌""给□□□""□"

（后　缺）

第9件　大谷2977、2387号

（前　缺）

〔1〕　　　　　　　　　　　　　　　　□□洛？　北张杏仁

〔2〕　　　　　　"□充"

〔3〕　　　　　　　　□　东还公　西至渠　南至荒□

〔4〕　　　　　　"□威充"

〔5〕　　　　　　□牛　东口分　西口分　南口分　北还公

〔6〕　　　　　　　"□仙充'泰'"

〔7〕　　　　　　□□部　东至道　西至渠　南至荒　北易田

〔8〕

〔9〕　　　　□里左部渠　东至渠　西至荒　南管曹　北自至
"泰"

〔10〕　　　　　　　"□令狐义方充"

〔11〕　　　　　　　□渠　东白福　西孙子　南至道　北至渠

〔12〕　　　　　　　　　　　　　　　　□"泰"

---

〔1〕给赵（西）图□充"天"：池田氏录文作"给赵（西）图□充'天'"，小田氏录文作"给赵（西）关图充'天'"。细审图版46（大谷1231号）原文书照相影印及大谷2932号原文书照相影印，"给赵（西）"下一字形似"关"，肯定不是"宅"，"充"字在大谷2932号文书残留最下部两笔迹，可以意推肯定为"充"字，但究非全字保存也。

303

···（缝背署）

（后　缺）

第 10 件　大谷 2589 号

（前　缺）

[1]　"归""给▢"

[2]　张元泰死退一段▢　▢

　　　　平

[3]"魏茂仙〔1〕'泰'刘▢　　　　　▢充"

[4]　　　一段贰亩部田城西伍里申石渠　东驿田　西至 渠

南 至 ?　荒 ?　　北至渠

[5]　"给赵彦昭充""天"

[6]　　　▢　　　▢ 城东 伍里左部渠　东荒　西至荒　南张

信　北麹龙

[7]　"▢ 赵 行 义充""天"

[8]　　　▢▢ 壹 ?亩常田城西六十里交河县　东至渠　西阴

女　南 绪 ?▢

　　　　　平　泰

[9]　"▢嘉允充"

[10]　　▢　　　　▢城西六十里交河县　东渠　西 阴 ?▢

[11]"▢

（后　缺）

第 11 件　大谷 2395 号

（前　缺）

[1]　　　一段叁亩部田三易城南伍▢

　　　　　平　　泰

─────────────

〔1〕魏茂仙：又见大谷 2892 号文书。

304

[2]"给苏　神龙□"

[3]　康文感迯走除退一段壹亩 常 田□

[4]　　"给 苏 ? □"

（后　缺）

第 12 件　大谷 1236 号

（前　缺）

[1]　　"给张□"

[2]　　一段壹亩 枣　城东肆拾里 柳 □

[3]

[4]　　一段壹亩 枣　城东肆拾里 里
　　　　　　　　平

[5]　"已上贾□□"

[6]　　一□

（后　缺）

第 13 件　大谷 2389 号

（前　缺）

[1]　　"□　　□ 胡 充 "〔1〕

[2]　　一段贰亩 部田三易 城东廿里高宁城　东荒　西荒
□

[3]　"戎""给□胜 依 ? □"

[4]　　一段壹亩 部田三易 城西五里枣树渠　东 和 □
　　　　　　　戎

[5]　"戎""给赵桃 楚 ? □"

〔1〕□　　□圐充：池田氏录文作"□　　□□充"，小田氏录文作"□圙圀□"。细审图版
55（大谷 2389 号）原文书照相影印，"胡"字左半部的"古"字甚明晰，右半部"月"字的一笔完整，
可确认为"胡"字。"充"字，原文书几乎完整存在。

305

［6］　　一段壹亩_{常田}城南一里索渠　东王 仁 □

［7］"归""给牛 藏 □‘天'"

［8］　　一段贰亩_{部田}□？

［9］"戎""给□"

（后　缺）

第 14 件　大谷 2386 号

（前　缺）

［1］"顺""□

［2］贾思义剩退□

［3］"昌""给马□

［4］　　一段壹亩_{部田}城东六十里

［5］

［6］　　一段贰亩_{潢田}城南五里土营部

［7］"大""已上马□

· ·

（后　缺）

第 15 件　大谷 1243 号

（前　缺）

· ·

［1］　　□退一段半亩_{常田}城南一里杜渠　　　□

［2］

［3］　　一段半亩_{常田}城北三里石宕渠　东□

［4］"已上给白□"

［5］　　　□亩_{部田}城西 五 里 胡 麻 □

［6］　　　　　———

（后　缺）

第 16 件　大谷 1233 号

（前　缺）

306

[1] 　　　　　　　　　　　　　　　　　　"□充‘泰’"

[2] 　　　　　　　　　　　　　　□　西渠　南荒　□

[3] "□　　　　　□充"

[4] 　　□　□亩部田三易□　　　　　□　　西渠　南

田?□

[5]

[6] 　　□段壹亩贰伯步_{赐田二易}　城西□　　　　　　□

西渠　南卜武　北□

[7] "已上安忠秀□"

[8] 　　□壹亩贰伯步_{赐田二易}城南五里　东渠　□

[9] "给　□　□"

　　　　　　　　（后　缺）

第 17 件　大谷 1237 号

　　　　　　　　（前　缺）

[1] 　　　　　　　　　＿＿＿＿＿＿

[2] 　□　　　　□贰亩□

[3] 　　"　□　练　□"

[4] 　□　　　□一段肆亩□

[5]

[6] 　　一段肆拾步_菜□

[7] "昌""已上给□"

[8] 大女张是买(买是)一段贰亩_{潢田折}□田壹□

[9] 　"给马‘戎’□"

　　　　　　　（后　缺）

第 18 件　大谷 1376 号

　　　　　　　　（前　缺）

准前

[1]　　一段壹亩_{常田}城东五里石宕渠　　□

[2]

[3]　　一段贰亩_{部田}城东五里胡道渠　东至渠　西至渠

南至□

　　　　　　　　昌

[4]　"□""给麹辰子充'泰'"

[5]　　一段壹亩_{部田}城西七里北部渠　东至渠　西水田

南严默　北至□

[6]　"□""给赵□顺充'泰'"

[7]　　一段壹亩_{常田}城□

[8]　"昌""给史□"

[9]　大女韩那弥一段壹□

[10]　"给□"

[11]　一段□

[12]　"大""给□"

（后　缺）

第19件　大谷1244号

（前　缺）

[1]　大女周才子一段□

　　　　　西

[2]　"西""给宋□"

[3]　　一段壹亩_{部田}一易城东□

[4]　"给赵小□"

[5]　□石？出一段壹亩_{常田}□

[6]　□（西）"给□"

（后　缺）

308

第 20 件　大谷 2382 号

（前　缺）

[1]　　　"给秦□"

[2]　大女李妙金一段壹亩 部田 城东三里俗中潢　东荒
西渠　南樊默 子 　□

[3]　　"给赵忠感充"

[4]　大女令狐和娘一段贰亩 常田 城北半里大地渠　东渠

[5]　　"给杨大方充"　　　　　　　　　□

[6]　　一段□□　亩 部田 城东三里□

（后　缺）

第 21 件　大谷 2916 号

（前　缺）

[1]　　　　　　　　　　　　□　□厝退　北柴安相[1]
　　　　　　　　　　　　"天"

[2]　　　　　"□□□充"

[3]　　　　□　　　　□ 柳 中县　东杨举子　西渠　南
石苟　北康仁
　　　　　　"天"

[4]"□充　"

[5]　大女康浮知蒲死退一段贰亩 部田三易 城南三里马堆渠[2]
东渠　西冯养　南麹昭　北高武
　　　　　　"西""天"

[6]　　"给辛　嘉　会　充"

---

〔1〕柴安相：池田氏、小田氏录文皆作柒安相。细审图版 58（大谷 2916 号）原文书照相影印，柴字形似"柒"但亦似"柴"，作为姓，恐应作"柴"。

〔2〕马堆渠：池田氏录文作"马堆渠"，小田氏录文作"马逃？渠"。细审图版 58（大谷 2916 号）原文书照相影印，"马"字下一字，书写稍草多连笔，但其左半部为"土"字，尚能辨识。右半部乃"进"字之草书。应作"埻"。"堆"虽可同"埻"，我意仍保持原文书字形为妥。

大谷田制文书中，此"埻"字常见，似应皆保持原貌，可不因同"堆"则书为"堆"也。

309

［7］ 高君达死退一段壹亩_{部田}城南五里土营部　东官田

西荒　南百姓　北官田

　　　　　　"西"　"天"

［8］　"王太賨充"

［9］ 大女氾政念剩退一段半亩_{常田}城北二里张渠　东石丑

奴　西自至　南竹君行　北范念海

［10］

［11］ 　　　　　　　　　□城西十里武城渠　东至道

□□□□　□□□□　□（北）至[道]

（后　缺）

第22件　大谷2385号

（前　缺）

［1］　□子□□

［2］　"给□"

　　　　　　"泰"

［3］　一段五亩_{部田}城东六十里[柳]□□□

　　　　　　化

［4］　"程仪叁亩□"

［5］　亩充"

［6］　大女辛那戒死退一段壹亩_{常田}城东三里　东□

　　　　　　"天"

［7］ "尚""给曹孝弥充"

［8］　一段叁亩_{部田三易}城东柒里左部渠　东渠　[西]至□

　　　　　　化

［9］　"曹阿什□"

"会廿八载给曹思义重给□〔1〕"

[10]　　　赵会进死退一段贰亩_{常田}城东廿□

　　　　　　　大

[11]　　"给尉丈夫"

　　　　　　"泰"

[12]　　　一段肆亩_{部田三易}城西七里枣□

　　　　　　　化

[13]　　"成者□□〔2〕"

[14]　　　亩充"

[15]　　　一段贰亩_{部田三易}城南五里马□

[16]　　"给赵昭?□"

···

（后　缺）

第 23 件　大谷 2926 号

（前　缺）

[1]　"□赤奴□"

[2]　　　　□退一段贰亩_{部田三易}城东七里左部□

[3]　"给张虔质□"〔3〕

[4]　　　一段贰亩_{薄田}城东六十里谷中柒　东至□

---

〔1〕"会廿八载给贾思义重给□":细审图版53(大谷1385号)文书照相影印,此行字为朱书,是勾官的批语。其意为,经过勾会,赵会死退的一段贰亩常田,开元二十八年给了贾思义,现在(开元二十九年)重给尉丈夫。从这一事件可以看出,已经授出之田经过勾会核比,可以另行给授。至于为什么已经给了贾思义又收回,就无从考知了。

〔2〕成者(化)□:池田氏录文及小田氏录文皆作"成者(化)□"。细审图版53(大谷2385号)原文书照相影印,"成"字下一字应是"希"字。

〔3〕给张虔质:此人名又见于大谷2889欠田文书,其文云:

　　张虔质_{丁母老欠常田一亩部田七亩}

二者可能是一人,因时间地点皆相同,欠部田7亩,而授予部田2亩,常田可能未授,所欠田并非皆能补授。

311

　　[5]　　　"给白 元 □"

　　　　　　　　　　　　（后　　缺）

第 24 件　大谷 2601 号

　　　　　　　　　　　　（前　　缺）

　　[1]　　　　　　　　　　　"□充"

　　[2]　　　　　　　　　□柳中县　东荒　西 侯 庆
南薄田　北海德

　　[3]

　　[4]　　　　　　　　　□里柳中县　东至渠　西康祐达
南张进达　北至渠

　　　　　　　　　　　　　"泰"

　　[5]　　　"义忠充"

　　[6]　　　　　　　　　□ 里 胡道渠　东至渠　西
至渠　南王子愿　北至渠

　　　　　　　　　　　　　"泰"

　　[7]　　　"□充"

　　[8]　　　　　　　　　□善生　南至荒　北至渠

　　　　　　　　　　　　（后　　缺）

第 25 件　大谷 1239 号

　　　　　　　　　　　　（前　　缺）

　　[1]　　　　　　　　　□ 渠 　东渠　西荒　南麹
远？　□

　　　　　　　　　　　　　"泰"

　　[2]　　　"□怀充"

　　[3]　　　　　　　□城西二里孔进渠　东渠　西渠　南道
北渠

　　　　　　　　　　"泰"

[4]　　　　"□琼仙充"

（后　缺）

第 26 件　大谷 1234 号

（前　缺）

•••

[1]　　□　　　　　　　□渠　东至道　西至道　南至道
北至渠

　　　　　　　"泰"
[2]　"□唯言充"

[3]　　□　　　　□部? 田城北七里榆树渠　东至渠　西至渠
南至荒　北至渠

[4]　　　　"□毛奴充'泰'"〔1〕

[5]　　□　　　　　　□部? 田城东五里左部渠　东水田　西麴岳
南张阿兆〔2〕　北至渠

　　　　　　　"泰"
[6]　　"□庭充"

[7]　　□　　　　　　　　　东妙德寺　西阴昭　南
至渠　北麴明

[8]〔3〕

[9]　　　　　　　　　　　　　　□渠　□

---

〔1〕□毛奴充"泰"：池田温氏录文作"□毛奴充（泰）"，小田氏录文作"□□屯奴充（泰）"。
细审图版 43（大谷 1224 号）原文书影印，"奴"上一字应是"屯"，"屯"字草书在大谷给田文书中多
见，如大谷 2381 号给田文书中的"屯头渠"之屯（见图版 5），大谷 1231 号给田文书中的"屯 渠"
之"屯"（见图版 46），字形皆同。

〔2〕张阿兆：池田温氏录文作"张阿兆"，小田氏录文作"张阿桃"，细审图版 43（大谷 1224
号）原文书相影印，"阿"字下一字应是"桃"。"桃"字左边的"木"，连笔写时也作"扌"。如大
谷 2865 号退田文书中的"桃"字（见图版 35）即是。又如大谷 2852 号退田文书中的"桃"字亦是
（见图版 29）。此文书中"阿"下一字从字形上看，作"挑"亦不误。但考虑到唐时百姓命名的习
惯，常取熟悉或喜爱的事物，作"张阿桃"应更符合实际。

〔3〕细审图版 43（大谷 1224 号）原文书照相影印，文书末 1 行与倒数第 2 行之间空隙较宽，池
田氏录文加一行号码，其情况应与前引第 4 件文书第 18 行情况相同，本书第 300 页注 1。

（后　缺）

第 27 件　大谷 1230 号

（前　缺）

[1]　　"□王寿□

[2]　　　　　□贰亩 部田三易 西十里南路坞　东赵宋贵　西

□　□　南　北　□　□

"天"

[3]　　"□乐思训充"

[4]　　□　　　□常田 城西二里孔进渠　东张汾？洛　西

龙法？阶　南至塞　北王彦伯

[5]　　　　　　"□充'泰'"

[6]　　　　　　　　　　□　南 胡 麻 井　北至渠

（后　缺）

第 28 件　大谷 1235 号

（前　缺）

[1]"　□□　□"

[2]　　　　一段壹亩 部田城东五里屯头渠　东至渠　□

[3]

[4]　　　　一段□　□部田□易城西五里□

（后　缺）

第 29 件　大谷 1250 号

（前　缺）

[1]　　"已上龙□"

[2]　　　一段壹亩 部田□

（后　缺）

第 30 件　大谷 2964 号

（前　缺）

314

[1]　"西""☐"

．．．

[2]　大女白小贞出嫁退 壹 ☐

[3]　"西""给☐"

[4]　　一段 壹 ☐

（后　缺）

第 31 件　大谷 2973 号

（前　缺）

．．（缝背署）

[1]　大女郑屯戒死退一段贰亩 常 田城东廿里柳中县界

东至渠　西 至 ☐

　　　　　　　"天"

[2]　"大""给马玄忠 充 "

（后　缺）

第 32 件　大谷 2993 号

（前　缺）

[1]　大女康常☐

[2]　"给☐"

[3]　☐ 部 田城西五里申石 渠 　　☐　　 渠

（后　缺）

第 33 件　大谷 2979 号

（前　缺）

[1]　大女赵 亚 ? ☐

[2]　城 "已上☐"

[3]　　一段☐

[4]　"给☐"

[5]　卫洪节死退 一 ☐

315

［6］"给范□"

［7］　□　　　　　□□□

（后　缺）

第 34 件　大谷 2986 号

（前　缺）

［1］　　　□□□

［2］"戎""给□"

［3］　　一段□

［4］"昌""□"

（后　缺）

第 35 件　大谷 2987 号

（前　缺）

··

［1］　□　□敏死退一段贰亩常田□

［2］"尚""给　李　　□"

［3］　　卜礼□

（后　缺）

第 36 件　大谷 4374 号

（前　缺）

［1］　　一段壹亩部田□

［2］　　"　□　"

（后　缺）

第 37 件　大谷 4925 号

（前　缺）

［1］　"　□　越？　□"

［2］　白他满死退一

（后　缺）

第 38 件　大谷 1240 号

（前　缺）

[1]　　　　　　□　　　东 水 田　西司空恪　南□

[2]

[3]　　　　　□坚？石渠　　　　东宋道行　　西至
渠　南□

"承"

[4]　　　　　　"□远子充"

[5]　　　　　　　□树渠　　　　东水 田　□

（后　缺）

第 39 件　大谷 1241 号

（前　缺）

[1]　　　　□东 卅里柳 中 县　　　　　□

[2]

[3]　　　　　□里屯头渠　　　东渠　西麹仕义
南 西　□

"士"

[4]　　　　　"□千顺充"[1]

[5]　　　　　　　　□　西渠　南□

"扌？"

[6]　　　　"　□充"

[7]　　　　　　　　　　　□　南刘□

（后　缺）

---

〔1〕□千顺充"士"：池田氏录文作"□千顺充'士'？"，小田氏录文作"□千顺　充'泰'"。细审图版50（大谷1241号）原文书照相影印，"充"字下右侧只残两点笔迹，有似此文书中常见的草书"泰"字的头部残迹，此虽不敢确定，但似不是"士"字。

317

第 40 件　大谷 1242 号

（前　缺）

[1]　　　　　　　　　　□柳中县　　　东渠　□

[2]　　　　　　"□义诠充"　"泰"

[3]　　　□二？里马堆渠　　　东渠　西渠　南□

[4]

[5]　　　　□胡麻渠　　　东荒　西荒　□

[6]　　　　　　"'□'□"

（后　缺）

第 41 件　大谷 1245 号

（前　缺）

[1]　　　　　"　　　□充"

[2]　　　　　□官渠　　　东渠　西塞　南王□

[3]　　　"□远？充"　"泰"

　　　…………………………………………………（缝背署）

（后　缺）

第 42 件　大谷 2965 号

（前　缺）

[1]　　"□　　　　"

[2]　　　一段壹亩□

[3]　"□杨□"

[4]　　　　　　□城西七里屯□

[5]　　"　　　□怀□"

（后　缺）

第 43 件　大谷 2970 号

（前　缺）

[1]　　　　　　"　　　□充"

318

[2]   □城 东贰拾里柳中县界　东渠　西至

道　南荒　北渠

     "天"

[3]   "给目尚允明充"

  ……………………………………………（缝背署）

     （后　缺）

第 44 件　大谷 2971 号

     （前　缺）

……………………………………………………

[1]   □屯头渠　东至渠　西田延？海　南

吴祀宗　北□

[2] "□元忠充"

[3]   □□田一易城西十里南□

[4]

[5]   □半潢田城西八□

[6] "　□　史□"

[7]   □亩潢田□

     （后　缺）

第 45 件　大谷 2969 号

     （前　缺）

…………………………………………

[1]   □壹亩部田城东伍里左部□（渠）　 □

[2] "　□□孝敏充"

[3]   □拾"□"里柳中县界　东郭鼠　西李龙

伯　南荒　□

[4]   "　 □亩充"

     （后　缺）

319

第 46 件　大谷 2972 号

（前　缺）

[1] 　　□|段|贰|亩|□（部田）三易□

[2] 　　"□竹思忠|充|"

[3] 　　　　　□　　　|东|渠　西渠　南渠

北渠

[4]

·····································（缝背署）

（后　缺）

第 47 件　大谷 2966 号

（前　缺）

[1] 　　　　"　　□　　"

[2] 　　　　　□　　　东张斌　□　　　□

龙　北|至|□

"天"

[3]"□健德充"

（后　缺）

第 48 件　大谷 2967 号

（前　缺）

[1] 　　　　"□"

[2] 　　　　□林渠　东渠　西渠　南曹太仁

□

（后　缺）

第 49 件　大谷 2962 号

（前　缺）

·····································（缝背署）

[1] 　　　　　□水渠　东荒　西渠　南渠

北□

[2]　　　　　　"□□ "泰"充"

[3]　　　　　　　　　□　南州公廨 □

[4]

[5]　　　　　　　　　　　　□道？ □

（后　缺）

第50件　大谷2968号

（前　缺）

[1]　　　　　　　　"□充"

[2]　　　　　　　　　　　□　南犊子 □

[3]

[4]　　　　　　　　　　　　　　□ 荒 □

（后　缺）

第51件　大谷2963号

（前　缺）

[1]　　　　　　　　"□充"

[2]　　　　　　　　　□久？ 愿？ 南渠 □

[3]　　　　　　　　"□充"

[4]　　　　　　　□ 南 至渠　北□

·················· （缝背署）

（后　缺）

第52件　大谷2981号

（前　缺）

[1]　　　　　　　　　　　□李欢　南□

"□"

[2]"□充"

[3]　　　　　　　□ 延 仕　西□□

·欧·亚·历·史·文·化·文·库·

〔4〕

〔5〕　　　　　　　　　□　　東追远寺　□

〔6〕　　　"□□　　感　□"

〔7〕　□亩常田城東廿里□

（後　　缺）

第 53 件　大谷 2927 号

（前　　缺）

〔1〕　　　"□□□"

〔2〕　　　□部田城東卅里柳中县　　　東□

　　　　　　　　　　　　　　"天"

〔3〕　　　　　　"□□贰亩□□"

第 54 件　大谷 2976 号

…………………………………………………………（缝?）

〔1〕　　　□部田城東拾里屯亭　東至渠　　西□

〔2〕　　　　　"戎 '泰' □　充"

〔3〕　　　　　　　　　　　　□北索猫子

〔4〕

〔5〕　　　　　　　　　　　　　　　□寺

（後　　缺）

第 55 件　大谷 2983 号

（前　　缺）

　　　　　　　"天"

〔1〕　　"□翟忠顺充"

（後　　缺）

第 56 件　大谷 2988 号

（前　　缺）

　　　　　　"泰"

[1]   "□顺充"

···（缝背署）

（后　缺）

第 57 件　大谷 2929 号

（前　缺）

[1]   □"

[2]   □　北至路

[3]   "　□　充　"

[4]   西康相[1]　南渠　北渠

[5]   "　□　充""泰"

（后　缺）

第 58 件　大谷 2394 号

（前　缺）

[1]   □桥□□□[2]

[2]   □　南王隽护　北渠
                              "天"

[3]   "□　充"

（后　缺）

第 59 件　大谷 2994 号

（前　缺）

[1]   □　　东渠　西荒　南道　北侍？寺
"人"

[2]   "　□　□　"

（后　缺）

第 60 件　大谷 2393 号

（前　缺）

---

〔1〕西康相:池田氏及小田氏录文均作"西康相",细审图版58(大谷 2929 号)文书照相影印,"相"字上一字应作廉,"广"下的笔画甚清晰,最下似为 3 点,但中间部分乃"廉"字之当中部分。

〔2〕□桥□□□:小田氏录文有此一行,池田氏录文稿无。细审图版56,应有此 1 行。

323

[1]   " ⊐ 充 "

[2]   ⊐ 坞   东至道   西至道

南至荒 ⊏

            "天"

[3] " ⊐ 顺充 "

[4]   ⊐   东 至渠   西成憙洛

南州公廨   北梁端

           （后 缺）

第 61 件   大谷 2378 号

           （前 缺）

[1]   " ⊐ 充 "

[2]   ⊐ 渠   东串祐   西渠   南万

寺   北张龙

[3]

[4]   ⊐   西 渠   南渠   北渠

              "天"

[5]   ⊐ "

           （后 缺）

第 62 件   大谷 2948—55 中一片

           （前 缺）

[1]   ⊐ 二？亩 ⊏

[2]   " ⊐ 赵 元 ⊏ "

           （后 缺）

第 63 件   大谷 2948—55 中一片

           （前 缺）

          "天" "□"

[1]   " ⊐ 冯   祈   ⊏ "

           （后 缺）

第 64 件　大谷 3143

（前　缺）

［1］ "大"？ ☐

［2］ 　　刘忠☐

［3］ 　　归"给 ☐　　"

（后　缺）

主要参考文献

(一) 史料

〔汉〕司马迁, 撰. 史记. 北京:中华书局, 1975.

〔唐〕令狐德棻, 撰. 周书. 北京:中华书局, 1983.

〔东汉〕班固, 撰. 汉书. 〔唐〕颜师古, 注. 北京:中华书局, 1975.

〔刘宋〕范晔, 撰. 后汉书. 〔唐〕李贤, 注. 北京:中华书局, 1973.

〔晋〕陈寿, 撰. 三国志. 〔宋〕裴松之, 注. 北京:中华书局, 1975.

〔唐〕房玄龄, 撰. 晋书. 北京:中华书局, 1982.

〔北齐〕魏收, 撰. 魏书. 北京:中华书局, 1984.

〔唐〕李延寿, 撰. 北史. 北京:中华书局, 1983.

〔唐〕魏征, 令狐德棻, 撰. 隋书. 北京:中华书局, 1982.

〔后晋〕刘昫, 等, 撰. 旧唐书. 北京:中华书局, 1975.

〔宋〕欧阳修, 宋祁, 撰. 新唐书. 北京:中华书局, 1975.

〔宋〕欧阳修, 撰. 新五代史. 〔宋〕徐无党, 注. 北京:中华书局, 1974.

〔宋〕薛居正, 等, 撰. 旧五代史. 北京:中华书局, 1976.

〔宋〕司马光, 编著. 资治通鉴. 〔元〕胡三省, 音注. 北京:中华书局, 1976.

〔宋〕王溥, 撰. 唐会要. 北京:中华书局, 1955.

〔唐〕李林甫, 等, 撰. 唐六典. 广池本. 日本广池学园, 1973.

〔唐〕长孙无忌, 等, 撰. 唐律疏议. 刘文俊, 点校. 北京:中华书局,1983.

〔唐〕杜佑,撰. 通典. 北京:中华书局,1984.

〔宋〕郑樵,撰. 通志. 北京:中华书局,1987.

〔元〕马端临,撰. 文献通考. 北京:中华书局,1986.

〔宋〕王钦若,等,编. 册府元龟. 影印本. 北京:中华书局,
1982.

〔宋〕王应麟,撰. 玉海. 文渊阁四库全书本.

〔唐〕李吉甫,撰. 元和郡县图志. 贺次君,点校. 北京:中华书局,1983.

〔宋〕乐史,撰. 太平寰宇记. 文渊阁四库全书本.

〔宋〕宋敏求,编. 唐大诏令集. 北京:商务印书馆,1959.

〔唐〕段成式,撰. 酉阳杂俎. 方南生,点校. 北京:中华书局,
1981.

〔唐〕刘餗,撰. 隋唐嘉话. 程毅中,点校. 北京:中华书局,
1979.

〔唐〕张鷟,撰. 朝野金载. 赵守俨,点校. 北京:中华书局,
1979.

〔唐〕李肇,撰. 唐国史补. 上海:上海古籍出版社,1983.

〔唐〕赵璘,撰. 因话录. 上海:上海古籍出版社,1983.

〔唐〕吴兢,编著. 贞观政要. 上海:上海古籍出版社,1984.

〔宋〕李昉,等,编. 太平广记. 北京:中华书局,1961.

〔唐〕张说,撰. 张说之文集. 四部丛刊本.

〔唐〕杜甫,撰. 杜诗详注. 〔清〕仇兆鳌,注. 北京:中华书局,
1979.

〔唐〕杜甫,撰. 钱注杜诗. 〔清〕钱谦益,笺注. 上海:上海古籍出版社,1979.

〔唐〕颜真卿,撰. 颜鲁公集. 四部丛刊本.

〔唐〕陆贽,撰. 陆宣公集. 四部丛刊本.

〔唐〕元稹,撰. 元稹集. 冀勤,点校. 北京:中华书局,1982.

〔唐〕白居易,撰. 白居易集. 顾学颉,校点. 北京:中华书局,1979.

〔唐〕杜牧,撰. 樊川文集. 陈允吉,校点. 上海:上海古籍出版社,1978.

〔梁〕萧统,编. 文选.〔唐〕李善,注. 北京:中华书局,1983.

〔唐〕欧阳询撰. 艺文类聚. 汪绍楹,校. 上海:上海古籍出版社,1985.

·〔宋〕姚铉,编. 唐文粹. 影印本. 杭州:浙江人民出版社,1986.

〔宋〕李昉,等,编. 文苑英华. 北京:中华书局,1982.

〔宋〕李昉,等,撰. 太平御览. 影印本. 北京:中华书局,1985.

〔清〕彭定求,等,编. 全唐诗. 北京:中华书局,1985.

〔清〕严可均,校辑. 全上古三代秦汉三国六朝文. 北京:中华书局,1985.

〔清〕董浩,等,编. 全唐文. 影印本. 北京:中华书局,1983.

〔日〕高楠顺次郎,渡边海旭,小野玄妙,等,编. 释道宣集古今佛道论衡∥大正新修大藏经. 日本大藏出版株式会社,1924—1934.

〔汉〕郑玄,注.〔唐〕贾公彦,疏. 周礼注疏. 影印《十三经注疏》本. 北京:中华书局,1980.

〔汉〕郑玄,注.〔唐〕贾公彦,疏. 礼记正义. 影印《十三经注疏》本. 北京:中华书局,1980.

〔汉〕赵岐,注.〔宋〕孙奭,疏. 孟子注疏. 影印《十三经注疏》本. 北京:中华书局,1980.

章诗同,注. 荀子简注. 上海:上海人民出版社,1974.

〔清〕段玉裁,撰. 说文解字注. 上海:上海古籍出版社,1984.

〔日〕仁井田陞,编. 唐令拾遗. 东京:东京大学出版会,1983.

〔清〕王昶,辑. 金石萃编. 北京:中国书店,1985.

河南省文物研究所,河南省洛阳地区文管处,编. 千唐志斋藏志. 北京:文物出版社,1984.

罗振玉,辑. 鸣沙石室佚书. 东方学会影印,1913.

罗振玉,辑. 贞松堂藏西陲秘籍丛残. 上虞罗氏影印本,1939.

刘复,编. 敦煌掇琐. 北京:中国科学院考古所资料室,1957.

中国社会科学院历史所资料室,编. 敦煌资料:第一辑. 北京:中华书局,1961.

王重民. 敦煌遗书总目索引. 北京:中华书局,1962.

〔日〕池田温. 中国古代籍帐研究. 东京:东京大学东洋文化研究所,1979.

〔日〕小田义久,编集. 大谷文书集成:壹. 京都:法藏馆,1984.

国家文物局古文献研究室,新疆维吾尔自治区博物馆,武汉大学历史系,编. 吐鲁番出土文书:第 1－7 册. 北京:文物出版社,1981—1986.

黄永武. 敦煌宝藏. 台北:新文丰出版公司,1983—1986.

Maspero H. Les Documents Chinois de La troisième Expèdition de Sir Aurel Stein en Asia Centrale:Vol. 1. London, 1953.

黄文弼. 塔里木盆地考古记. 北京:科学出版社,1958.

黄文弼. 吐鲁番考古记. 北京:中国科学院,1954.

中国历史地图集编辑组. 中国历史地图集:第 5 册. 北京:中华地图学社,1975.

（二）研究论著

1. 专著和论文集

陈寅恪. 唐代政治史述论稿. 上海:上海古籍出版社,1982.

陈寅恪. 隋唐制度渊源略论稿. 上海:上海古籍出版社,1982.

北京大学中国中古史研究中心,编. 敦煌吐鲁番文献研究论集:第 1－3 辑. 北京:中华书局,北京大学出版社,1982—1986.

唐长孺,主编. 敦煌吐鲁番文书初探:二编. 武汉:武汉大学出版社,1983.

韩国磐,主编. 敦煌吐鲁番出土经济文书研究. 厦门:厦门大学出版社,1986.

沙知,孔祥星,编. 敦煌吐鲁番文书研究. 兰州:甘肃人民山版社,

1984．

王永兴．唐勾检制研究．上海：上海古籍出版社，1991．

西嶋定生．中国经济史研究．东京：东京大学出版会，1975．

西嶋定生．中国经济史研究．冯佐哲，邱茂，黎潮，译．北京：农业出版社，1984．

2.论文

西村元佑．唐代吐鲁番实行均田制的意义∥西域文化研究：二．京都：法藏馆，1959．

仁井田陞．唐末五代的敦煌寺院佃户关系文书∥西域文化研究：二．京都：法藏馆，1959．

西嶋定生．唐代吐鲁番实行均田制的意义∥西域文化研究：二．京都：法藏馆，1959．

西嶋定生．吐鲁番出土文书所见均田制施行状态∥西域文化研究：三．京都：法藏馆，1960．

小笠原宣秀，西村元佑．唐代徭役制度考∥西域文化研究，1960（3）．

小笠原宣秀，西村元佑．唐代徭役制度考∥敦煌学译文集——敦煌吐鲁番出土社会经济文书研究．兰州：甘肃人民出版社，1985：871－977．

仁井田陞．吐鲁番发现的唐代租佃文书的二种形态．东洋文化研究所纪要，1961（23）．

沙知．吐鲁番佃人文书里的唐代租佃关系．历史研究，1963（1）．

韩国磐．根据敦煌和吐鲁番发现的文件略谈有关唐代田制的几个问题．历史研究，1962（4）．

唐耕耦．从敦煌吐鲁番资料看唐代均田令的实施程度．山东大学学报（历史），1963（1）．

周藤吉之．佃人文书研究补考∥唐宋社会经济史研究．东京：东京大学出版会，1965．

王永兴.唐田令研究——从田令和敦煌吐鲁番文书看唐代土地制度中的几个问题//纪念陈垣诞辰百周年史学论文集.北京:北京师范大学出版社,1981.

韩国磐.关于吐鲁番出土的唐代西州户籍残卷中的几个问题.中国社会经济史研究,1983(2).

姜伯勤.上海藏本敦煌所出河西支度营田使文书研究//敦煌吐鲁番出土文献研究论集:第2辑.北京:北京大学出版社,1983.

编后记

外子王永兴先生《唐代土地制度研究》一书,完稿于 1986 年 11 月。

上个世纪 50 年代以后,土地制度研究一跃成为我国历史学界研究热点,名列"五朵金花"之一。外子撰写这部著作,倒不是要预"五朵金花"之流,而是源于他对敦煌吐鲁番文书的热爱。在考释了差科簿、户籍、计帐文书后,1985 年 2 月,外子将注意力放在敦煌吐鲁番田制文书上,他分类编目、录文校勘,孜孜不倦。本书第三编的《敦煌吐鲁番学田制文书校释》,就是他当年考证校注的部分札记。在考释文书的过程中,他对唐代土地制度,尤其是均田制和土地管理细则有了进一步认识,撰写唐代土地制度研究一书则水到渠成。因此说,对外子而言,考释敦煌吐鲁番文书,是其初衷,是研究之根;而整理为土地制度研究一书则是果。其年暑假,外子去上海,与上海古籍出版社商议主编出版"多卷本唐史"事,唐代土地制度研究列入其中一卷。外子已有成竹在胸,拟首先完成这一种,于是在授课之余,扩展范围,将唐代前后期土地制度均纳入研究视野。

1986 年 2 月,外子给北大历史系 82、83 级的本科生及研究生开两门课:"敦煌吐鲁番文书研究",每周 4 学时;"唐代经济史",每周 3 学时。"唐代经济史"的授课内容,就从土地制度开始。他在课堂上,总是不厌其详地讲授最新的当时尚未发表的研究成果。他不但介绍他的观点,而且还将思考的过程、研究的难点、进展程度、哪些问题还可进一步研究等等倾囊相授。我当时是大三的学生,在教室中忝列末座。我被他的授课深深吸引,一边飞快记录,一边思索他提出的问题,下课后再重新整理笔记,重读史料。也就是在他这样的教学中,我学会了唐史、敦煌吐鲁番文书的研究方法,感觉天地一新,其乐无穷,而撰写《唐代财政史稿》之志,就萌生于外子这样无保留地启发和分享式教学之时。

11月,外子近30万字的《唐代土地制度研究》一书全部完稿了。因手颤书不成字,这部书稿是由字迹娟秀的徐谦师姐帮助抄写的。外子修订后,寄给了上海古籍出版社,"多卷本唐史"终于启动。责任编辑江建中先生付出了巨大努力,他审读、修改、画版,完成了所有的编辑工作。而当即将进入排版程序时,正赶上了我国出版业最困难的时期。出版社经费紧张,外子也无处觅得出版补助,"多卷本唐史"无疾而终了。这部书稿也在1990年底被退了回来,外子就把它束之高阁了。

虽然出版无望,外子并没有心灰意冷,对研究依然热情不减。敦煌吐鲁番文书与唐史研究天宽地阔,有很多问题吸引着他,让他投身其中,忘记得失。他的兴趣更在于开拓和研究本身,对已完成的未刊书稿,并不挂念。于是这一搁置,就是几十年。

2008年,外子去世后,我在工作之余,也着手整理外子文稿。但全集出版困难,只能将未刊稿一本本整理。承余太山先生盛谊,这本书与之前的《唐代经营西北研究》一样,也列入"欧亚历史文化文库丛书"中,使这本搁置了近三十年的书,又有了付梓之机。

目前经济史在史学研究中的地位呈边缘化趋势。政治、文化再加上多种新的学科,各见精彩。土地制度研究似乎已经过时。信息化时代,一日千里;三十年来,学界早已日新月异。外子这本旧书,自然不能引领学术潮流。但在经济史研究日趋沉寂、土地制度研究成明日黄花之时,出版这样一本书,以见中国学者研究敦煌吐鲁番文书、钻研土地制度之迹,以存旧说,也不能说全无价值。故而整理刊布之,请读者指正。

这本书成书较早,不完备、不完善之处,在所难免。我曾拟为之补充史料,更正疏漏,无奈庶务缠身,疲于奔命,拖延至今,竟无暇修订!

想到外子对我的厚望,愧悔交集,痛彻心肺。就这样一仍其旧吧! 请读者鉴谅。

最后,衷心感谢本书责任编辑高燕平、"欧亚历史文化文库丛书"负责人施援平女士的辛勤付出和盛情帮助!

李锦绣

2014 年 4 月 5 日

索　引

B

白簿　　36－38

百亩之田　　100,106,108,121－125,132－135,143,158,170,186,190－199

部田　　45,46,141,142,161,162,176,184－186,229,233－248,252,256－259,261－272,274－276,279,281,283,284,286－288,290－292,295－297,299－302,304－311,314,316,319,320,322

C

常田　　45,46,161,176,184－186,233－248,251,252,254,256,257,259,260,262－269,271－276,279,281,283－287,291,292,296－306,308－311,314,315,322

D

地税　　58,144,203－206

地租　　4,39,41,42,44－46,66,67,80,205

佃人　　38－40,42－44,46,66,213－231,271,330

对共给授　　160,170,171

G

给田　　4,47,87,94,112,125－128,131－134,137,142－146,159－162,171,174,179,182,184,186,189,191,208,209,251,252,276,281,283－287,294,295,299,301,313

公廨田　　1,3,4,36－39,41,42,44－46,179,200,257,263,297

官田　　1,5,38,42,44,45,58,87,161,162,174,200,217,266,272,275,276,288,297,310

·欧·亚·历·史·文·化·文·库·

H

和籴 58,59,62,82,83,204

户籍 99,106,110,117,121 –
123,128 – 130,132,135 – 139,
144,163,177 – 179,188,202,
255,331

户税 46,178,202,203

黄籍 36 – 38

J

脚价 39,44,46

均田 41,44 – 46,94,99,100,
112,114,117,118,121,124 –
127,130,145,157 – 159,163,
169,173,181,182,186,187,
190,191,197 – 201,204 – 209,
287,330

K

括户 73,108,117 – 119,206,
207

括田 100,107,108,116 – 119,
206,207

L

老退 163,250,251

里正 38,145,160,170 – 173,
186,208,234,241,244,252 –
255,280,281,283 – 285,287,
288,290,293

两税 94,201 – 208

漏籍 255,276,291

露田 186,187,189,190,250

M

名田 113,114,116,198

Q

欠田 45,110,144,145,159 –
161,171,172,175 – 177,179,
182,184 – 186,233,234,237,
239 – 242,311

请地 103,104,110,161,171,
179 – 186,208 – 210,285

请射 102,103,117,179 – 181,
184 – 186,201,209,210

请授 102 – 104,107,179 – 181

榷酒钱 45,204,205

S

剩田 108,117,169,251

剩退 162,163,249 – 251,
254 – 256,262,263,267 – 269,

271，272，278，279，281，283，287，303，306，310

世业　　125，127，128，158，162，189，250

收田　　100，159，170，171

手实　　94，122，129，137，139，141，149，158，166，177，200，208，209

受田　　46，99－104，106，107，109－112，114，121－125，127－139，142－155，157－160，162－171，177－183，186－193，196－199，208，237，250，251，255，284，287，291，294，295

授田　　99，100，104－107，118，126，132，145，157－160，170－172，175，179－186，189，234，251，285

输丁　　66

司农　　3，7，9，15，18，23，31，48，49，52，53，56，58，75，134

丝课　　39

私田　　79，80，99，100，103，107－110，114，116，157，158，160，171，191，193，197－200，202

死退　　161－163，249，250，254－257，259，261－263，265－267，269－271，273，279，281，283－285，287，299，304，309－

311，315，316

T

逃户　　174，179，201，208

田令　　5，6，8，10，13，17，22，28，35，38，42，44，51，53，54，58，93，99－102，104，107－109，124－140，142－144，156－163，169－171，174，175，179，180，183，185，237，249－252，255，281，283，284，286，287，330，331

退田　　144，145，159，162，163，170，171，187，188，244，249－252，254，255，257，280，281，283－285，287，299，313

屯丁　　65，66，74

屯副　　51，52

屯监　　4，52，75

屯田　　1，3，11，14，29，37，48－54，56，58，59，62，63，65－67，69，70，74－78，80－88，95－97，200，257

屯主　　52

X

限田　　100，107，113，116，118，198

羡田　　108，117

刑徒　67,69,70,74,77,88,94,
　95,97

Y

堰头　39,40,213 − 215,218,
　222,225 − 227,231
易田　135,141 − 143,257,
　261,303
驿封田　1,3,46,47,200,286
营田　37,38,49,50,52,54 −
　56,64,65,67,74 − 77,79 − 88,
　93 − 97
营田务　48,76,77,79 − 82,84,
　86,97
永业田　99 − 116,118,121 −
　123,127 − 130,132,133,135,
　136,139,143 − 145,158,163 −
　169,174,179 − 181,190,200,

205,251

Z

占田　108,110,112 − 114,116,
　119,191 − 193,197,198
镇兵　35,59,60,62 − 65,70,74
支度使　50,51
支度营田使　49 − 51,88,
　93,331
职分田　1,3 − 6,8,10,13,17,
　22,28,35,36,42,44,58,200
职田　4 − 6,36 − 42,44 − 46,
　179,206,219
租佃　38,39,41,42,44,46,66,
　67,74,77,80 − 84,86,95,113,
　118,205,330
租庸调　94,203,205,206

欧亚历史文化文库

林悟殊著:《中古夷教华化丛考》　　　　　　　　　　定价:66.00 元

赵俪生著:《弇兹集》　　　　　　　　　　　　　　　定价:69.00 元

华喆著:《阴山鸣镝——匈奴在北方草原上的兴衰》　　定价:48.00 元

杨军编著:《走向陌生的地方——内陆欧亚移民史话》　定价:38.00 元

贺菊莲著:《天山家宴——西域饮食文化纵横谈》　　　定价:64.00 元

陈鹏著:《路途漫漫丝貂情——明清东北亚丝绸之路研究》

　　　　　　　　　　　　　　　　　　　　　　　　　定价:62.00 元

王颋著:《内陆亚洲史地求索》　　　　　　　　　　　定价:83.00 元

〔日〕堀敏一著,韩昇、刘建英编译:《隋唐帝国与东亚》　定价:38.00 元

〔印度〕艾哈默得·辛哈著,周翔翼译,徐百永校:《入藏四年》

　　　　　　　　　　　　　　　　　　　　　　　　　定价:35.00 元

〔意〕伯戴克著,张云译:《中部西藏与蒙古人

　　——元代西藏历史》(增订本)　　　　　　　　　定价:38.00 元

陈高华著:《元朝史事新证》　　　　　　　　　　　　定价:74.00 元

王永兴著:《唐代经营西北研究》　　　　　　　　　　定价:94.00 元

王炳华著:《西域考古文存》　　　　　　　　　　　　定价:108.00 元

李健才著:《东北亚史地论集》　　　　　　　　　　　定价:73.00 元

孟凡人著:《新疆考古论集》　　　　　　　　　　　　定价:98.00 元

周伟洲著:《藏史论考》　　　　　　　　　　　　　　定价:55.00 元

刘文锁著:《丝绸之路——内陆欧亚考古与历史》　　　定价:88.00 元

张博泉著:《甫白文存》　　　　　　　　　　　　　　定价:62.00 元

孙玉良著:《史林遗痕》　　　　　　　　　　　　　　定价:85.00 元

马健著:《匈奴葬仪的考古学探索》　　　　　　　　　定价:76.00 元

〔俄〕柯兹洛夫著,王希隆、丁淑琴译:

　　《蒙古、安多和死城哈喇浩特》(完整版)　　　　定价:82.00 元

乌云高娃著:《元朝与高丽关系研究》　　　　　　　　定价:67.00 元

杨军著:《夫余史研究》　　　　　　　　　　　　　　定价:40.00 元

梁俊艳著:《英国与中国西藏(1774—1904)》　　　　定价:88.00 元

〔乌兹别克斯坦〕艾哈迈多夫著,陈远光译:

　　《16—18 世纪中亚历史地理文献》(修订版)　　定价:85.00 元

·欧·亚·历·史·文·化·文·库·

成一农著:《空间与形态——三至七世纪中国历史城市地理研究》

定价:76.00 元

杨铭著:《唐代吐蕃与西北民族关系史研究》 定价:86.00 元

殷小平著:《元代也里可温考述》 定价:50.00 元

耿世民著:《西域文史论稿》 定价:100.00 元

殷晴著:《丝绸之路经济史研究》 定价:135.00 元(上、下册)

余大钧译:《北方民族史与蒙古史译文集》 定价:160.00 元(上、下册)

韩儒林著:《蒙元史与内陆亚洲史研究》 定价:58.00 元

〔美〕查尔斯·林霍尔姆著,张士东、杨军译:

《伊斯兰中东——传统与变迁》 定价:88.00 元

〔美〕J.G.马勒著,王欣译:《唐代塑像中的西域人》 定价:58.00 元

顾世宝著:《蒙元时代的蒙古族文学家》 定价:42.00 元

杨铭编:《国外敦煌学、藏学研究——翻译与评述》 定价:78.00 元

牛汝极等著:《新疆文化的现代化转向》 定价:76.00 元

周伟洲著:《西域史地论集》 定价:82.00 元

周晶著:《纷扰的雪山——20 世纪前半叶西藏社会生活研究》

定价:75.00 元

蓝琪著:《16—19 世纪中亚各国与俄国关系论述》 定价:58.00 元

许序雅著:《唐朝与中亚九姓胡关系史研究》 定价:65.00 元

汪受宽著:《骊轩梦断——古罗马军团东归伪史辨识》 定价:96.00 元

刘雪飞著:《上古欧洲斯基泰文化巡礼》 定价:32.00 元

〔俄〕Т.Б.巴尔采娃著,张良仁、李明华译:

《斯基泰时期的有色金属加工业——第聂伯河左岸森林草原带》

定价:44.00 元

叶德荣著:《汉晋胡汉佛教论稿》 定价:60.00 元

王颋著:《内陆亚洲史地求索(续)》 定价:86.00 元

尚永琪著:

《胡僧东来——汉唐时期的佛经翻译家和传播人》 定价:52.00 元

桂宝丽著:《可萨突厥》 定价:30.00 元

篠原典生著:《西天伽蓝记》 定价:48.00 元

〔德〕施林洛甫著,刘震、孟瑜译:

《叙事和图画——欧洲和印度艺术中的情节展现》 定价:35.00 元

马小鹤著:《光明的使者——摩尼和摩尼教》 定价:120.00 元

李鸣飞著:《蒙元时期的宗教变迁》 定价:54.00 元

〔苏联〕伊·亚·兹拉特金著,马曼丽译:

　　《准噶尔汗国史》(修订版)　　　　　　　　　定价:86.00 元

〔苏联〕巴托尔德著,张丽译:《中亚历史——巴托尔德文集

　　第 2 卷第 1 册第 1 部分》　　　　定价:200.00 元(上、下册)

〔俄〕格·尼·波塔宁著,〔苏联〕B.B.奥布鲁切夫编,吴吉康、吴立珺译:

　　《蒙古纪行》　　　　　　　　　　　　　　　定价:96.00 元

张文德著:《朝贡与入附——明代西域人来华研究》　定价:52.00 元

张小贵著:《祆教史考论与述评》　　　　　　　　　定价:55.00 元

〔苏联〕K.A.阿奇舍夫、Γ.A.库沙耶夫著,孙危译:

　　《伊犁河流域塞人和乌孙的古代文明》　　　　　定价:60.00 元

陈明著:《文本与语言——出土文献与早期佛经词汇研究》

　　　　　　　　　　　　　　　　　　　　　　　定价:78.00 元

李映洲著:《敦煌壁画艺术论》　　　　定价:148.00 元(上、下册)

杜斗城著:《杜撰集》　　　　　　　　　　　　　　定价:108.00 元

芮传明著:《内陆欧亚风云录》　　　　　　　　　　定价:48.00 元

徐文堪著:《欧亚大陆语言及其研究说略》　　　　　定价:54.00 元

刘迎胜著:《小儿锦研究》(一、二、三)　　　　　　定价:300.00 元

郑炳林著:《敦煌占卜文献叙录》　　　　　　　　　定价:60.00 元

许全胜著:《黑鞑事略校注》　　　　　　　　　　　定价:66.00 元

段海蓉著:《萨都剌传》　　　　　　　　　　　　　定价:35.00 元

马曼丽著:《塞外文论——马曼丽内陆欧亚研究自选集》 定价:98.00 元

〔苏联〕И.Я.兹拉特金主编,М.И.戈利曼、Г.И.斯列萨尔丘克著,

　　马曼丽、胡尚哲译:《俄蒙关系历史档案文献集》(1607—1654)

　　　　　　　　　　　　　　　　　　　定价:180.00 元(上、下册)

华喆著:《帝国的背影——公元 14 世纪以后的蒙古》 定价:55.00 元

П.К.柯兹洛夫著,丁淑琴、韩莉、齐哲译:《蒙古和喀木》 定价:75.00 元

杨建新著:《边疆民族论集》　　　　　　　　　　　定价:98.00 元

赵现海著:《明长城时代的开启

　　——长城社会史视野下榆林长城修筑研究》(上、下册) 定价:122.00 元

李鸣飞著:《横跨欧亚——中世纪旅行者眼中的世界》 定价:53.00 元

李鸣飞著:《金元散官制度研究》　　　　　　　　　定价:70.00 元

刘迎胜著:《蒙元史考论》　　　　　　　　　　　　定价:150.00 元

王继光著:《中国西部文献题跋》　　　　　　　　　定价:100.00 元

李艳玲著:《田作畜牧

　　——公元前 2 世纪至公元 7 世纪前期西域绿洲农业研究》

　　　　　　　　　　　　　　　　　　　　　　　定价:54.00 元

·欧·亚·历·史·文·化·文·库·

〔英〕马尔克·奥莱尔·斯坦因著,殷晴、张欣怡译:《沙埋和阗废墟记》

定价:100.00 元

梅维恒著,徐文堪编:《梅维恒内陆欧亚研究文选》　　　定价:92.00 元

杨林坤著:《西风万里交河道——时代西域丝路上的使者与商旅》

定价:65.00 元

王邦维著:《华梵问学集》　　　　　　　　　　　　　定价:75.00 元

芮传明著:《摩尼教敦煌吐鲁番文书译释与研究》　　　定价:88.00 元

陈晓露著:《楼兰考古》　　　　　　　　　　　　　　定价:92.00 元

石云涛著:《文明的互动

　　——汉唐间丝绸之路中的中外交流论稿》　　　　定价:118.00 元

孙昊著:《辽代女真族群与社会研究》　　　　　　　　定价:48.00 元

尚永琪著:《鸠摩罗什及其时代》　　　　　　　　　　定价:70.00 元

薛宗正著:《西域史汇考》　　　　　　定价:136.00 元(上、下册)

张小贵编:

　　《三夷教研究——林悟殊先生古稀纪念论文集》　　定价:100.00 元

许全盛、刘震编:《内陆欧亚历史语言论集——徐文堪先生古稀纪念》

定价:90.00 元

石云涛著:《丝绸之路的起源》　　　　　　　　　　　定价:94.00 元

〔英〕尼古拉斯·辛姆斯-威廉姆斯著:

《阿富汗北部的巴克特里亚文献》　　　　　　　　　　定价:170.00 元

李锦绣编:《20 世纪内陆欧亚历史文化研究论文选粹》(第一辑)

定价:108.00 元

李锦绣编:《20 世纪内陆欧亚历史文化研究论文选粹》(第二辑)

定价:100.00 元

李锦绣编:《20 世纪内陆欧亚历史文化研究论文选粹》(第三辑)

定价:98.00 元

李锦绣编:《20 世纪内陆欧亚历史文化研究论文选粹》(第四辑)

定价:86.00 元

马小鹤著:《霞浦文书研究》　　　　　　　　　　　　定价:115.00 元

林悟殊著:《摩尼教华化补说》　　　　　　　　　　　定价:140.00 元

余太山、李锦绣主编:《古代内陆欧亚史纲》　　　　　定价:118.00 元

王永兴著:《唐代土地制度研究——以敦煌吐鲁番田制文书为中心》

定价:70.00 元

王永兴著:《敦煌吐鲁番出土唐代军事文书考释》　定价:84.00 元(暂定)

淘宝网邮购地址:http://lzup.taobao.com